JN426521

알기 쉬운 재무행정

이원희 · 김상영 · 문광민
이정희 · 이희재 · 최두선

도서출판 대영문화사

머리말

한국은 소규모 개방경제이다. 자원이 부족한 작은 면적의 국가로서 무역에 의존해 경제를 운영하고 있다. 그래서 국가신용도를 유지하는 것이 매우 중요하다. 국가신용도를 결정하는 많은 변수에서 재정 운영은 결정적인 중요성을 가지고 있다. 재정적자가 누적되고 채무가 높아진다면 국가신용도 저하로 직결될 것이다. 우리가 재정에 대해 이해하고 또 재정관리를 위한 국가적인 노력이 필요한 이유이기도 하다.

1960년대 시장경제가 발전하지 못한 상황에서 정부 주도형의 성장전략을 추진했고, 따라서 재정은 독립변수로서 역할을 했다. 세입이 부족했기 때문에 외자와 적자재정에 의존했다. 특히 1970년 정책금융에 의한 융자는 민간의 기업을 육성시키는 역할을 했다. 점차 민간의 자본 축적이 이뤄지면서 한국 경제는 1970년대 말 도약기를 맞이할 수 있었다. 그래서 1980년대 경제 안정화정책을 추진할 수 있었고, 이는 1990년대 성장을 지원할 수 있는 여력을 마련하는 계기가 되었다. 1997년 외환위기와 2008년 경제위기를 극복할 수 있었던 것은 결국 재정정책의 수단을 동원했기 때문이다. 따라서 국가와 시장의 관계에서 재정의 역할을 이해하는 것이 필요하다. 제1장에서 제4장은 이러한 관계를 소개하고 있다.

1990년대는 지방자치가 시작되고 민주화가 심화되는 시기이다. 중앙과 지방의 관계를 재설계하면서 지방의 재정을 확대하는 노력을 경주하는 시기였다. 그리고 시민 참여가 확대되면서 예산감시운동이 전개되고 예산참여예산제가 확산되었다. 참여와 공개 그리고 책임의 새로운 재정관리 원리가 강조되었다. 제5장, 6장, 8장, 9장에서는 이러한 새로운 쟁점을 소개하고 있다.

특히 2000년대는 재정개혁이 추진되고 재정관리 체계가 전면적으로 개편되는 시기이다. 2006년 「국가재정법」, 2007년 「국가회계법」이 제정되면서 재정관리 체계가 전면적으로 개편이 이뤄졌다. 제2부로 구분해 별도의 장으로 정리했다.

이상의 설명에서 알 수 있듯이 이 책은 전통적인 주제와 새로운 주제를 망라하고 있다. 기존의 논의를 알기 쉽게 소개하면서 또한 새로운 개혁의 쟁점을 소개했다. 이 책을 통해 중앙과 지방의 재정제도 및 재정관리와 관련한 다양한 쟁점을 이해할 수 있기를 기대한다.

교과서 형식으로 편집되었지만, 처음부터 순서대로 읽을 필요는 없다. 관심이 있는 부분을 발췌해서 읽는 것도 한 방법이다. 그러한 맥락에서 이 책은 한국의 재정관리 원칙과 제도를 이해하는 기본서가 되기를 기대한다. 그리고 현장 실무에서 궁금한 것이 있으면 언제든 참조할 수 있는 기본서가 되기를 기대한다.

아울러 이 책은 공공재정관리사 자격증을 대비한 교재로 사용되도록 쉽고 실무에 가까운 내용으로 기술한 바 공무원, 공공기관 재정담당자에게 많은 도움이 될 수 있기를 기대해 본다.

사실 워낙 재정 관련 현실이 급변하고 있고 또한 한국의 웹 사이트가 잘 개발되어 있어 재정을 이해하는 가장 좋은 참고서는 웹 사이트이다. 이 책을 읽으면서도 중앙정부 재정 관련 정보를 공개하는 열린재정(www.openfiscaldata.go.kr), 지방재정 관련 정보를 공개하는 지방재정 365(http://lofin.mois.go.kr), 국가공공기관의 운영관리를 소개하는 알리오시스템(www.alio.go.kr), 지방공공기관 통합공시제도인 클린아이(www.cleaneye.go.kr), 교육재정의 현실을 소개하는 지방교육재정알리미(www.eduinfo.gp.kr)를 항상 참조하기 바란다. 이 책은 그러한 다양한 숫자를 이해하는 원리를 제공하고자 한다.

마지막으로 이 책을 출간해 주신 대영문화사 모든 분에게 감사의 말을 전하고자 한다.

2019년 1월
저자를 대표해서 이원희 씀

차례

Contents

Part 02 재정관리론

Part

01

정부예산론

Chapter 01

정부예산의 기초

개 관

이 장에서는 정부예산의 기초로서 정부예산의 개념과 기능, 예산 관련 법 체계, 그리고 예산 관련 기구들을 다룬다. 예산은 "일정 기간에 있어서의 정부의 수입과 지출에 관한 계획"이며, 이러한 정부의 예산은 정치적 기능, 행정적 기능, 법적 기능, 경제적 기능 등을 수행한다. 특히 경제적 기능은 자원배분 기능, 소득재분배 기능, 경제안정화 및 성장 기능 등으로 나눠 볼 수 있다.

한편 정부예산의 법적 기초에 대한 이해도 필수적이다. 우리나라의 재정 관련 법률에는 최상위에 「헌법」이 있고, 그 하위에 예산의 편성 · 집행 · 결산 등을 관장하는 「국가재정법」과 예 · 결산 심의 등을 관장하는 「국회법」이 있다. 이 밖에 다양한 법들이 정부예산과 관련해서 운영되고 있다. 이와 함께 정부예산과 관련된 조직체계에 대한 이해도 매우 중요하다. 이를 위해 중앙예산기관, 수입지출 총괄기관, 중앙은행 등 이른바 재무행정조직의 트로이카를 중심으로 정부예산과 관련된 조직체계를 살펴본다.

Chapter 01

정부예산의 기초

제 1 절 정부예산의 의의 및 기능

1. 정부예산의 의의

1) 예산의 개념

예산에 대한 개념 정의는 다양한 의미와 차원에서 이뤄질 수 있다. 전통적으로는 '숫자적인 개관'(A. Wagner), '회계적인 표현'(L. v. Stein), '숫자적인 진술과 추계'(M. v. Heckel), '수지의 승인'(R. Stourn), '예산은 모든 이데올로기의 분식을 벗어던진 국가의 골격'(R. Goldscheid) 등과 같이 많은 예산의 개념 규정들이 이뤄져 왔다.

다양한 개념 정의에도 불구하고 기본적으로 예산은 "일정 기간에 있어서의 정부의 수입과 지출에 관한 계획"이다. 즉, 결산이 사후적인 수지의 집계인데 반해 예산은 사전에 예상되는 지출 내지 수입에 관한 계획안이라고 할 수 있다. 단순한 재정설명서라고는 볼 수 없으며, 예산은 일정 기간 동안 화폐 표시를 수반하는 수지간의 균형이 고려되어 있다.

한편 예산이라는 용어의 유래는 처음 가죽을 의미하는 피혁(bougette)이라는 뜻에서 시작되었다가 오늘날 예산이라는 개념으로 굳어진 것이라는 설이 있다. 근대적 예산제도의 출발점인 영국에서 재무장관이 국회에서 예산을 설명할 서류들을 넣고 다니는 가방의 의미로 사용되었다가 오늘날에 와서는 예산이라는 독립된 개념으로 사용하게 되었다는 것이다. 예산이라는 용어의 유래를 하나로 단정하기는 어렵지만 budget이라는 단어가 최소한 영국에서 재정민주주의를 실현하는 과정에서 생성된 것으로 추정해 볼 수 있다는 점에서 정부예산에서 살펴볼 함축된 의미는 적지 않다고 할 것이다.

2) 예산의 속성

예산은 세입, 세출, 활동, 그리고 목적에 관한 정보 등 조직의 상황을 표시한 문서로서, 일정 기간 동안의 목적과 관련된 사업의 달성을 위한 계획으로서의 성질을 가지고 있다. 즉, 정부가 일정 기간 동안 어떤 목적을 위해 어떠한 사업을 계획하고, 이에 따라서 어떻게 자원을 배분할 것인가를 나타낸 정보로서, 또는 계획으로서 예산을 바라볼 수 있다.

아울러 정부의 정책은 예산을 통해 뒷받침되므로 결국 예산에 표현된 숫자를 통해 계획된 정책의 규모 내지 특징을 파악할 수 있게 된다. 또한 예산은 예산편성 및 예산심의 등을 거치면서 예산 과정에 참여하는 많은 당사자의 의견이 반영되어 확정되므로 예산은 예산과정에 참여하는 당사자 간 내지는 정부와 국민 간 '계약'으로서의 의미를 가지게 된다. 결국 정부는 계획에 따라 예산을 집행할 일종의 의무를 지게 된다고 할 것이다. 예산은 선거를 통해 구성되어 결과적으로 정치적 성격을 띨 수밖에 없는 정부의 수입 · 지출의 예측적 계산이라는 점에서 기업 내지는 가계의 경우와는 다를 수밖에 없다. 이렇게 생각할 때 예산은 정보, 계획, 정책, 국민과의 계약 등 여러 가지 성질을 가지고 있다고 볼 수 있다.

2. 정부예산의 기능

1) 정치적 기능

예산은 누가 비용을 부담하고 누가 편익을 얻는가에 관한 계획서라고 할 수 있다. 예산의 편성, 심의, 집행, 결산 등의 예산 과정에서 사회의 각종 세력과 집단이 자신들의 요구를 표명함으로써 더 많이 자신들의 이익을 예산에 반영하려 할 것이다. 한편, 예산편성의 책임을 맡고 있는 행정부는 여러 사회집단의 이해를 조정해서 예산에 반영하려 할 것이다. 또한 입법부는 심의를 통해 행정부의 예산결정을 재검토해서 국민의 요구를 반영하려 할 것이다. 이와 같은 예산의 수립 과정을 통해 재정자원의 배분이 이뤄지게 되는데 이것이 곧 정치라고 할 수 있다.

2) 행정적 기능

예산을 목적, 정책, 사업 등에 관한 정보라고 하는 경우에 예산은 정부에 부여된 목적과 자원을 연계한 것이다. 즉, 정부는 사회문제를 해결하기 위해 정책을 결정하고, 그 정책을 수행하기 위해 인적·물적 자원을 조직화하며, 이러한 활동이 성과를 거둘 수 있도록 관계 공무원의 행동을 통제하는데, 이때 예산이 필수불가결한 도구로 이용된다.

3) 법적 기능

예산은 입법부가 행정부에 대해 재정권을 부여하는 중요한 형식이다. 예산이 영국과 미국처럼 법률의 형식을 가지는 경우도 있고, 우리나라처럼 그렇지 않은 경우도 있다. 어느 경우이든 입법부가 승인한 예산의 용도와 액수를 행정부는 엄수해야 한다. 또한 세입은 물론 세출도 법령의 근거가 있어야 한다. 세입예산을 작성할 때, 그리고 집행할 때, 조세 등의 법령에 근거해야 함은 물론이고, 세출예산을 산정할 때 법률과 규정에 근거해야 한다. 다시 말하면, 법령에 따라 예산이 편성되고 집행되므로 예산은 법령을 시행하는 기능을 가진다고 할 수 있다.

4) 경제적 기능

자본주의 시장경제 체제는 개인 간의 자발적인 교환행위를 전제로 하며, 이러한 자발적 교환행위가 가능하기 위해서는 소유권이 확립되어 있어야 한다. 사회 내에

법과 질서가 유지되지 않는다면 소유권의 확립과 보호는 거의 불가능하며, 이런 이유로 '보이지 않는 손'에 의해 움직이는 순수 시장경제 체제에서도 정부는 법과 질서의 유지, 곧 소유권의 확립 및 보호라는 기본적인 역할을 수행해야 한다. 정도의 차이는 있으나 오늘날 대부분의 정부는 이러한 야경국가적인 소극적 역할을 넘어 이른바 '시장실패' 치유라는 적극적인 역할을 수행하고 있다.

첫 번째는 자원배분 기능이다. 자원배분 기능은 공공부문을 시장의 활동에만 맡겨 뒀을 경우 발생하는 시장의 실패, 즉 공공재의 과소 공급이라는 비효율적인 자원배분 상태를 최적 상태에 가깝게 하기 위해 정부부문이 부족한 재화와 서비스를 공급하는 기능을 말한다. 그 범위는 소방, 교육, 의료, 보건위생, 상·하수도, 운수·교통, 치산·치수, 항만, 도로, 공원, 문화시설, 경찰 등 국민생활의 기반을 이루는 모든 분야에 이른다. 이와 같은 공공적인 재화와 서비스의 제공은 중앙정부뿐만 아니라 지방자치단체에도 가장 중요한 기능으로서 주민의 삶의 질을 향상시키고 지역 발전을 도모할 수 있는 기능이다. 대표적으로 공공재는 한 사람의 소비행위가 다른 사람의 소비행위에 영향을 주지 않는 비경합성이 있을 뿐 아니라 대가를 지불하지 않은 사람도 소비할 수 있는 비배제성을 지녔으므로 정부가 집중적으로 책임져야 할 영역이라 할 것이다.

두 번째는 소득재분배 기능이다. 소득재분배란 소득 및 부(富)의 공평한 분배를 실현하는 기능을 말한다. 그런데 그 필요성에도 불구하고 소득과 부 중 무엇을 기준으로 공평한 분배를 추구할 것인가, 그리고 공평한 소득의 분배의 분배를 추구하는 과정에서 자원배분의 효율성이 상실되고 결국 사회후생의 극대화가 이뤄지지 못하는 이른바 '상충(trade－off)'의 문제가 발생할 수 있다는 지적이 있다. 한편 소득재분배 기능은 중앙정부가 담당할 문제이지 지방자치단체에는 이에 대한 궁극적인 책임은 없다고 보는 입장이 있는 것도 사실이다. 그러나 오늘날 지방자치단체는 국민 또는 주민에게 최소한의 기본 수요를 충족시키기 위해 국고보조금 형태로 국가로부터 일부 재정 지원을 받아 자기 부담이 확대되는 등 국민의 기초생활을 보장하는 역할이 증가되고 있다. 또한 원가 이하로 지방행정서비스를 제공하고 있어 제한적이나마 소득재분배 기능이 확대되고 있는 것도 현실이다.

세 번째는 경제안정화 기능이다. 정부는 물가의 안정, 생산자원의 완전고용, 국제수지의 균형, 경제의 지속적인 성장을 목표로 삼아 경제에 개입한다. 이와 함께 거시경제적인 목표를 달성하기 위한 정부의 개입도 종종 이뤄진다. 경기조절 또는 경제의 안정은 국가경제 전체적인 입장에서 재정지출, 감·증세 등 재정정책과 이자율의 조정을 통한 금융정책, 임금·물가·환율정책 등 이용 가능한 모든 정책수단을 동원해야 효과를 발휘할 수가 있다. 따라서 이와 같은 여러 가지 정책수단을 보유하고 있는 국가재정이 경기조절 기능을 수행하는 것이 효과적인 것도 사실이다. 한편 오늘날 각 지방자치단체도 지역경제를 안정시키기 위해 지방물가 안정대책을 추진하고 있고, 지역경제를 활성화시키기 위해 지역전략산업과 재래시장 기반확충사업 등 다양한 시책들이 추진되고 있다. 또한 최근에는 금융경제 위기극복을 위해 재정 균형집행 및 재정지출 확대정책 등을 추진하는 등 지방자치단체에서도 지역경제의 안정화 기능을 적극적으로 수행하고 있다.

제 2 절 예산 관련 법체계

1) 정부예산 관련 법령

우리나라 재정 관련 법률에는 최상위에 「헌법」이 있고, 그 하위에 예산의 편성·집행·결산 등을 관장하는 「국가재정법」과 예·결산 심의 등을 관장하는 「국회법」이 있다. 이들 법률에 따라 1년 단위 한시 규범으로서 예산 및 기금운용계획 등이 수립·운용되고 있다. 또한 「국가재정법」에 근거해서 다수의 수입 및 지출 관련 법률, 국가채무 관련 법률이 운영되고 있다.

(1) 「헌법」

「헌법」은 재정에 관해 ① 법률에 의한 납세 의무(제38조), ② 국회의 예산안 및 추가경정예산안의 심의·확정권(제54조, 제56조), ③ 계속비에 대한 국회의 의결권(제55조 제1항), ④ 예비비 설치에 관한 의결권과 그 지출승인권(제55조 제2항),

그림 1-1 주요 재정 법률 체계

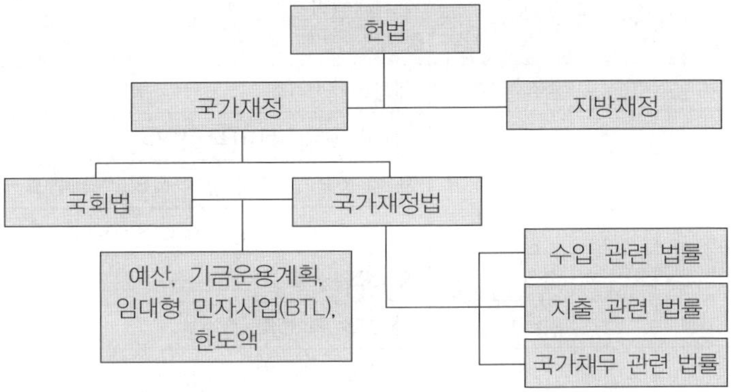

자료: 국회예산정책처(2014).

⑤ 국채의 모집과 예산 외에 국가의 부담이 될 계약의 체결에 대한 의결권(제58조), ⑥ 조세법률주의(제59조), ⑦ 재정적 부담을 지우는 조약의 체결 · 비준에 대한 동의권(제60조), ⑧ 국가의 세입 · 세출 결산을 위한 감사원 설치 규정(제97조), ⑨ 감사원의 결산검사(제99조) 등 10개 조항을 규정하고 있다.

(2) 「국가재정법」

이 법의 구성은 7장, 108개 조문과 [별표 1 · 2 · 3]으로 되어 있다. 제1장에서는 재정운영의 일반 원칙에 관해, 제2장에서는 예산의 편성 · 집행에 관해, 제3장에서는 결산의 원칙 및 절차에 관해, 제4장에서는 기금관리 · 운용의 원칙과 기금의 편성 · 집행에 관해, 제5장에서는 재정건전화를 실현하기 위한 방안에 관해, 제6장에서는 재정집행관리 등에 관해, 제7장에서는 벌칙에 관해 각각 규정하고 있다.

(3) 「국회법」

「국회법」은 재정에 대한 심의 주체, 심의절차를 규정하고 있다. 재정에 관한 「국회법」 규정으로는 ① 예산결산특별위원회 설치(제45조), ② 의안에 대한 비용추계자료 등의 제출(제79조의2), ③ 예산 관련 법률안에 대한 예산결산특별위원회와의 협의(제83조의2), ④ 예산안 · 결산의 회부 및 심사(제84조), ⑤ 기금운용

표 1-1 「국가재정법」의 구성

「국가재정법」 (7장 108개조, 3개 별표)		
제1장	총칙	제1조~제15조
제2장	예산	제1절 총칙: 제16조~제26조
		제2절 예산안의 편성: 제28조~제41조
		제3절 예산의 집행: 제42조~제55조
제3장	결산	제56조~제61조
제4장	기금	제62조~제85조
제5장	재정건전화	제86조~제92조
제6장	보칙	제93조~제101조
제7장	벌칙	제102조
별표 1	특별회계 설치 근거 법률	
별표 2	기금 설치 근거 법률	
별표 3	금융성 기금	

자료: 국회예산정책처(2014).

계획안의 회부 등(제84조의2), ⑥ 예산안·기금운용계획안 및 결산에 대한 공청회(제84조의3), ⑦ 임대형 민자사업 한도액안의 회부 등(제84조의4), ⑧ 예산안 등 본회의 자동부의 등(제85조의3)1), ⑨ 무제한 토론 실시 등(제106조의2제10항)2), ⑩ 감사원에 대한 감사 요구 등(제127조의2), ⑪ 결산의 심의기한(제128조의2) 등 11개 규정이 있다.

(4) 「국가회계법」

「국가회계법」은 결산과 관련된 법이다. 이 법은 국가회계 및 이와 관계되는 기본적인 사항을 정해 국가회계를 투명하게 처리하고, 재정에 관한 유용하고 적정한 정보를 생산·제공하기 위해 제정된 법률이다. 2007년에 제정된 「국가회계법」은 「국가재정법」과 별도로 발생주의·복식부기 방식의 재무보고서를 도입했고, 이에 따라 「국가재정법」에 따른 현금주의·단식부기 방식의 결산보고서와 「국가회계법」에 따른 발생주의·복식부기 방식의 재무보고서를 각각 별도의 법률에 근거해서 따로 작성하는 것으로 되었다.

결산과 관련된 사항들은 현재 「국가재정법」과 「국가회계법」에 나뉘어 있다. 「국가재정법」에서는 결산보고서의 작성 · 제출절차 및 일정을 규정하고, 국가회계의 처리기준과 결산보고서의 구성 · 내용, 작성방법 등은 「국가회계법」에서 다루고 있다. 국가회계에 관한 사항을 좀 더 구체적으로 규율하기 위해 「국가회계법 시행령」, 「국가회계기준에 관한 규칙」, 「국가회계처리지침」 등이 제정 · 시행되고 있다.

(5) 「감사원법」

「감사원법」은 결산(회계검사)과 관련된 법이다. 이 법은 재정과 관련해 감사원의 임무로서 국가의 세입 · 세출의 결산검사와 국가회계의 상시검사 및 감독의무를 규정하고 있다. 이에 관한 「감사원법」 규정으로는 ① 국가의 세입 · 세출의 결산 확인 의무(제21조), ② 국가회계 및 지방자치단체 회계의 필요적 검사사항(제22조), ③ 국가회계 및 지방자치단체의 회계 사항 중 감사원이 필요하다고 인정하거나 국무총리의 요구가 있는 경우에 검사할 수 있는 선택적 검사사항(제23조), ④ 「헌법」 제99조에 따라 작성하는 검사보고서에 포함되어야 하는 검사 보고사항(제41조), ⑤ 결산검사의 보고(제42조) 규정이 있다.

지방예산의 경우 「지방자치법」, 「지방재정법」, 「지방회계법」, 「지방교부세법」, 「지방공기업법」 및 이상의 각 법의 시행령 · 시행규칙과 자치단체의 조례·예규 등이 있다. 이와 함께 「국가재정법」, 「보조금의 예산 및 관리에 관한 법률」, 「국가균형발전특별법」 및 예산 · 회계 관련 지침 등을 준용하고 있다.

국가채권 및 채무와 관련해서는 「국가채권관리법」, 「공공자금관리기금법」, 「공적자금상환기금법」 및 이상의 각 법의 시행령 · 시행규칙 등이 있다.

(6) 「부담금관리 기본법」

「부담금관리 기본법」은 예산 및 기금의 세외수입인 부담금에 대해 규정하고 있다. 부담금이란 중앙행정기관의 장, 지방자치단체의 장, 행정 권한을 위탁받은 공공단체 또는 법인의 장 등 법률에 따라 금전적 부담의 부과 권한을 부여받은 자가 분담금, 부과금, 기여금 등 그 명칭에 불구하고 재화 또는 용역의 제공과 관계없이 특정 공익사업과 관련해 법률에서 정하는 바에 따라 부과하는 조세 외의 금전지급 의무를 말한다. 부담금은 국가재정수입의 중요한 수단으로서, 특별회계나 기금의 주요 재원이지만, 국민과 기업의 입장에서는 경제적 부담이 되므로 그 남설을 방지하기 위해 「부담금관리 기본법」 별표에 규정된 법률에 의하지 아니하고는 이를 설치할 수 없도록 하고 있다.

부담금은 이른바 준조세에 해당하는 성격의 것으로 국민 부담이 되므로, 「부담금관리 기본법」이 부담금의 설치 · 관리 및 운용에 관한 기본적인 사항을 규정함으로써 부담금 운용의 공정성 및 투명성을 확보해 국민의 불편을 최소화하고 기업의 경제활동을 촉진하기 위해 제정되었다. 즉, 부담금 설치의 제한, 부담금의 부과요건, 부담금 부과의 원칙(필요최소한 부과의 원칙, 이중부과 금지 원칙 등), 부담금 존속기한의 설정(10년 이내), 가산금, 권리구제절차, 부담금의 신설에 관한 부담금운용심의위원회의 타당성 심사, 부담금운용종합보고서의 국회 제출, 부담금 운용 평가 등의 조항을 규정하고 있다.

(7) 「국유재산법」, 「국유재산특례제한법」, 「물품관리법」, 「국고금 관리법」, 「국가채권 관리법」

「국유재산법」, 「국유재산특례제한법」, 「물품관리법」, 「국고금 관리법」 및 「국가채권 관리법」은 수입 중 세외수입과 관련이 있는 법들이다. 「국유재산법」은 부동산 등에 대해, 「국유재산특례제한법」은 국유재산특례와 그 제한에 대해, 「물품관리법」은 동산에 대해, 「국고금 관리법」은 현금에 대해, 「국가채권 관리법」은 채권에 대해 규정하고 있다.

「국유재산법」은 국유재산의 적정한 보호와 효율적인 관리 · 처분을 위해 제정된 법률로서, 국유재산에 관한 기본적인 사항을 규정하고 있다. 국유재산이란 국가의 부담, 기부채납이나 법령 또는 조약에 따라 국가 소유로 된 재산을 말하는 것으로, 부동산, 선박, 「정부기업예산법」에 따른 정부기업, 지상권, 지역권, 전세권, 특허권, 저작권 등이 있다.

「국유재산특례제한법」은 국유재산 사용료 감면 등 국유재산특례와 그 제한에 관한 사항을 규정해 국유재산의 적정한 관리를 도모함으로써 국가재정의 건전한 운영에 이바지함을 목적으로 제정된 법률이다. 이 법에 따르면 국유재산특례는 「국유재산법」 및 별표에 규정된 법률에 따르지 아니하고는 정할 수 없고, 국유재산특례의 근거가 되는 법률에는 국유재산특례의 목적, 적용 대상, 사용료 등의 산정기준, 사용 허가 또는 대부의 기간 등이 구체적이고 명확하게 규정되어야 한다. '국유재산특례지출예산서'는 2016년도 예산안부터 첨부서류로 국회에 제출되고 있다.

「물품관리법」은 국가 물품을 효율적이고 적정하게 관리하기 위해 제정된 법률로서, 국가물품의 취득, 보관, 사용 및 처분에 관한 기본적인 사항을 규정하고 있다. 물품이란 국가가 소유하는 동산과 국가가 사용하기 위해 보관하는 동산을 말하고, 현금과 법령에 따라 한국은행에 기탁해야 할 유가증권은 제외된다.

「국고금 관리법」은 국고금의 관리에 필요한 사항을 정함으로써 국고금을 효율적이고 투명하게 관리하기 위해 제정된 법률로서, 수입 · 지출 · 자금관리 등을 규정하고 있다. 국고금이란 법령 또는 계약 등에 따라 국가의 세입으로 납입되거나 기금에 납입된 모든 현금 및 현금과 같은 가치를 가지는 것을 말한다. 이 법은 「국가재정법」에 따른 일반회계와 특별회계, 중앙관서의 장이 관리 · 운용하는 기금에 적용된다.

「국가채권 관리법」은 국가의 채권에 대한 관리기관, 관리절차, 채권의 내용 변경 및 면제 등에 관한 기준을 정함으로써 채권의 적정한 관리를 도모하기 위한 목적에서 제정된 법률이다. 「국가재정법」 제86조에서 재정건전화를 위해 국가채권을 효율적으로 관리해야 한다고 규정하고 있는바, 「국가채권 관리법」에서는 국가채권을 좀 더 효율적으로 관리하기 위한 구체적인 방법이 규정되어 있다.

(8) 「보조금 관리에 관한 법률」

「보조금 관리에 관한 법률」은 예산의 편성 및 집행과 관련된 법이다. 보조금이란 국가 외의 자가 수행하는 사무 또는 사업에 대해 국가가 이를 조성하거나 재정상의 원조를 하기 위해 교부하는 보조금, 부담금 등 상당한 반대급부를 받지 아니하고 교부하는 급부금을 말한다.

「보조금 관리에 관한 법률」은 보조금 예산의 편성, 교부 신청, 교부 결정 및 사용 등에 관한 기본적인 사항을 규정함으로써 효율적인 보조금 예산의 편성 및 집행 등 보조금 예산의 적정한 관리를 도모하기 위해 제정된 것으로, 지출에 관한 법률에 해당한다. 보조금 예산의 편성, 보조금의 교부 신청과 교부 결정, 보조사업의 수행, 보조금의 반환 등의 내용을 규정하고 있다.

(9) 특별회계 · 기금설치 근거법

이 법들은 18개 특별회계와 64개 기금의 수입 및 지출과 관련된 법들이다. 이 법들은 「국가재정법」 별표 1 · 2 · 3에 법 명칭이 규정되어 있다. 이 법들을 통해 예산안 · 결산심의 시 특별회계 및 기금의 사업들이 이 법에서 규정하고 있는 설치 목적, 수입재원 및 지출 용도에 부합하는지 여부 등을 점검할 수 있다.

(10) 「사회기반시설에 대한 민간투자법」

「사회기반시설에 대한 민간투자법」은 임대형 민간투자사업(Build－Transfer－Lease: BTL)의 근거 법률이다. 이 법은 사회기반시설에 대한 민간의 투자를 촉진해 창의적이고 효율적인 사회기반시설의 확충 · 운영을 도모함으로써 국민경제의 발전에 이바지하기 위한 목적에서 제정된 법률이다.

민간투자사업은 도로, 철도, 항만, 학교시설 등 사회기반시설을 민간자금으로 건설하고 민간이 운영하는 제도로서, 정부의 부족한 재정을 보완하고, 민간의 창의와 효율을 활용해 다양하고 질 좋은 공공서비스를 제공하려는 취지에서 도입되었으며, 그 근거 법률이 「사회기반시설에 대한 민간투자법」이다.

민간투자사업은 시행 방식에 따라 크게 수익형 민자사업(BTO)과 임대형 민자사업(BTL)으로 구분된다. 임대형 민자사업 한도액안은 예산안과 함께 국회에 제출된 후 소관 상임위원회의 예비심사와 예결산특별위원회의 종합심사를 거쳐 본회의의 의결을 통해 확정되는 절차를 거친다.

(11) 「공공기관의 운영에 관한 법률」

「공공기관의 운영에 관한 법률」은 공공기관의 재정에 대해 규정하고 있다. 이 법은 공공기관의 운영에 관한 기본적인 사항과 자율경영 및 책임경영 체제의 확립에 관해 필요한 사항을 정해 경영을 합리화하고 운영의 투명성을 제고함으로써 공공기관의 대국민 서비스 증진에 기여하기 위한 목적에서 제정된 법률이다.

공공기관이란 국가나 지방자치단체가 아닌 법인·단체 또는 기관으로서 다른 법률에 따라 직접 설립되고 정부가 출연한 기관, 정부지원액이 총수입액의 2분의 1을 초과하는 기관 등 「공공기관의 운영에 관한 법률」 제4조 제1항 각 호에 해당하는 기관 중 기획재정부장관이 공공기관으로 지정하는 기관을 말한다. 국회는 공공기관에 대해 국정감사를 실시할 수 있고, 국가의 예산 및 기금의 지원을 받는 공공기관에 대해서는 그 예산 및 기금운용계획을 심의·확정한다. 「공공기관의 운영에 관한 법률」은 공공기관의 의의 및 지정절차, 공공기관운영위원회의 설치, 공공기관의 경영공시, 공기업·준정부기관의 운영사항(정관·이사회·임원·예산회계·경영평가와 감독), 외부 감사인의 회계감사, 결산서의 국회 제출 등의 내용을 규정하고 있다.

(12) 「지방재정법」

「지방재정법」은 지방자치단체의 재정 및 회계에 관한 기본 원칙을 정함으로써 지방재정의 건전하고 투명한 운용과 자율성을 보장하기 위해 제정된 법률이다. 이 법은 지방자치단체의 재정활동을 총괄적으로 관리하는 일반법이며 또한 지방재정 관리절차를 규정하는 절차법이기도 하다.

「지방재정법」은 지방재정 운용의 일반원칙, 자치사무경비의 부담, 예산의 편성·집행, 결산, 재정분석 및 공개, 수입, 지출, 현금과 유가증권, 시효, 채권과 채무, 복권, 회계관계공무원에 관한 기본적인 사항을 규정하고 있다.

(13) 「지방회계법」

「지방회계법」은 지방자치단체의 회계 및 자금관리에 관한 기본적인 사항을 정해 지방자치단체의 회계를 투명하게 처리하고, 자금을 효율적으로 관리하도록 하는 것을 목적으로 한다. 즉, 지방자치단체의 예산·회계·결산·자금관리·채권 등 다양한 분야를 포괄하고 있는 「지방재정법」에서 지방자치단체의 결산·수입·지출·현금 등 지방자치단체의 회계 및 자금관리에 관한 사항을 이 법에서 따로 정함으로써 지방자치단체 회계제도의 특수성을 반영하도록 하는 한편, 지방회계의 투명성을 강화하고 회계부정을 예방하기 위해 회계책임관제도 및 내부통제제도를 도입하는 등 지방자치단체의 회계를 투명하게 처리하고 자금을 효율적으로 관리하려는 것이다. 주요 내용으로는 지방자치단체의 회계원칙 설정(제5조), 지방자치단체 자금관리의 기준 명확화(제7조), 회계책임관제도 및 내부통제제도의 도입(제10조 및 제51조), 지방자치단체의 회계기준 마련(제12조) 등이 있다.

제 3 절 예산기구: 사업부서와 예산기구의 관계

1. 예산 관련 조직

일반적으로 재무행정의 조직체계는 중앙예산기관, 수입지출 총괄기관, 중앙은행으로 구성된다. 이를 재무행정조직의 트로이카로 부르기도 한다. 이러한 핵심적 조직 이외에도 다양한 조직이 재무행정과 관련된 여러 역할을 수행한다.

1) 중앙예산기관

중앙예산기관은 예산편성과 집행을 총괄하는 기관이다. 중앙예산기관은 기본적으로 ① 재정계획의 수립 및 예산배분의 우선순위 설정, ② 예산의 편성과 조정, ③ 예산집행의 관리, ④ 성과관리와 행정개혁 등의 기능을 수행한다.

중앙예산기관의 위치는 크게 행정수반 직속형, 재무부 소속형, 중앙기획기관 소속형으로 나눠 볼 수 있다. 행정수반 직속형은 행정수반의 정책 수립 및 행정관리 기능을 강화할 목적으로 행정수반의 참모직 형태로 운영하는 유형이며(예: 미국 OMB), 재무부 소속형은 재정정책의 수립 및 집행과 수입·지출 업무가 연계되는 데 역점을 두고 설치하는 형태로서 중앙예산기관과 수입지출 총괄기관을 통합한 형태를 취한다(예: 영국 재무부, 일본 재무성). 중앙기획기관 소속형은 기획과 예산을 일치시킬 목적으로 중앙예산기관을 중앙기획기관에 소속시키는 유형이다. 정부 주도 하에 경제 개발을 추진하는 개발도상국에서 볼 수 있다(예: 우리나라 경제기획원 예산실).

현재 우리나라의 중앙예산기관은 넓게는 기획재정부라고 할 수 있으며, 좁게는 기획재정부 내 예산실이 중앙예산기관의 역할을 수행한다. 기획재정부에는 예산실과 함께 수입지출 총괄기관인 세제국과 국고국이 있으므로 재무부 소속형이라고 볼 수 있다. 다만 기획재정부는 기획 기능도 수행하고 있으므로 중앙기획기관 소속형의 성질도 동시에 가지고 있다 할 것이다.

2) 수입지출 총괄기관: 기획재정부 세제실과 국고국

수입지출 총괄기관은 정부의 수입과 지출을 총괄하는 기관이다. 수입 측면에서는 조세정책을 수립할 뿐만 아니라 수입을 예측하고 징수계획을 수립해 이를 징수한다. 지출 측면에서는 지출계획을 수립하고 이에 의거해 자금을 배분하며 국고금을 관리한다. 우리나라의 수입지출 총괄기관은 기획재정부이며, 조세 징수를 위해 기획재정부 산하에 국세청과 관세청을 두고 있다. 기획재정부의 세부 역할을 조직별로 나눠 살펴볼 수도 있는데, 세제실은 조세정책 및 제도의 기획·입안 및 총괄·조정사무를 관장하며, 국고국은 국고, 국유재산, 국가계약, 국가채무에 관한 정책의 수립과 관리를 총괄한다.

각국의 예를 보면, 수입지출 총괄기관이 중앙예산기관과 통합되어 있는 '통합형 국가'와 분리되어 있는 '분리형 국가'로 대별된다. 내각책임제 국가들은 통합형을 취하고 있는 경우가 많다. 영국과 독일의 재무부와 일본의 재무성이 이러한 예이다. 미국은 관리예산처와 재무부의 분리형으로 구성되어 있다. 프랑스도 예산부와 재무부의 분리형을 취하고 있다. 우리나라는 기획재정부가 중앙예산기관 및 수입지출 총괄기관을 맡음으로써 통합형을 취하고 있다.

3) 중앙은행: 한국은행

본래 중앙은행은 금융정책을 수행하는 정부의 기관이다. 구체적으로 중앙은행권을 발행하는 기능, 정부의 은행으로서 기능, 민간은행의 은행으로서 기능, 해외자산을 관리하는 기능을 수행하는 기관이다. 정부의 재정과 관련시킨다면 중앙은행은 정부의 은행으로서 정부의 모든 국고금의 출납업무를 대행하는 정부의 재정 대행기관이다.

영국의 잉글랜드은행, 독일연방은행, 프랑스은행, 일본은행, 미국의 연방준비위원회 등이 각국의 중앙은행이다. 우리나라의 중앙은행은 한국은행이다. 정부의 수입은 한국은행 본점의 정부 예금 계정으로 집중되고 또한 여기에서 정부예산 지출이 인출·지급된다. 한국은행은 정부 각 부처의 예금 계정을 취급할 뿐만 아니라 국채의 인수와 상환 및 이자 지급 등의 업무도 대행한다.

4) 국회예산정책처

국회의 예산 관련 보좌기관으로서 국회예산정책처는 "국가의 예산결산·기금 및 재정운용과 관련된 사항에 관하여 연구분석·평가하고 의정활동을 지원한다" (국회법 제22조의2). 2003년 6월 관련 법이 통과되어 2004년 국회의장 직속기관으로 발족되었다.

국회예산정책처는 국회의 재정통제권을 강화해 국회가 행정부에 대한 견제·감시 기능을 효율적으로 수행하기 위해 설립되었다. 이 기관은 재정 분야의 전문인력을 충원·확보해 방대한 예산·결산심의에 필요한 독자적·중립적으로 전문적 연구·분석을 수행한다. 또한 국회의 각 위원회 및 국회의원의 요청에 따라 예산결산의 제반 분석을 행하고 필요한 정보를 제공하는 기능을 수행한다. 국회예산정책처장은 정무직 차관급으로 국회의장이 국회운영위원회의 동의를 얻어 임면한다. 국회예산정책처의 업무는 다음과 같다.

① 예산안·결산·기금 운용계획안 및 기금 결산에 대한 연구 및 분석
② 법률안 등 의안에 대한 소요 비용의 추계
③ 국가재정 운용 및 거시경제 동향의 분석 및 전망
④ 국가의 주요 사업에 대한 분석, 평가 및 중·장기 재정소요 분석
⑤ 국회의 위원회 또는 국회의원이 요구하는 사항의 조사 및 분석

2. 예산기구의 역할과 관계

1) 중앙예산기관과 행정부처 간 관계

중앙예산기관은 예산편성의 가장 영향력 있는 핵심적인 기관이다. 또한 예산편성 문제에 대한 행정 최고책임자의 참모이기도 하다. 이러한 기관의 특성은 예산행태에 그대로 반영되어 나타난다.

중앙예산기관인 기획재정부는 각 부처에서 올라온 예산요구액을 사정 및 조정하는 역할을 수행한다. 예산사정이란 각 부처의 사업 및 예산요구액을 검토하는 작업을 말한다. 각 부처의 예산요구액을 전부 합하면 가용재원인 세입 규모를 항상 초과하기 때문에 예산사정이란 곧 예산 삭감이라고 봐도 무방하다. 따라서 중앙예산기관은 삭감 지향적인 절약자 또는 삭감자로서의 역할을 수행한다. 따라서 그들은 기본적으로 재정지향성을 띤다.

우선적으로 삭감되는 예산 항목은 ① 충분히 타당성이 입증되지 못한 항목, ②) 각 기관의 목표 달성과 직접 관련되지 않은 항목, ③ 행정 최고책임자의 우선순위와 일치하지 않은 항목 등이다. 그러나 중앙예산기관은 대통령의 선거 공약 및 정책 의지를 반영한다는 점에서 사업지향성도 어느 정도 갖는다. 그들은 한정된 재원 규모를 고려해 예산요구액을 대폭 삭감할 뿐만 아니라 대통령의 정책 의지를 반영해 각 부처 사업의 우선순위를 조정한다.

2) 지방자치단체 예산기구

지방자치단체의 예산 관련 기구는 개별 자치단체마다 상이한 구조 내지 명칭을 가지고 있기 때문에 중앙정부와는 달리 일률적으로 논하기는 다소 어려운 점이 있다. 따라서 지방정부의 예산과정에서 관련 업무를 담당하는 조직을 중심으로 살펴보는 방식을 취하는 것이 무난하다고 생각된다. 예산과정은 예산편성－예산심의－예산집행－결산・결산 승인으로 구성되는데, 이러한 예산과정과 관련된 조직 내지 부서로는 행정안전부, 지방자치단체의 예산총괄부서, 세입담당부서, 회계담당부서, 각 사업부서, 그리고 지방의회 등이 있다.

우선 행정안전부장관은 국가 및 지방재정의 운용 여건, 지방재정제도의 개요 등 지방자치단체의 재정운용에 필요한 정보로 구성된 회계연도별 지방자치단체 재정운용 업무편람을 작성해서 지방자치단체에 보급할 수 있다(지방재정법 제38조). 이에 따라 「지방자치단체 예산편성 운용에 관한 규칙」, 「지방자치단체 예산편성 운영기준」을 작성해 지방자치단체에 통보한다.

지방자치단체의 예산총괄부서는 각 사업부서에서 예산편성 기준에 따라 작성한 그 부서에 속하는 다음 연도의 세입·세출예산 등의 요구서를 대상으로 예산을 심사·조정해 예산안을 편성하는 주된 역할을 한다. 예산총괄부서에서 편성한 지방자치단체 예산안은 법정 기한 내에 지방의회에 제출된다.

지역주민의 대의기관으로서 지방의회는 지방자치단체의 예산총괄부서에서 편성해 제출한 예산안을 심의한다. 지방의회의 예산안 심의는 지방자치단체가 편성한 예산안을 지방의회가 심사 및 확정하는 절차로서 재정민주주의를 실현하는 전통적 제도 장치의 하나라고 할 수 있다. 예산심의는 ① 지방자치단체장의 제안설명, ② 지방의회의 상임위원회 예비심사, ③ 지방의회의 예산결산특별위원회 종합심사, ④ 지방의회의 본회의 의결, 그리고 ⑤ 예산 이송 및 고시의 순서로 진행된다. 한편 지방의회는 이러한 예산안 심의 이외에도 지방자치단체가 예산집행을 종료한 이후 작성해서 제출하는 결산서에 대해서도 심사를 통해 승인하는 역할을 한다.

그 밖에 지방자치단체의 예산 관련 조직으로는 지방세 및 세외수입 징수를 담당하는 세입담당부서, 결산 및 지방회계 업무를 담당하는 회계업무 담당부서, 그리고 예산 요구를 통해 사후에 배정된 예산을 집행하는 각 사업부서가 있다.

요 약

1. 예산은 "일정 기간에 있어서의 정부의 수입과 지출에 관한 계획"이다. 즉, 결산이 사후적인 수지의 집계인데 반해 예산은 사전에 예상되는 지출 내지 수입에 관한 계획안이라고 할 수 있다. 단순한 재정설명서라고는 볼 수 없으며, 예산은 일정 기간 동안 화폐 표시를 수반하

는 수지 간의 균형이 고려되어 있다.

2. 예산은 세입, 세출, 활동, 그리고 목적에 관한 정보 등 조직의 상황을 표시한 문서로서, 일정 기간 동안의 목적과 관련된 사업의 달성을 위한 계획으로서의 성질을 가지고 있다. 즉, 정부가 일정 기간 동안 어떤 목적을 위해 어떠한 사업을 계획하고, 이에 따라서 어떻게 자원을 배분할 것인가를 나타낸 정보로서, 또는 계획으로서 예산을 바라볼 수 있다.
3. 정부예산은 정치적 기능, 행정적 기능, 법적 기능, 경제적 기능 등을 수행한다. 특히 경제적 기능은 자원배분 기능, 소득재분배 기능, 경제안정화 및 성장기능 등으로 나눠 볼 수 있다.
4. 우리나라 재정 관련 법률에는 최상위에 「헌법」이 있고, 그 하위에 예산의 편성・집행・결산 등을 관장하는 「국가재정법」과 예・결산 심의 등을 관장하는 「국회법」이 있다. 이들 법률에 의해 1년 단위 한시 규범으로서 예산 및 기금운용계획 등이 수립・운용되고 있다. 또한 「국가재정법」에 근거해서 다수의 수입 및 지출 관련 법률, 국가채무 관련 법률이 운영되고 있다.
5. 재무행정의 조직체계는 중앙예산기관, 수입지출 총괄기관, 중앙은행으로 구성된다. 이를 재무행정조직의 트로이카로 부르기도 한다. 이러한 핵심적 조직 이외에도 다양한 조직들이 재무행정과 관련된 여러 역할을 수행한다.

Chapter 01 연습 문제

주관식

1. 정부예산의 의의에 대해 설명하시오.
2. 정부예산의 기능에 대해 설명하시오.
3. 우리나라 예산 관련 조직에 대해 설명하시오.
4. 중앙예산기관의 기능을 설명하고 위치에 따른 유형과 그 특징을 설명하시오.
5. 중앙예산기구와 행정부처의 역할과 상호간 관계에 대해 설명하시오.
6. 지방자치단체 예산기구에 대해 설명하시오.

객관식

01. 예산의 기능에 대한 설명 중 그 성격이 가장 다른 것은?

① 예산은 시장경제를 통해 생산되지 않는 재화나 용역을 공급하기 위해 자원을 할당한다.
② 예산은 다양한 이해관계의 조정과 타협으로 결정되며 입법부가 행정부를 통제하는 수단이다.
③ 예산은 개발도상국의 경제 성장을 위한 자본을 형성한다.
④ 예산은 시장경제에서 결정된 분배 상태가 바람직하지 못할 때 이를 시정한다.
⑤ 예산은 경제 상황의 안정을 위한 수단으로 활용될 수 있다.

02. 예산상의 자원배분은 여러 세력의 요구와 지지를 받아서 이뤄지는데, 이러한 이해관계를 조정하는 기능을 무엇이라 하는가?

① 정치적 기능　② 행정적 기능　③ 법적 기능
④ 경제적 기능　⑤ 문화적 기능

03. 다음 중 예산의 경제적 기능이 아닌 것은?

① 경제안정화 기능　② 소득재분배 기능　③ 재정권 부여 기능
④ 자원배분 기능　⑤ 경제성장 기능

04. 국회가 행정부에 대한 견제 · 감시기능을 효율적으로 수행하기 위해, 재정 분야의 전문인력을 충원 · 확보해서 방대한 예산 · 결산을 심의할 때 독자적 · 중립적으로 전문적 연구 · 분석을 위해 설립한 기관은 무엇인가?

① 조세재정연구원　② 국가회계분석센터　③ 한국개발연구원
④ 국회예산정책처　⑤ 국회입법조사처

05. 다음 중 중앙예산기관의 기능과 가장 거리가 먼 것은?

① 재정계획의 수립 및 예산배분의 우선순위 설정
② 예산의 편성과 조정
③ 예산집행의 관리
④ 성과관리와 행정개혁
⑤ 국고금 출납업무

정답 및 해설

1. ② ②는 예산의 정치적 기능을, 나머지는 모두 예산의 경제적 기능을 설명하고 있다.
2. ① 예산의 정치적 기능으로는 이해관계의 조정, 정책수단, 정책형성이 있다. 예산상의 자원배분은 여러 가지 사회세력 간의 요구와 지지를 받아서 이뤄지는 동시에 이들의 요구와 지지에 영향을 미치며, 이러한 이해관계는 예산과정에서 정치적으로 조정된다. 예산의 편성과 심의, 집행에서 국민의 각 계층과 각 이익집단은 서로의 요구를 반영하려고 경쟁을 하게 된다.
3. ③ 예산의 경제적 기능으로는 경제안정화, 경제성장 촉진, 소득재분배, 자원배분 기능이 있고, 재정권의 부여 기능은 예산의 법적 기능이다.
4. ④ 국회예산정책처는 2004년 발족해 국가의 예산 결산 · 기금 및 재정운용과 관련된 사항에 관해 연구분석 · 평가하고 의정활동을 지원(국회법 제22조의2)하고 있다.
5. ⑤ 국고금 출납업무는 한국은행의 역할이다.

Chapter 02

예산의 종류

개 관

개인의 자금관리에서 통장을 하나만 가지고 있는 것이 아니라, 목적에 따라 다양한 통장을 가지고 있다. 월급이 들어오면서 입출금이 자유로운 통장도 있고, 중장기 저축을 위한 통장도 있으며, 투기적인 펀드도 가지고 있다. 정부도 다양한 장부를 가지고 있다. 일상적인 지출을 위한 일반회계와 특정 목적을 위한 특별회계와 기금이 있다. 처음에 정한 예산을 관리하는 나중에 수정한 수정예산, 추가경정예산도 있다. 조세감면이 특혜를 유발하기 때문에 이를 별도로 관리하는 조세지출예산도 있다. 가능한 재정은 하나의 장부로 관리하는 것이 좋다는 단일성의 원칙과 통일성의 원칙이 있지만, 다양한 이유로 다양한 장부를 관리하는 것이다.

Chapter 02 예산의 종류

제 1 절 일반회계, 특별회계, 기금

1. 일반회계

예산은 성질, 절차, 기법 등에 따라 다양한 형태로 구분되는데, 우선적으로 정부가 수행하는 사업의 성질에 따라 일반회계와 특별회계로 구분된다. 일반회계는 조세수입 등을 주요 세입으로 삼아 국가의 일반적인 세출에 충당하기 위해 설치한다(국가재정법 제4조 제1항 및 제2항). 정부의 사업은 기본적으로 국민의 기본 욕구를 충족시키기 위한 것으로 공공성이 매우 큰데, 이 가운데 좀 더 기초적이고 항구적인 것이 일반회계이다. 반면 일시적이고 특정 국책사업의 집행적 성격이 큰 것이 특별회계이다.

예산의 원칙으로서 한정성의 원칙, 통일성의 원칙, 단일성의 원칙 등에 따르면 일반회계 중심으로 운영하는 것이 바람직하다. 다만 현대국가에서는 정부가 다양한 사업의 주체가 되면서 특별회계나 기금으로 운영할 필요성이 발생하고 있다. 그럼에도 일반회계 중심으로 운영해야 한다는 원칙은 가지고 있어야 한다.

특별회계나 기금의 설치는 예산운영의 능률을 위한 것이지만, 너무 많이 설치되면 운영이 방만해져 예산통제에 어려움이 있으므로 오히려 능률이 저하될 수 있다.

일반회계는 통제 지향적 원칙을 전제로 일반적인 행정작용에 적용되는 회계이다. 그러나 이에 대한 예외로서 집행부의 재량을 확대하기 위해 특별회계나 기금이 발달하고 있다. 특별회계와 기금은 '예산통일의 원칙'의 예외이다.

한편 일반회계와 특별회계는 세입에서도 구분이 된다. 일반회계의 세입은 주로 조세이다. 반면 특별회계의 세입은 목적세 또는 자체수입, 일반회계로부터의 전입금 등이다. 기금은 부담금, 출연금 등 별로 재원이 있는 경우이다.

그림 2-1 중앙정부 일반회계 규모 추이

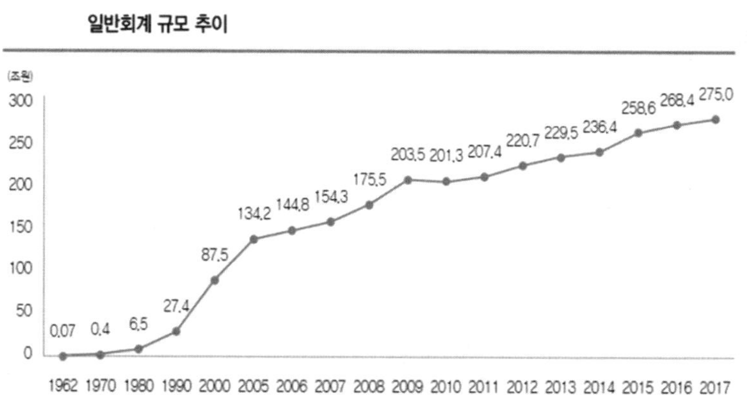

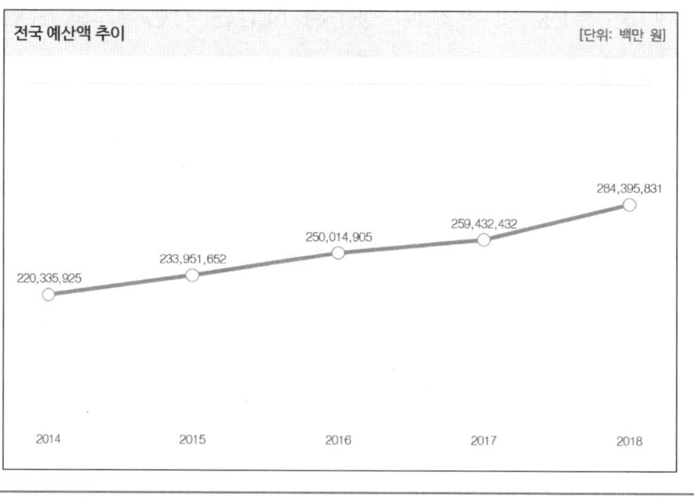

일반회계는 국민경제의 발전에 따라 국세 수입이 증가하면 증가한다. 반면 경기 대응적 기능을 위해 경제가 어려우면 국채를 발행해서 지출을 증가시키기도 한다. 실업이 발생하면 세입이 줄어들지만 경기 진작을 위해 지출을 늘려서 적자재정을 하는 것이다.

한국 경제가 발전하면서 일반회계 규모도 꾸준히 늘어서 2017년 기준으로 275조 원의 규모이다.

2. 특별회계

특별회계는 특별한 수입으로서 특정한 세출에 충당하며 일반의 세입세출과 구별해 경리되는 회계이다. 이는 정부기업의 수지를 명백히 하며, 자유재량과 능률성을 증대하기 위한 장치이다. 즉, 경제 규모가 커지고 국민 경제활동이 복잡해짐에 따라, 국가가 특별히 관리해야 할 사업이 많아지게 되자, 사업 수행을 위해 별도로 자금을 관리하고자 하는 것이다.

「국가재정법」에 의하면, 특별회계는 ① 국가에서 특정한 사업을 운영하고자 할 때(예: 통신, 양곡관리, 조달의 경우), ② 특정한 자금을 보유해서 운용하고자 할 때(예: 재정융자 특별회계), ③ 특정한 세입으로 특정한 세출에 충당함으로써 일반회계와 구분해 회계처리할 필요가 있을 때(예: 군인연금특별회계, 지방양여금특별회계)에 법률로써 설치하도록 규정하고 있다(국가재정법 제4조 제3항). 한편 최근에 책임운영기관을 설치하면서 이를 특별회계로 운영하도록 하고 있다. 따라서 이는 정상적인 예산운용의 예외적인 것이므로 필요최소한으로 운용되어야 하고, 능률이라는 이름으로 행정부의 편법이 개입되어서는 안 된다.

특별회계는 ① 설치 목적을 달성한 경우, ② 설치 목적의 달성이 불가능하다고 판단되는 경우, ③ 특별회계와 기금 간 또는 특별회계 및 기금 상호간에 유사하거나 중복되게 설치된 경우, ④ 그 밖에 재정운용의 효율성 및 투명성을 높이기 위해 일반회계에서 통합운용하는 것이 바람직하다고 판단되는 경우에는 특별회계를 폐지하거나 통합할 수 있다(국가재정법 제15조).

2017년 기준으로 기업특별회계 5개와 기타 특별회계 14개가 운영되고 있다. 규모도 매년 꾸준히 늘어서 2017년 기준으로 64.7조 원이 운영되고 있다.

그림 2-2 특별회계의 종류

기업특별회계(5개)

- 우편사업
- 우체국예금
- 양곡관리
- 조달
- 책임운영기관

기타 특별회계(14개)

- 교도작업
- 지역발전
- 농어촌 구조개선
- 등기
- 행정중심복합도시 건설
- 아시아문화중심도시 조성
- 에너지 및 자원사업
- 우체국보험
- 주한미국기지 이전
- 환경 개선
- 국방 · 군사시설 이전
- 혁신도시 건설
- 교통시설
- 육아교육 지원

그림 2-3 특별회계 수 및 규모 추이

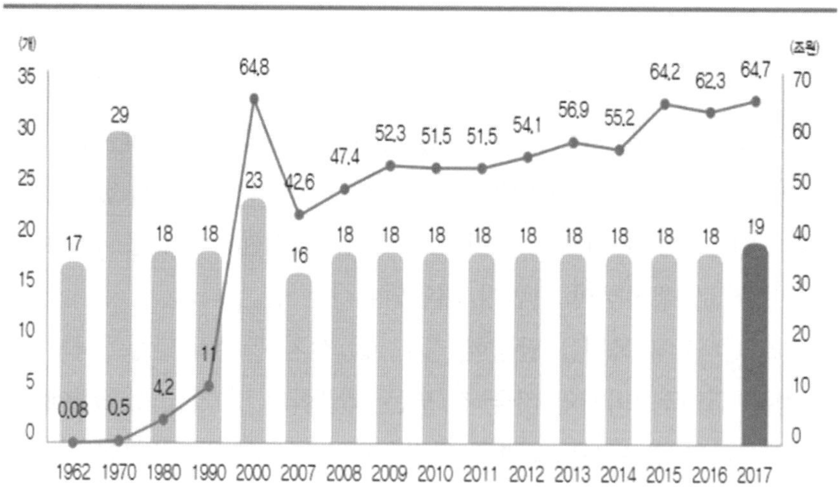

3. 기금

1) 기금의 개념

정부의 재정활동은 주로 일반회계와 특별회계로 구성된 예산에 의해 이뤄지고 있으나, 특정 분야의 사업에 대해 지속적이고 안정적인 자금 지원이 필요하거나 사업을 추진할 때 탄력적인 집행이 필요한 경우에 예산과는 별도로 기금을 설치·운용하고 있다. 즉, 기금은 복잡다기하고 급변하는 현실에서 정부의 특수한 정책목적을 실현하기 위해 예산원칙의 일반적인 제약에서 벗어나 좀 더 탄력적으로 운용할 수 있도록 세입·세출예산에 의하지 않고 특정 사업을 위해 보유·운용하는 특정 자금이라 할 수 있다. 즉, 기금은 경제 및 사회적 여건 변화에 따라 신속하게 변경되어야 할 사업이 예산으로 운영된다면 추가경정예산 편성 등 예산에 적용되는 일반적인 제약 때문에 사업 목적을 효과적으로 달성하기 어렵기 때문에 운영되는 것이다.

예산회계법을 대체한 현행 「국가재정법」 제5조에서는 "국가는 특정한 목적을 위하여 특정한 자금을 신축적으로 운용할 필요가 있을 때에 한하여 법률로써 설치하고 세입·세출예산 외로 운용할 수 있다."라고 규정하고 있다.

그리고 2005년에 「지방자치단체 기금관리법」을 제정해서 지방정부의 기금관리를 위한 기준을 정하고 있다.

2) 기금의 특징

기금은 1961년 종전의 「재정법」을 대체해 제정된 「예산회계법」에 의해 처음으로 도입되었다. 1991년 이전에는 기금을 설치하고자 할 경우 개별 법률에 설치 근거가 있으면 설치할 수 있었다. 기금은 예산운영의 범주가 아니라고 생각을 했고, 이에 기금에 대한 통제도 부족했다.

1991년 기금관리를 강화하기 위해 「기금관리기본법」 제정 이후부터는 정부의 출연금 및 법률에 따른 민간부담금을 재원으로 하는 기금은 「예산회계법」 별표 2에 명시되지 않는 한 기금을 설치할 수 없도록 했다. 이는 개별 기금의 신설 과정

그림 2-4 재정 관련 법률 체계의 변천 과정

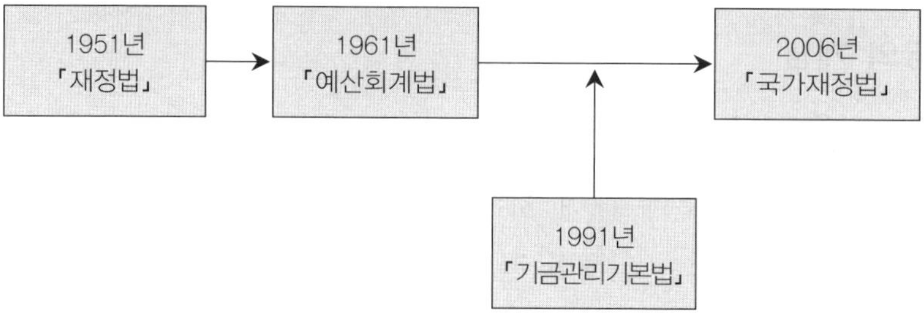

에서 기획재정부의 통제를 강화하는 장치였다. 이를 이어받은 현행 「국가재정법」 제5조 제1항에서도 기금 설치를 위해서는 「국가재정법」과 관련 법률의 제정이 동시에 수반되어야 하도록 하고 있다. 특히 2006년부터는 중앙관서의 장이 기금을 신설하고자 하는 경우에는 해당 법률을 입법예고하기 전에 기금 신설에 관한 계획서를 기획재정부장관에게 제출해 기금정책심의회의 기금 신설에 대한 심사를 받아야 한다(국가재정법 제14조)고 했다.

그리고 기금 신설의 조건으로 ① 부담금 등 기금의 재원이 목적사업과 긴밀하게 연계되어 있을 것, ② 사업의 특성으로 인해 신축적인 사업 추진이 필요할 것, ③ 중장기적으로 안정적인 재원조달과 사업 추진이 가능할 것, ④ 일반회계나 기존의 특별회계·기금보다 새로운 특별회계나 기금으로 사업을 수행하는 것이 더 효과적일 것 등을 규정하고 있다.

3) 기금의 규모

기금은 1961년 종전의 「재정법」을 대체해 제정된 「예산회계법」에 의해 처음으로 도입되었다. 1991년 이전에는 기금을 설치하고자 할 경우 개별 법률에 설치 근거가 있으면 설치할 수 있었다. 통제를 위한 다양한 장치를 개발했지만, 각 부처에서 사용할 수 있는 자금이라는 인식으로 인해 기금의 규모와 종류는 지속적으로 증가하고 있다.

그림 2-5 기금 운용 규모 추이

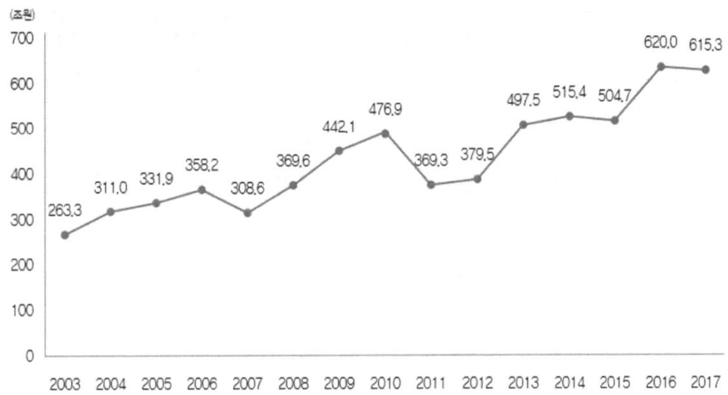

2017년 현재 615조 원이 운영되고 있다. 기금은 일정 금액을 적립해 두고 여기에서 발생하는 이자수입으로 사업을 하는 측면이 있기 때문에 적립금 규모를 계산하면 훨씬 커진다.

4) 기금의 종류

(1) 종전의 기금 분류: 공공기금, 기타 기금

공공기금은 정부관리기금으로서 국회에 운용계획서를 제출하지만, 기타 기금은 국회에 계획서조차 제출되지 않고 소관부서의 재량에 의해 운영되었다. 그러나 2002년의 「기금관리기본법」의 개정으로 이러한 구분은 폐지되고 일원화되었으며, 금융성 기금을 제외한 모든 기금의 기금운영계획안과 기금 결산은 국회의 의결을 거치도록 했다.

(2) 운영 목적에 따른 분류: 사업성 기금, 융자성 기금, 적립성 기금

사업성 기금은 구체적인 사업의 목적을 가지고 있는 것이다. 융자성 기금은 소위 관치금융의 창구 역할을 하는 것이다. 민간기업의 활동을 지원하기 위해 시장금리에 비해 낮은 저리로 자금을 지원하는 것이다. 적립성 기금은 연금을 운영하는 것이다. 우리나라의 경우 융자성 기금의 종류가 가장 많고, 규모도 가장 크다.

표 2-1 기금의 종류

대분류	중분류	기금명
사업성 기금 (38개)	복지, 노동 (12개)	고용보험기금, 국민건강증진기금, 군인복지기금, 근로자복지진흥기금, 보훈기금, 산업재해보상보험 및 예방기금, 임금채권보장기금, 장애인고용촉진 및 직업재활기금, 한강수계관리기금, 금강수계관리기금, 낙동강수계관리기금, 영산강·섬진강수계관리기금
	산업, 과학 (13개)	과학기술진흥기금, 국민주택기금, 농산물가격안정기금, 농지관리기금, 수산발전기금, 원자력연구개발기금, 전력산업기반기금, 정보통신진흥기금, 중소기업진흥 및 산업기반기금, 축산발전기금, 특정물질사용합리화기금, 쌀소득보전기금, 농작물재해보험기금
	교육, 문화 (13개)	국민체육진흥기금, 남북협력기금, 대외경제협력기금, 방송발전기금, 사회진흥기금, 여성발전기금, 청소년육성기금, 국제교류기금, 지역신문발전기금, 자유무역협정이해지원기금, 복권기금, 관광진흥개발기금
연금기금	연금(4개)	공무원연금기금, 국민연금기금, 군인연금기금, 사립학교교직원연금기금
금융성 및 계정성 기금	보증, 보험 (13개)	기술신용보증기금, 농림수산업자신용보증기금, 산업기반신용보증기금, 주택금융신용보증기금, 학자금신용보증기금, 부실채권정리기금, 수출보험기금, 공적자금상환기금, 외국환평형기금, 공공자금관리기금, 예금보험기금, 채권상환기금, 양곡증권정리기금

5) 「국가재정법」에 규정된 기금관리제도[1)]

(1) 기금의 설치 근거

기금을 설치하고자 할 때에는 심사를 받아야 하며, 다음의 조항에 해당될 때 설치된다. ① 부담금 등 기금의 재원이 목적사업과 긴밀하게 연계되어 있을 것, ② 사업의 특성으로 인해 신축적인 사업 추진이 필요할 것, ③ 중·장기적으로 안정적인 재원조달과 사업 추진이 가능할 것, ④ 일반회계나 기존의 특별회계·기금보다 새로운 특별회계나 기금으로 사업을 수행하는 것이 더 효과적일 것, ⑤ 특정한 사업을 운영하거나 특정한 세입으로 특정한 세출에 충당함으로써 일반회계와 구분해서 계리할 필요가 있을 것

(2) 여유자금의 통합 운영

기획예산처장관은 기금 여유자금의 효율적인 관리·운용을 위해 각 기금관리주

1) 「지방자치단체 기금관리기본법」은 이러한 체계와 논리의 연장에서 정리되어 있다.

체가 예탁하는 여유자금을 대통령령이 정하는 기준과 절차에 따라 선정된 금융기관으로 하여금 통합해서 운용하게 할 수 있다. 이를 통해 여유자금의 이자수입을 확대할 수 있다.

(3) 회계와 기금, 기금 상호간 전출입

종래 기금으로 적립되면 다시 일반회계로 전출되는 것이 허용되지 않아 칸막이식 재정운영이라는 비판이 있었다. 그래서 일반회계에서는 재원이 부족해 국채를 발행하면서 기금에서는 여유자금을 적립하는 모순이 있었다. 이에 회계 및 기금의 목적 수행에 지장을 초래하지 아니하는 범위 안에서 회계와 기금 간 또는 제기금 간에 전출입이 가능하도록 했다.

(4) 기금의 존치 평가와 운영의 평가

기획예산처장관은 회계연도마다 전체 기금 중 3분의 1 이상의 기금에 대해 대통령령이 정하는 바에 따라 그 운용 실태를 조사·평가해야 한다.

그리고 3년마다 전체 재정체계를 고려해서 기금의 존치 여부를 평가해야 한다.

(5) 기금의 폐지

특별회계 및 기금이 다음 각 호의 어느 하나에 해당하는 경우에는 이를 폐지하거나 다른 특별회계 또는 기금과 통합할 수 있다. ① 설치 목적을 달성한 경우, ② 설치 목적의 달성이 불가능하다고 판단되는 경우, ③ 특별회계와 기금 간 또는 특별회계 및 기금 상호간에 유사하거나 중복되게 설치된 경우, ④ 그 밖에 재정운용의 효율성 및 투명성을 높이기 위해 일반회계에서 통합운용하는 것이 바람직하다고 판단되는 경우

6) 운용상의 문제점

(1) 은닉된 재정 팽창의 요인

1980년대에 와서 정비하기 위해 노력하다가, 1990년대에 와서 다시 그 숫자가

늘어나고 있다. 예산이라고 하면 흔히 일반회계에 관해서만 관심을 갖고, 특별회계나 기금에 대해서는 관심이 적기 때문에, 이러한 관심의 사각지대에서 특별회계나 기금이 재정 팽창의 수단으로 활용되었다.

(2) 중복된 자금 지원 창구

일반회계 이외에 특별회계나 기금의 설치가 남발됨으로써 재정의 정확한 규모를 파악하기가 어렵게 된다. 같은 성격의 자금이 일반회계 · 특별회계 · 기금 등 여러 회계장부로 흩어져서 관리되기 때문에, 사업의 정책효과를 제대로 평가할 수 없게 된다.

(3) 회계 간 전출입으로 인한 재정구조 이해의 곤란성

기금과 특별회계가 일반회계로부터의 전입금에 의존하는 경우가 많다. 이럴 경우 회계 간의 복잡한 전출입이 재정의 전체 구도를 이해하기 어렵게 한다.

특히 일반회계의 전입금을 재원으로 하는 기금의 경우 일반회계에서 지출하면 되는 경우가 있을 경우, 전면적인 통폐합의 노력이 필요하다.

(4) 준정부조직을 팽창시키는 요인

기금의 재원을 보면 준조세의 형태를 가지고 있다. 즉, 기금은 다른 의미에서 국민의 부담을 야기하는 문제를 가지고 있다. 그리고 이러한 자금을 운영하기 위해 각종 공단이 형성되어 준정부조직이 나타난다.

예컨대 국민체육진흥공단이 국민체육진흥기금, 한국관광공사가 관광진흥기금을 운영하는 방식이다.

(5) 유사한 성격의 기금 남발

지속적으로 유사 기금의 통폐합을 위한 노력을 하고 있지만, 아직 유사 기금이 남아 있다. 특히 같은 부처 내에서의 유사 기금은 정비가 이뤄지고 있지만, 다른 부처 간에 존재하고 있는 유사 성격의 기금은 정비가 원활하게 이뤄지지 못하고 있다.

(6) 사업을 수행하지 않는 기금과 영세 규모의 기금

본격적으로 사업을 수행하기에는 매우 영세한 규모의 기금이 남발되고 있으며, 몇몇 기금은 적극적으로 사업을 하기보다는 자금을 적립만 하고 있다.

(7) 여유자금의 활용

각 기금의 여유자금이 금융시장으로 유입되어 금융정책의 주요한 교란 요인으로 작용할 가능성이 커지고 있다. 특히 최근 국민복지와 관련된 기금의 여유자금이 사회간접자본시설 투자를 위한 지원으로 유입되어 기금의 부실화를 초래한 것도 문제이다.

개발도상국의 경우 사회복지제도가 국민복지를 위한 것이 아니라, 사회간접자본의 자금을 확보하기 위한 자본 축적의 일환이라는 비판이 있으며, 특히 이러한 재정운용이 국민연금기금의 부실화를 초래할 것으로 우려된다.

(8) 융자성 기금의 개혁

과거 민간 금융시장이 발달하지 못한 경우에는 정부가 자금을 적립한 다음 원금을 융자하고 이자를 상환받는 형식이 필요했다. 그러나 이제 민간 금융시장이 발달한 경우에는 융자성 자금을 2차 보전방식으로 전환할 필요가 있다. 이는 민간 금융시장을 발달시키는 계기가 될 뿐만 아니라 재정운영의 탄력성을 확보한다.

7) 향후 정책 과제

(1) 설치 목적의 재검토

기금은 예산운영의 예외적인 것으로, 가능하면 일반회계에서 운용되어야 한다. 따라서 향후 개별 기금의 성격을 전면적으로 재검토해 필요성을 평가해야 한다.

(2) 국회의 통제 기능 확대

기금의 규모가 작아서 비교적 재량의 여지가 작을 때와 비교한다면, 지금은 기금의 규모가 일반회계와 비슷한 수준으로까지 팽창된 상태이므로 더 이상 행정부의 쌈짓돈으로 운영될 수 없다.

따라서 재정민주주의(fiscal democracy)를 보장한다는 측면에서 2002년부터 국회의 심의대상으로 전환했다. 실질적인 심의가 이뤄지도록 해야 할 것이다.

(3) 유사 기금의 통폐합

규모가 작고, 성격이 유사한 기금 그리고 일반회계로 수행할 수 있는 기금은 폐지해야 할 것이다. 이러한 통폐합 과정에서 재정의 잉여자금을 확보할 수 있는 계기가 될 수 있고, 이때 발생하는 자금으로 긴급한 재정수요, 예컨대 실업자 대비 자금이나, 사회간접자본(SOC) 관련 재원으로 활용할 수 있다.

8) 결어

기금의 과감한 개혁에 대한 공감대가 형성되고 있으나, 개별 기금이 갖는 나름대로의 취지가 있기 때문에 기획재정부가 이를 개별적으로 개혁하기가 어려울 것이다. 정치적 지지가 필요한 이유이다. 다만 그러한 과정에서 충분한 검토와 논의를 거치는 절차상의 합리성을 보장하는 노력을 병행해서 개혁과정의 민주화를 보장하도록 해야 할 것이다.

제 2 절 본예산, 수정예산, 추가경정예산

1. 의의

본예산은 정기국회에서 정상적으로 통과된 예산이다. 수정예산은 예산편성 후의 환경 변화로 인해 예산이 국회를 통과하기 전에 행정부가 국회에 제출한 예산안을 다시 수정해서 제출한 것이다. 반면 추가경정예산은 예산이 국회를 통과한 이후에 다시 제출되는 것이다. 이는 본예산과 별개로 성립하나, 일단 성립하면 통산해 전체로서 실시된다.

우리나라 「헌법」 56조에서는 추경의 성립 요건을 "예산에 변경을 가할 필요가 있을 때"라고 규정하고 있다. 과거 「예산회계법」 33조에서는 "예산 성립 후에 생긴 사유로 인하여 이미 성립된 예산에 변경을 가할 필요가 있을 때"라고 해서 헌법 조항보다 엄격한 요건을 규정하고 있다. 그러나 「국가재정법」에서 다시 엄격한 규정을 하고 있다.

「헌법」 제52조에 의하면 "정부는 예산에 변경을 가할 필요가 있을 때에는 추가경정예산을 편성하여 국회에 제출할 수 있다."고 규정하고 있다. 1962년 헌법부터 1972년 헌법까지는 "예산 성립 후에 생긴 사유로 인하여"라는 제한이 있었으나 1980년 헌법 개정 이래 현행 헌법에는 이러한 제한 규정이 없어 행정부는 횟수나 시기에 상관없이 본예산을 수정해야 할 명백한 이유가 없이도 추경예산을 편성해서 예산의 팽창을 시도하고 있다.

2. 추가경정예산의 편성 원인

① 1970년대까지만 하더라도 태풍의 피해를 복구하기 위한 경비에 지출하기 위해 추가경정예산을 편성했다.

② 1980년 후반에는 세계잉여금의 처리과정에서 추가경정예산을 편성했다. 예컨대 1988년 예산에 대한 결산은 1989년에 이뤄지는데, 이때 발생한 1988년 결산상의 잉여금으로 1989년 추가경정예산을 편성하는 것이다. 이러한 추가경정예산의 경우 연도말에 낭비적인 지출이 이뤄졌다는 비판이 제기된다. 특히 1988년 이후 10여 년 동안 세계잉여금(歲計剩餘金)을 연도말에 집중 지출함으로써 인플레이션을 야기하는 요인이 되기도 했다.

③ 1997년에는 IMF 관리체제가 되면서 재정적자가 발생했고, 이를 극복하는 가운데 국공채를 추가로 발행하는 추가경정예산이 편성되고 있다.

④ 지방정부의 경우 추가경정예산이 일년 중 4~5회가 될 정도로 빈번하게 편성되고 있다. 그것은 중앙정부에서 지방정부로 보조금 등이 갑자기 추가되는 경우가 있기 때문이다. 예컨대 연말에 보건복지부가 노인생활비로 보조금을 지방정부에 지원하는 경우, 이를 예산에 반영해서 집행하기 위해서 추가경정예산이 편성되

는 것이다.

⑤ 「국가재정법」[2] 체계에서는 추가경정예산의 편성에 제한이 있다. 정부는 "㉠ 전쟁이나 대규모 자연재해가 발생한 경우, ㉡ 경기 침체·대량실업 등 대내·외 여건에 중대한 변화가 발생하였거나 발생할 우려가 있는 경우, ㉢ 법령에 따라 국가가 지급하여야 하는 지출이 발생하거나 증가하는 경우"의 어느 하나에 해당하게 되어 이미 확정된 예산에 변경을 가할 필요가 있는 경우를 제외하고는 추가경정예산안을 편성할 수 없다.

3. 추가경정예산의 과제

① 어떠한 이유이든 추가경정예산은 예측 능력의 부족에서 발생한다. 물론 미래를 완벽하게 예측할 수는 없겠으나, 이러한 예외적인 장치는 최소한으로 운영해야 할 것이다.

② 특히 본예산 성립 시에는 국회에서도 그나마 관심을 기울이지만, 추가경정예산의 경우 별 고려 없이 통과되는 것에 대한 반성이 필요하다.

③ 추경은 예외적 장치이나 일상화되어 있었다. 이제 이러한 편법장치는 최소화되어야 한다.

③ 추경의 효과를 평가하고 재정관리 정책적 관점에서 시사점을 도출하기 위해서는 좀 더 포괄적인 접근이 필요하다. 거시경제모형이 주는 간결성이 설득력이 있지만 관리적 측면에서의 쟁점을 도출하는 데는 한계가 있기 때문이다.

추경의 경우 우선 고려되어야 할 사항은 세입원이 있기 때문에 이를 적립하지 않고 지출하는지, 아니면 지출의 소요가 있기 때문에 재원을 마련해서 편성하는지에 따라 의미가 완전히 달라질 수 있다는 점이다. 전자의 경우라면 정상적인 본예산의 범주에서 평가되어야 한다. 특히 이럴 경우 낭비적 지출에 충당할 가능성이 크다는 점을 경계할 필요도 있다. 후자라면 재원이 가능한 국민경제에 미치는 충격이 최소화되도록 노력하는 접근이 필요할 것이다.

---

2) 지방자치단체의 경우에는 「지방자치법」 제130조 및 「지방재정법」 제45조에 규정되어 있다.

④ 그리고 정부는 국회에서 추가경정예산안이 확정되기 전에 이를 미리 배정하거나 집행할 수 없다. 특히 세계잉여금을 재원으로 삼아 추가경정예산을 편성했으나, 세계잉여금의 활용조건을 엄격하게 규정해 이를 추경의 재원으로 활용하는 것을 방지하고 있다. 현행 「국가재정법」에서는 재정건전화의 관점에서 추가경정예산을 통제하고 있다.

제 3 절 준예산(예산 불성립 시의 예산 집행)

1. 의의

예산은 다음 회계연도 개시 전까지 의결되어야 하지만, 불가피한 사유로 국회가 의결하지 못해 성립되지 못하는 경우가 발생한다. 이때 사용하는 제도가 준예산이다.

특히 대통령이 소속한 정당과 국회의 다수당이 서로 다른 여소야대의 정국에서 국회의 정치성이 강화될 때, 또는 미국에서처럼 예산이 갖는 이념적 성격이 강해 정당 간 대립이 격화될 때, 주어진 기간 내에 통과되지 못하는 경우가 발생할 수 있다.

이때 미국의 경우는 전년도 답습형이고, 일본 · 영국 · 캐나다는 잠정예산을 사용하며, 우리나라의 경우는 1공화국 때는 가예산을 채택했으나, 1960년도 이후에는 준예산을 채택하고 있다.[3]

2. 각국 제도의 비교

1) 잠정예산

일정 금액(최초 4, 5개월분)에 해당되는 예산의 국고 지출을 허용하는 제도이다.

3) 지방자치단체의 경우는 「지방자치법」 제131조 및 「지방재정법」 제46조에 규정되어 있다.

예산이 성립되면 잠정예산의 유효기간이나 지출 잔액의 유무에 관계없이 본예산에 흡수된다.

2) 가예산

부득이한 사유로 예산이 의결되지 못한 때에는 국회는 1개월 이내의 가예산을 의결하고, 그 기간 내에 예산을 의결해야 한다.

우리나라의 경우 제공화국 때 전쟁 시에 이를 사용했다.

3) 준예산

예산이 회계연도 개시일까지 의결되지 못한 경우에 ① 헌법이나 법률에 의해서 설치된 기관 또는 시설의 유지 · 운영, ② 법률상 지출 의무의 이행, ③ 이미 예산으로 승인된 사업의 계속을 위한 경비를 전년도 예산에 준해서 지출한다.

제2공화국 이래로 도입하고 있으나, 중앙정부의 경우에는 아직 한번도 사용한 적은 없다. 그러나 지방정부에서 사용한 사례는 있다.

4) 비교

표 2-2 잠정예산, 가예산, 준예산 비교

	사용 기간의 제한	국회의 의결	우리나라	채택 국가
잠정예산	제한 없음	필요	채택한 바 없음	영국, 캐나다, 일본
가예산	1개월 제한	필요	1948~1960년 채택	프랑스
준예산	제한 없음	불필요	현재 채택	독일

우리나라의 준예산은 세 가지 특징이 있다.

첫째, 자동적으로 작동한다. 별도 의회의 승인을 받지 않는 것이다.

둘째, 기한의 제한이 없다. 의회 승인이 없으면 계속 준예산 체제로 가는 것이다.

셋째, 사용 용도의 제한이 있다.

3. 한국의 준예산 경험

1) 지방정부의 경험

중앙정부의 경우에는 아직 준예산이 한 번도 작동된 적이 없었다. 여야 간 갈등이 심각했지만, 늦어도 12월 31일에는 결정되었기 때문이다. 그러나 지방자치단체에는 준예산이 현실이 되었다. 기초지방자치단체인 성남시가 2013년 1월 1일부터 7일까지 겪었고, 광역지자체로는 2016년 처음으로 경기도와 경기도 교육청에서 경험했다. 재정력이 튼튼한 성남시와 경기도에서 발생한 것이다. 향후 여야 간 대립 구도가 첨예해질수록 예산을 담보로 한 정치 갈등이 노정되면서 이러한 사태는 확산될 우려가 있다. 최근의 사례를 반면교사(反面教師)로 삼아 향후 재정운영의 관리체계를 점검하는 노력이 필요한 이유이다.

2) 성남시 사례

(1) 전개과정

성남시의회는 2012년 12월 31일 임시회 본회의를 열어 2013년도 예산안을 처리하려고 했으나 다수당인 새누리당 의원들(18명)이 집단으로 등원을 거부해 의결정족수 미달로 자동 산회했다. 당시 재적의원 34명 중 새누리당 의원은 18명, 민주통합당 15명, 무소속 1명이었다.

준예산 체제에 들어간 성남시는 임시로 '반토막 예산'을 편성해 비상운영에 착수했다. 기관시설운영비, 의무지출경비, 계속사업비 등 법정경비만 전년도 예산에 준해 집행하다 보니 대상에서 제외된 각종 민생사업은 중단되었다.

준예산 체제 이틀째부터 민생 피해가 현실화되었다. 시는 1단계 공공근로사업과 아르바이트 성격의 대학생 지방행정연수 체험을 중단했고, 실무부서에는 사업 중단을 통보받은 대상자들의 항의가 빗발쳤다.

다음 날에도 각 동 주민센터와 청소년수련관 강좌, 임대아파트 공동전기료, 경로당 운영비 등의 집행이 중단되면서 피해는 확산했다. 실제로 주민센터 강사수당 지급 중단으로 48개 주민센터 1천 347개 강좌 수강생 약 3만 명이 불편을 겪었다.

민생예산의 집행이 연이어 중단되면서 "소모적인 정쟁을 중단하고 민생부터 챙기라"는 비판의 목소리가 커졌고, 주민들은 "시민을 볼모로 한 정치싸움은 신물 난다"며 분노를 표출했다.

준예산 엿새째, 시는 주민의 불만을 반영해 지방자치법에 규정된 '지방자치단체장의 선결처분권'을 발동해 취약계층의 생명 · 생계와 직결되는 사업비를 예산편성 전에 지급하는 긴급조치에 나섰다. 혹한기 한파와 영양 부족에 취약한 노숙인, 장애인, 노인, 아동 등을 더는 내버려 둘 수 없다는 판단에 따라 시급한 노숙인 무료급식소 운영비, 공공근로사업비, 지역아동센터 운영비, 경로당 운영비 등 4개 사업 120억 원을 우선 집행하도록 했다. 「지방자치법」 109조와 시행령 72조에 규정된 선결처분은 예산안 의결이 지체될 때 주민의 생명과 재산 보호를 위해 긴급하게 필요한 사항에 대해 지방자치단체장이 행사하는 일종의 예산집행 비상조치권이다.

시민들의 비판과 시장의 선결처분권 발동 등으로 부담을 느낀 시의회는 준예산 체제 1주 만인 7일 뒤늦게나마 새해 예산을 의결했다.

이 과정에서도 시의회 여야는 옥신각신 맞섰고 다수당인 새누리당이 정회를 요구하며 본회의장 퇴장을 시도했지만 출입구를 봉쇄한 주민들에게 저지당해 예산안을 가까스로 의결했다.

지방자치법 제109조(지방자치단체의 장의 선결처분)

① 지방자치단체의 장은 지방의회가 성립되지 아니한 때(의원이 구속되는 등의 사유로 제64조에 따른 의결정족수에 미달하게 될 때를 말한다)와 지방의회의 의결사항 중 주민의 생명과 재산 보호를 위하여 긴급하게 필요한 사항으로서 지방의회를 소집할 시간적 여유가 없거나 지방의회에서 의결이 지체되어 의결되지 아니할 때에는 선결처분(先決處分)을 할 수 있다.

② 제1항에 따른 선결처분은 지체 없이 지방의회에 보고하여 승인을 받아야 한다.

③ 지방의회에서 제2항의 승인을 받지 못하면 그 선결처분은 그때부터 효력을 상실한다.

④ 지방자치단체의 장은 제2항이나 제3항에 관한 사항을 지체 없이 공고하여야 한다.

(2) 준예산 편성의 원인

지역사회에서는 의장 선출로 시작된 분란이 준예산 사태로 '폭발'되었다고 보고 있다. 새누리당 의원총회에서 의장 후보로 선출된 박권종 의원이 본회의에서 2차까지 가는 투표 끝에 같은 당 최윤길 의원에게 패한 것이다. 성남시의회 재적의원 34명 중 새누리당 의원들이 19명, 민주통합당 의원들이 15명으로 새누리당 의원이 4명 더 많음에도 최윤길 19표, 박권종 14표, 기권 1표로 최윤길 의원이 당선되는 이변이 연출되었다. 즉, 새누리당 당론을 위반해 기권하거나 다른 후보에게 투표한 이탈표가 무려 5표나 나온 것이다.

이후 성남시의회는 원 구성조차 못한 채 파행을 거듭했고, 새누리당의 등원 거부는 계속되었다. 시의회의 파행은 4개월여 간 지속되었으며, 11월 20일에서야 여야 합의가 이뤄지면서 첫 정례회가 열렸다. 이로 인해 행정사무감사와 새해 예산안 심의 등이 촉박한 일정에 쫓기게 되었다.

이로 인해 예산의 심의과정도 순탄치 않았다. '성남도시개발공사설립조례안'을 비롯한 벤처기업 유치를 위한 정자동 시유지 매각과 위례신도시 아파트사업을 위한 2012년 공유재산 관리계획 의결안 등 시 집행부가 제출한 현안이 줄줄이 부결되었다.

예산 처리 역시 다수당인 새누리당의 뜻대로 처리가 가능했지만, 새누리당은 11월 30일 본회의를 보이콧한데 이어 12월 18일 본회의에도 등원을 하지 않았고, 결국 2012년 마지막 임시회에서도 등원마저 거부했다.

새누리당은 준예산 사태 직후인 1월 3일 기자회견을 통해 "민주통합당과의 협상을 통해 도시개발공사 설립과 위례신도시 아파트분양사업은 현 시의회 임기 중 부의하지 않는 조건으로 '정자동 시유지 매각', '미래혁신교육도시' 예산을 통과시키는 것으로 협상을 마쳤으나 민주당이 협상을 파기함으로써 본예산을 처리하지 못했다"고 해명했다. 반면 민주당은 "새누리당의 등원 거부는 지난 후반기 의장 선출 시 이탈한 표가 누구인지 밝혀내지 못하고 있거나, 밝혀냈다 하더라도 본회의에서 또 당론에 따르지 않는 이탈표가 발생할까봐 두렵기 때문"이라고 맞서는 등 정치적 갈등이 예산 불성립으로 이어졌다.

(3) 준예산의 정상화 계기

성남시에서 준예산이 마감하고 본예산으로 운영하게 된 결정적인 계기는 시민

사회의 강력한 저항에 부딪쳤기 때문이다. 1월 4일에 성남지역아동센터연합회를 비롯해 성남시사회복지협의회, 애향시민회, 성남참여자치시민연대, 성남환경운동연합 등 시민사회단체가 '성남시의회 파행 준예산 사태 해결을 위한 성남범시민대책위원회'를 구성해 본격적인 시의회 압박에 나서면서 시의회는 압박을 받았다. 시민사회의 문제를 해결하기 위해 정치를 구성했지만, 아이러니컬하게 정치문제를 해결하기 위해 시민사회가 나선 꼴이 되었다.

그리고 시장의 선결처분권이라는 강력한 대응도 시 의회를 압박하는 요인이 되었다. 예산권과 관련해서 의회를 무력화시킬 수 있다는 위협이 되었고, 준예산을 편성할 명분을 상실할 수 있었기 때문이다.

성남시의 경우 전국적 현상이 아니라, 지역정치의 문제라는 것도 의원을 압박하는 요인이 되었다.

3) 경기도의 사례

(1) 전개 과정

남경필 지사가 취임하면서 경기도 연정(聯政)이 화두가 되었다. 여소야대의 의회와 협력하기 위해 정무부지사를 사회통합부지사로 두면서 야당이 추천하는 인사로 임명하고, 예산편성권을 위임하겠다는 것이었다. 행정관리의 권력이 인사권과 예산권에서 나온다는 점에서 획기적인 조치로 받아들여졌다.

그러나 연정은 막상 중대한 예산 결정을 앞두고 무기력한 모습을 보였다. 조짐은 예산편성 단계부터 시작되었다. 야당 출신인 교육감은 누리과정 예산 중 유치원분 4,929억 원(12개월치)은 반영하고, 어린이집 부분은 미편성한 채로 경기도의회에 2016년도 예산안을 제출했다. 유치원은 교육청 소관이지만, 어린이집은 보건복지부 소관이라는 주장이었다.

한 발 더 나아가가 경기도의회 교육위원회는 2015년 11월 30일 경기도교육청이 제출한 2016년도 예산안 중 유치원 누리과정 예산 4,929억 원 전액을 삭감했다. 누리과정은 대통령 공약사항이기 때문에 중앙정부가 전액 지원해야 한다는 논거였다. 반면 새누리당은 도교육청이 세운 유치원 누리과정 예산을 반씩 나눠 유치원과 어린이집 예산으로 편성해 보육대란을 막자는 입장에서 물러서지 않았다.

팽팽한 대치 정국은 경기도의회가 2016년 1월 28일 임시회를 열고 유치원 누리과정 4개월치 예산을 편성하면서 일단 급한 불은 껐다. 유치원 누리과정 예산은 일단 4월까지 확보되어 집행이 가능하고, 어린이집 누리과정 예산 역시 경기도교육청 대신 경기도가 자체예산으로 2개월치(910억 원)를 지급한데다 아이행복카드사에서 2개월까지 대납이 가능해 4월까지만 버틸 수 있는 실정이다. 이런 측면에서 보면 보육대란의 위기는 꺼지지 않았다. 4월 13일 총선까지 휴전을 했다.

(2) 준예산 편성의 원인

2016년 경기도 준예산은 사실상 전국적 현상의 연장에 있다. 경기도와 경기도교육청이 준예산 사태까지 가게 된 가장 큰 이유는 '누리과정 예산' 때문이다. 쟁점은 첫째, 종전에 소득 하위 70%의 만 5세만 적용하던 사업을 만 3~5세 전체 가구에 확대하는 과정과 둘째, 유치원과 어린이집으로 확대하는 두 가지 쟁점에서 출발한다. 기존의 정책에서 확대하는 것은 중앙정부의 정책 의지이기 때문에 중앙정부가 책임을 져야 한다는 것과 유치원은 교육청 소관이지만 어린이집은 보건복지부 소관이라는 논거에서 교육청의 반발이 있었던 것이다. 물론 여기에 중앙정치와 지방정치의 대립각이 갈등을 증폭시킨 측면도 있다.

따라서 경기도, 경기도 교육청, 교육부, 보건복지부, 기획재정부의 복잡한 구도 속에서 진행되었다. 이에 영유아보육법, 유아교육법과 시행령 등 관련 부처의 법률도 복잡하게 얽혀 있다. 그리고 지방비가 부담되는 국고보조금과 조건 없이 지방에 지원되는 지방교육교부금 등 복잡한 재원구조 속에서 전개되었다. 경기도 준예산은 사실상 중앙정치의 갈등 연장에서 발생한 것이라고 할 수 있다.

(3) 준예산의 정상화 계기

경기도 준예산 운영의 과정에서 분명하게 피해를 보는 어린이집 원장과 유치원 원장이라고 하는 분명한 이해관계자가 있었다. 그리고 시설을 이용해야 하는 도내 35만의 아동과 학부모가 있었다. 총선을 앞둔 시점에서 경기도와 경기도 교육청은 일종의 "마주 보며 달리는 차에 속도를 내면서 누가 먼저 피할 것인가"의 담력 게임을 하고 있었다.

그러나 이후 대책은 없는 실정이다. 시도교육감협의회와 광역의회들이 요구하고 있는 누리과정에 대한 중앙정부의 입장 변화는 4·13 총선 이후에나 가능할 전망이다. 만약 총선 이후에도 중앙정부와 시도교육감협의회의 입장 변화가 없다면 누리과정으로 인한 '보육대란'은 다시 시작될 전망이다.

4) 준예산의 대비와 대응

미국의 경우 준예산제도가 없다. 그래서 의회에서 예산이 결정되지 않으면 몇 개월째 예산을 편성하지 못하고 심지어 클린턴 정부에서는 인건비 지출을 하지 못해 일부 연방정부 업무를 폐쇄하는 조치가 벌어지기도 했다. 트럼프 정부에서도 멕시코와의 국경장벽 설치비와 관련해서 의회와 갈등이 해결되지 않아 연방업무 폐쇄조치(shut down)가 발동되었다.

우리나라에서는 이러한 문제점을 극복하기 위해 준예산제도를 가지고 있다. 그러나 준예산이 발생한다는 것은 과잉정치를 의미하는 것이고, 조정능력의 관점에서 보면 정치력의 부재를 상징한다. 그리고 성남시와 경기도의 사례에서 보듯이 피해는 고스란히 주민에게 귀속되고 있다. 정치인들의 기 싸움에 주민이 피해를 입고 있는 것이다. 문제는 우리의 정치구조와 역학 관계를 보면 이러한 사태는 향후 빈번하게 발생할 우려가 있다는 것이다. 그래서 집행부 입장에서는 재정 공백이 발생하지 않도록 준예산에 대비한 재정관리 방안을 마련할 필요가 있다. 그리고 재정활동의 범주를 새롭게 구성하는 방안도 필요하다. 예컨대 의무적 지출경비를 관리하는 것이 포함될 수 있다.

이러한 대응 노력뿐만 아니라 대비 노력도 필요하다. 그것은 지역사회의 정치력 복원이다. 협상과 조정을 위한 지역사회의 성숙도가 제고되어야 한다. 준예산의 사례에서 보듯 주민의 관심과 압력은 사태 해결에 중요한 실마리가 되었다. 준예산의 사태를 보면 시민사회의 활성화가 정치의 성숙을 가져올 것이라는 단초를 주고 있다.

제 4 절 조세지출 예산제도

1. 의의

조세지출 예산이란 조세감면의 구체적 내역을 예산구조로써 밝히는 것이다. 민간에 대한 정부의 지원은 재화나 용역을 구입하거나 민간에 보조금 형태로 지원하는 직접적 지출(direct expenditure)이 있고, 징수해야 할 조세를 면제함으로써 지원하는 조세지출(tax expenditure)이 있다.

조세감면은 조세특혜(tax preference), 합법적 탈세(tax loophole) 혹은 숨은 보조금(hidden subsidies)이라고도 하는데, 정부가 징수해야 할 조세를 받지 않고 그만큼 보조금으로 지불한 것과 같다는 의미이다.

현재 국세의 경우는 조세특례제한법, 지방세의 경우는 지방세법에서 각각 조세감면을 규정하고 있다. 그러나 구체적인 집행은 행정부에게 위임되어 있기 때문에 이를 국회 차원에서 통제하고, 정책 효과를 판단하기 위해 도입되는 것이다. 「국가재정법」에 따르면 2010년에 도입하도록 규정하고 있다.

「지방재정법」 제28조의 2에서는 「지방세특례제한법」에 근거해서 지방세 감면의 효과를 평가해야 하고, 감면이나 비과세가 일정 비율을 넘지 못하도록 통제하고 있다.

2. 도입 현황

1959년에 서독에서 처음 발표되었고, 1967년에 도입되었다.

미국에서는 1968년에 비공식적으로 시안이 마련되었고, 1974년에 도입되었다.

선진국의 경우 기능별, 법인과 개인별, 국방 · 경제 · 과학기술 · 에너지 · 환경 등으로 구체적으로 분류하고 있다.

3. 조세지출 예산제도의 필요성

① 조세지출은 법률에 따라 집행되기 때문에 경직성이 강하다. 따라서 그 효과를 평가하기 위한 기초자료가 된다.

② 조세감면은 정치적 특혜의 가능성이 크다. 특정 산업에 지원되며, 부익부 빈익빈의 가능성이 있다.

③ 부정한 조세지출의 폐지, 재정 부담의 형평성 제고, 세수 인상을 위한 정책자료가 된다. 그간 조세감면은 세무 비리의 한 원인을 제공했다.

④ 조세감면의 통제가 가능해서 국고 수입을 증대시킬 수 있다.

4. 문제점

보조금의 성격을 갖고 있기 때문에, 개방된 국제환경에서 무역 마찰의 소지가 될 수 있다. 조세감면은 결국 국가가 기업에게 주는 특혜이기 때문이다.

5. 결론

그간 비과세제도 및 조세감면에 따르는 일반 국민의 의혹을 불식하고, 조세수입을 증대하며, 자원배분의 효율성과 과세의 형평성을 제고하기 위해 조세지출 예산제도의 도입이 필요하다.

요 약

1. 일반회계는 세금과 같은 일반재원으로 일반적인 정부 기능을 위해 지출된다. 반면 특별회계는 대규모 사업에 충당하거나 목적세가 있는 경우에 지출된다. 기금은 부담금 등 특정 재원이 있는 경우에 특정 지출을 위해 지출된다. 예산 통일성의 원칙, 단일성의 원칙 기준에서

일반회계로 운영하는 것이 바람직하지만 수익자 부담이나 특정 세출을 일관성 있게 추진하기 위해 필요하기도 한다.

2. 예산심의의 일정을 기준으로 정기의회에서 회기연도 개시 전에 통과되면 본예산이 된다. 집행부가 의회 심의를 위해 예산안을 제출한 다음 의회에서 심의를 마치기 전에 수정해서 제출되면 수정예산이 된다. 한편 예산 성립 후에 이미 결정된 예산을 수정하면 추가경정예산이 된다.
3. 회계연도 개시 전까지 예산이 의회를 통과하지 못하면 전년도 예산에 준해서 예산을 집행한다. 한편 의원내각제 국가들은 별도로 잠정예산을 편성해서 집행한다.
4. 조세지출 예산은 조세의 감면 내역을 예산의 형식으로 정리한 예산이다.

Chapter 02

연습 문제

주관식

1. 특별회계와 기금 운영의 차이점을 설명하시오.
2. 2013년 성남시, 2016년 경기도에서 준예산이 집행되었다. 자방정부에서 준예산이 편성될 가능성이 높은 이유를 설명하고, 문제점을 설명하시오.

객관식

01. 조세지출 예산에 관한 설명으로 가장 옳지 않은 것은?

① 조세감면 조치는 경제개발계획을 추진하는 과정에서 특정 사업을 육성하기 위한 유효한 정책수단의 유형에 해당한다.
② 조세감면은 조세특혜, 합법적 탈세, 숨은 보조금이라고 한다.
③ 조세지출은 법률에 따라서 이뤄지는 것이므로 경직성이 크다.
④ 우리나라 지식경제부장관은 조세감면 · 비과세 · 소득공제 · 세액공제 · 우대세율 적용 또는 과세이연 등 조세특례에 따로 재정자원의 직전 회계연도 실적과 당해 회계연도 및 다음 회계연도의 추정금액을 기능별 · 세목별로 분석한 보고서(조세지출예산서)를 작성해야 한다.

02. 특별회계예산에 대한 설명 중 옳지 않은 것은?

① 입법부가 행정부를 감시하기가 용이하다.
② 행정능률을 올릴 수 있다.
③ 행정부의 재량의 여지가 커진다.
④ 차입에 의한 재원조달이 가능하다.

03. '기금'에 관한 설명으로 잘못된 것은?

① 사업운영상 필요한 경우 특별기금을 설치해 세입 · 세출예산 외로 운영할 수 있다.

② 기금은 반드시 법률에 의해 설치해야 한다.

③ 국회의 심의대상이 아니기 때문에 재정민주주의의 사각지대라는 비판을 받는다.

④ 기금은 자금의 조성 및 자금운용 시에 예산상의 각종 통제가 배제되고 탄력성을 부여하고 있기 때문에 기금사업을 효율적으로 추진할 수 있는 장점이 있다.

04. **다음 예산의 종류 중 국회의 의결이 필요 없는 것은?**

① 추가경정예산

② 특별회계예산

③ 수정예산

④ 준예산

05. **예산의 종류에 대한 다음 설명 중 틀린 것은?**

① 본예산 – 국회에 상정되어 정기국회에서 다음 회계연도 예산에 대해 정상적으로 의결·확정한 당초예산

② 가예산 – 부득이한 사유로 예산이 의결되지 못한 때에 국회는 1개월 이내의 예산을 의결해 주는 제도

③ 수정예산 – 예산이 국회를 통과해 확정(성립)된 후에 생긴 사유로 인해 추가·변경된 예산

④ 준예산 – 새로운 회계연도가 개시될 때까지 예산이 성립되지 못할 경우 의회 승인 없이 특정 경비를 전년도에 준해서 지출할 수 있도록 하는 제도

정답 및 해설

1. ④ 조세감면제도를 총괄하는 부처는 기획재정부이다.
2. ① 특별회계와 기금은 고전적 예산원칙이 단일성의 원칙에 대한 예외적 장치이다. 특히 특정 재원을 기반으로 특정 세출에 충당하기 때문에 한정성의 원칙에도 예외적 장치이다. 이는 입법부의 통제에서 벗어나 집행부의 재량을 확보하기 위한 장치이다.
3. ③ 과거 기금은 국회의 심의 대상조차 되지 않는 시기가 있었다. 그러나 지금은 국회의 심의대상이다. 다만 국회에서 일반회계에 대해서는 관심을 갖지만 특정 세출에 충당하는 기금에 대한 충분한 통제가 되지 않는 문제는 있다.

4. ④ 예산의 제도를 학습하면 국회의 승인이 필요한 것과 아닌 것을 구분하는 것은 재정민주주의 관점에서 매우 중요하다. 본예산, 수정예산, 추가경정예산은 모두 국회 심의가 필요하다. 다만 준예산은 전년도 예산에 준해서 사용하기 때문에 국회 승인이 필요 없다.

5. ③ 수정예산은 행정부가 국회에 예산안을 제출하고 나서 국회의 심의과정에서 제출한 예산안을 변경시키는 경우이다. 예산이 국회를 통과해서 확정(성립)된 후에 생긴 사유로 인해 추가·변경된 예산은 추가경정예산이다.

Chapter 03

예산의 원칙

개 관

이 장에서는 예산의 주요 가치와 예산의 원칙을 다룬다. 행정이 추구하는 가치는 정부의 의사결정 과정에서 합리적인 가치판단 기준으로 작용한다는 점에서 그 중요성을 가진다. 도구성의 여부를 기준으로 도구적, 수단적 또는 비본질적 가치와 본질적 가치로 나뉠 수 있는데, 공익, 민주성, 효율성, 합법성을 중심으로 예산이 가지는 중요한 의미를 살펴보게 될 것이다.

한편 예산의 원칙은 정부가 예산의 편성 및 집행과 결산과정에서 기본적으로 지켜야 할 원리를 말한다. 예산의 원칙은 고전적 예산원칙과 현대적 예산원칙으로 구분되는데, 각각의 원칙에 대한 이해와 더불어 이들 원칙이 서로 어떻게 다른지를 이해하는 것도 중요하다고 할 것이다.

Chapter 03 예산의 원칙

제 1 절 예산의 주요 가치

1. 행정가치의 의의

행정이 추구하는 가치는 정부의 의사결정 과정에서 합리적인 가치판단 기준으로 작용한다. 가치는 도구성의 여부를 기준으로 도구적, 수단적 또는 비본질적 가치와 본질적 가치로 나눌 수 있다. 비본질적 가치는 어떤 요구되는 결과, 즉 궁극적 목적의 실현을 가능하게 하는 가치이다. 반면 본질적 가치는 가치 자체가 목적이 되는 경우를 말하며, 결과에 상관없이 만족을 줄 수 있는 가치를 의미한다. 행정이 추구하는 가치도 도구성을 기준으로 본질적 행정가치와 수단적 행정가치로 나눌 수 있다.

본질적 행정가치는 행정을 통해 이루고자 하는 궁극적 가치이다. 이 범주에는 정의, 공익, 복지, 형평, 자유, 평등 등의 개념이 포함된다. 본질적 가치는 절차적 행정가나 수단적 행정가치로 환원될 수 있다. 예를 들어 정의는 평등 또는 형평의 개념으로 환원될 수 있으며, 공익은 정책결정 과정과 관련된 절차적 가치로 이해될 수 있다. 수단적 또는 비본질적 가치는 궁극적 목표로서의 본질적 가치를 실현하게 하는 가치들을 의미한다. 여기에는 사회적 가치의 배분절차나 실제적인 행정과정에서 구체적 지침이 될 수 있는 가치 개념들이 포함된다. 대표적인 수단적 가치로는 합리성, 능률성, 효과성, 민주성, 책임성, 합법성, 투명성 등이 있으며, 중립성, 가외성 등도 포함시킬 수 있다. 이러한 여러 가지 행정가치 중에서도 예산과정과 관련해 상대적으로 더 큰 의미를 가지는 가치로서 공익성, 민주성, 효율성, 합법성의 개념에 대해 좀 더 살펴본다.

2. 예산의 주요 가치: 공공성, 민주성, 효율성, 합법성

1) 공공성과 예산

공공성 내지 공익(public interest)은 행정이 추구해야 할 본질적 가치로서 행정행위의 주요한 규범적 기준이다. 공공성은 논자에 따라 의미가 다양하게 규정되는데, 종종 공익 개념이 너무 추상적이라는 지적을 받기도 한다. 공익을 설명하는 대표적 접근방법으로 실체설과 과정설이 있다. 실체설은 공익을 사익(private interest)을 초월한 실체·규범·도덕 개념으로 파악하며, 공익과 사익은 명확히 구분된다고 본다. 실체설에서 인식하는 공익 개념의 구체적인 내용은 자연법, 정의, 형평, 복지, 인간 존중, 공동사회의 기본적 가치 등 다양하다. 이들의 공통적 특징은 공익이 사익의 단순한 종합이 아니고 사익과 구별되는 적극적 개념으로 공익의 존재성을 인정한다는 점이다. 다만 그 실체가 무엇이냐에 대해서는 다양한 견해가 있다. 반면 과정설에서는 사익을 초월한 별도의 공익이란 존재할 수 없으며, 공익이란 사익의 종합이거나 사익 간 타협 또는 집단 간 상호작용의 산물이라고 본다. 현실주의 혹은 개인주의적으로 공익 개념을 주장한다. 대표적 학자로 플라톤(Platon), 아리스토텔레스(Aristoteles), 루소(J. J. Rousseau), 헤겔(G. W. F. Hegel), 마르크스(K. Mark) 등이 있다. 과정설에서는 공익이 실질적으로 과정·제도·절차적 국면을 통해 형성되며, 여러 사회집단이 대립·투쟁·협상·타협을 벌이는 과정에서 결과적으로 다수 이익에 일치되는 것이 공익의 이름으로 도출된다고 인식한다. 대표적 학자로 홉스(T. Hobbes), 벤담(J. Bentham), 애로(K. Arrow), 슈버트(G. Schubert) 등이 있다.

공익을 어떠한 시각에서 보든 간에 공익에 관한 논의의 핵심은 누가, 어떠한 과정을 거쳐, 어떤 기준에 입각해 공익성의 여부를 결정하느냐에 있다. 현실적으로는 행정관료가 공익의 해석자이자 실행자로서의 역할을 하고 있다. 그러나 엄밀하게 말하면 관료는 공익의 결정자라기보다는 위임받은 공익의 판단자이자 실행자이다. 사회적 맥락에서 보면, 공익은 사회구성체 및 사회구성원의 가치체계 속에서 투표 등의 정치과정을 통해 결정되기 때문이다. 특히 공익을 어떻게 정의하든 예산과 관련해서 공익을 구현하기 위한 방향으로는 ① 헌법 존중, ② 종합적인 시각의 유지, ③ 시민교육 강화와 시민의 각성, ④ 예산과정의 공개와 참여제도의 확대, ⑤ 재정 총액의 명확한 파악 등이 중요하다.

우선 헌법에 대한 존중이 이뤄져야 한다. 「국가재정법」 제16조에 규정된 원칙들도 공공성을 높이기 위한 방법이라고 볼 수 있다. 즉, 재정건전성, 국민 부담의 최소화, 재정지출의 성과 제고, 예산 과정의 투명성과 참여, 성인지 예산운영 등을 지키려는 노력은 공공성 향상에 기여할 것이다. 특히 행정공무원, 국회의원 등이 「헌법」과 법률의 정신에 충실해야 한다.

다음으로 행정기관은 철학적, 경제학적, 사회복지적 관점 등 여러 관점에서 종합적으로 문제를 해결하려고 노력해야 공공성을 높일 수 있다. 이를 위해 행정기관은 자료를 기록하고 보관하며, 분석이 필요한 경우 객관적인 분석을 할 수 있는 역량을 배양해야 하고, 정책을 채택하고 집행할 때 입법기관의 의견을 존중해야 한다. 또한 정책을 수행할 때 효율과 형평의 조화를 숙고해야 하며, 제도를 설계하고 시행할 때 기회의 균등, 절차의 준수, 과정의 공개 등을 고려해야 한다. 이상의 과정에서 정책으로 피해를 보는 집단이나 여성, 노약자 등 사회적 약자계층을 배려해야 함은 물론이다.

시민교육을 강화하고 이와 함께 시민의 각성도 필요하다. 시민사회는 헌법과 국가 권위를 인정하는 법의 지배에 기초한다. 시민은 시민정신 및 시민 예절을 보여줄 수 있어야 한다. 이것이 가능해야 거버넌스도 가능하고 시민의 예산과정 참여도 가능하다.

예산과정의 공개와 참여제도를 확대하는 노력도 필요하다. 공공성의 한 측면은 민주주의이므로 민주주의가 예산과정에서 제도화되어야 한다. 예산과정이 공개되고 국민의 요구와 욕구가 반영될 수 있는 절차와 과정이 있어야 하며, 국민의 참여가 확보되어야 한다.

마지막으로 재정의 총액이 명확하게 파악되어야 한다. 정부는 다양한 재원을 가지고 각종 사업을 수행하며, 이 과정에서 세입과 세출이 어느 정도인지 그 총액을 명확히 파악해야 한다. 그래야만 재정규율도 확립할 수 있고 거시적 예산운영도 가능하며, 재정운용에 대한 논의가 시작될 수 있을 것이다.

2) 민주성과 예산

행정의 민주성(democracy)은 국민과의 관계와 관료조직 내부의 의사결정 과정의 두 가치 차원에서 논의된다.

우선 행정의 민주성을 행정과 행정환경으로서 국민과의 관계라는 측면에서 행정의 민주성은 행정이 국민 의사를 존중해 국민의 요구를 수렴하고, 이를 행정에 반영시킴으로써 대응성 있는 행정을 실현하며, 국민에게 책임을 지는 책임행정을 구현하는 것을 의미한다.

다음으로 행정조직 내부에서의 민주성은 인간을 기계적·합리적·경제적인 존재로만 인식하지 않고, 인간의 비합리적·감정적·사회심리적 요인을 중시해야 하는 것을 의미한다.

이러한 두 가지 행정의 민주성 중에서도 특히 예산은 이른바 재정민주주의(fiscal democracy)라는 차원에서 행정의 대외적 민주성과 관련해 매우 중요한 의미를 가진다. 재정민주주의는 재정에 관한 의사결정 시 국민의 의사를 반영하고 실현하는 사상 내지 정치사회 체제를 말한다. 재정민주주의의 핵심은 국민이 재정을 운영해야 하고, 재정운영이 국민을 위한 것이 되어야 하며, 국민이 재정운영의 주체여야 한다는 것이다. 재정민주주의를 확고히 하기 위해 예산편성, 예산심의, 회계검사 및 결산 등의 예산과정이 마련되어 있고, 이 과정을 통해 재정에 대한 국민의 의사가 반영된다. 구체적으로 조세법률주의 세출법률주의, 행정부 제출 예산제도, 입법부의 결산심의 및 회계검사기관의 결산검사, 주민참여 예산제도 등을 통해 재정민주주의의 발전을 기대해 볼 수 있다.

3) 효율성과 예산

효율성은 투입 대비 산출의 비율이며 산출에 대한 비용의 관계라는 조직 내의 조건으로 이해될 수 있다. 효율성은 보는 관점에 따라 기계적 효율성과 사회적 효율성으로 나눌 수 있다. 기계적 효율성은 행정과 경영의 유사성이 강조된 초기의 정치행정이원론 시대에 경영학의 과학적 관리론이 행정학에 도입되면서 중요시된 효율관이다. 이는 효율을 수량적으로 명시할 수 있는 기계적·물리적·금전적 측면에서만 파악한 개념이다. 반면 사회적 효율성은 과학적 관리론에 입각한 기계적 효율관을 비판하고 행정의 사회목적 실현과 다원적인 이익들 간의 통합 조정 및 행정조직 내부에서 구성원의 인간적 가치의 실현 등을 내용으로 하는 효율관이다. 따라서 사회적 효율은 민주성의 개념으로 이해되기도 한다. 사회적 효율은 1930년대 중반 이후 인간관계론의 등장과 더불어 강조된 개념이다.

현대 국가에서 효율성은 행정이 지향해야 할 가장 중요한 핵심 가치의 하나로서 현대 복지국가를 지향하는 데 반드시 검토되어야 할 행정개혁의 핵심 화두이다. 이는 효율적으로 행정을 운용할 경우, 효율화된 예산 절감분은 조세 부담을 경감시키며 동시에 같은 예산으로 질 높은 공공서비스를 제공, 집행자로서의 행정부에 대한 국민의 신뢰도를 제고할 수 있기 때문이다. 특히 경제위기 상황 등 선진국을 포함한 세계 각국의 재정적자 심화는 정부 운영과 정책사업의 효율화를 절실히 요구하는 근거가 되고 있다.

효율성을 이론적으로 뒷받침하는 기준으로는 파레토 최적(Pareto optimum) 상태를 들 수 있다. 이는 다른 사람의 후생을 감소시키지 않고는 누구의 후생도 증대시키는 것이 불가능할 정도로 자원이 효율적으로 배분되어 있는 상태이다. 파레토 최적 상태는 자원배분의 효율성을 의미하지만, 분배의 형평성을 확보해 주는 것은 아니다. 예산 및 정책분석에서 정책대안의 효율성을 판단하는 기준으로는 비용·편익분석이나 비용·효과분석에서 사용하는 편익비용 비율, 순현재가치, 내부수익률 등이 있다.

4) 합법성과 예산

합법성은 시민권의 신장과 자유권의 옹호가 중요했던 입법국가 시대의 행정 이념이다. 국가의 권력 가운데 국왕으로부터 가장 먼저 입법권을 확보한 국민의 대표들은 입법부가 제정한 법률을 행정공무원들이 그대로 충실히 집행해 줄 것을 요구했으며, 이러한 합법행정을 통해 시민권이 신장될 수 있다고 기대했다. 그러나 법률 규정이 사회 변화를 적극적으로 수용하기 힘든 현대 행정에서는 합법성 이념을 지나치게 강조하면 행정 본래의 목표가 왜곡될 수 있다. 또한 직업공무원제도의 확립으로 신분보장의 폭이 넓어진 공무원들이 소극적 자세에서 법령을 형식적으로만 준수하거나 재량권을 과도하게 확대해 공무원 개인의 이해관계에 따라 자의적으로 해석하는 것도 경계할 필요가 있다.

예산은 이러한 합법성을 전제로 하고 있다. 재무행정 관련 조직들은 모두 법률의 뒷받침을 받고 있으며, 일련의 예산과정은 헌법을 바탕으로 정부조직법, 국가재정법, 감사원법, 국회법, 국세기본법, 국세징수법 등 수많은 법률을 준수해야 한다. 이러한 법률들에 기초해서 조세법률주의와 재정민주주의가 제도화된다. 한편 감사원은 행정기관이나 공무원들이 그들의 업무를 정해진 법령이나 규정에 따라서 수행했는지 여부를 감사한다. 이를 합법성 감사(compliance audit)라고 하는데, 감사의 초점이 통제에 있으며, 재무감사와 함께 가장 많이 이용되고 있는 감사 유형이라고 할 수 있다.

제 2 절 예산의 원칙

정부의 역할에 관한 입장은 크게 두 가지로 나눌 수 있다. 그 하나는 최소한의 정부 또는 소극적인 정부 역할을 강조하는 입장이고, 다른 하나는 정부가 적극적으로 국민생활의 여러 가지 문제에 개입해서 해결해야 한다는 적극적인 정부 역할을 강조하는 입장이다. 이런 입장의 차이는 정치철학과 역사적 경험의 차이에서

오는 것이다.

예산원칙의 문제는 정부의 역할에 관한 이러한 입장의 차이에 따라 그 내용이 달라진다. 소극적인 정부의 역할을 주장하는 쪽에서는 행정부에 대한 국민의 감독과 감시가 용이하도록 입법부의 우위를 존중하는 예산원칙이 지켜지고 의회의 예산심의권이 충분히 행사될 것을 강조한다. 다른 한편 적극적인 정부의 역할을 주장하는 쪽에서는 행정부의 신축성과 전문성을 주장하고 행정부가 예산운영을 할 때 어느 정도 재량권을 가져야 한다고 주장한다.

입법부의 우위를 유지하려는 것은, 역사적으로 예산 승인이 행정권의 독단과 전횡을 견제하는 주요한 수단으로 발전되었기 때문이며, 이러한 입장에서 예산을 통해 의회가 행정부를 가능한 한 철저하게 감시함으로써 국민의 자유와 권리를 보장할 뿐만 아니라 진정으로 국민의 뜻에 따른 정책이 형성되기를 바라기 때문이다. 반면에 적극적인 정부의 역할을 강조하는 행정국가적인 입장에서는, 오늘날의 급격한 사회 변동에 신속히 대응하고 급증하는 행정업무를 원활히 수행해 국민에 대한 정부의 책임을 다하기 위해서 행정재량의 여지와 신축성이 커져야 하는데, 이를 위해 예산도 의회의 세부적인 통제에서 벗어나도록 해야 된다는 것이다. 이러한 두 가지 입장은 서로 대립되는 것으로서 각각 나름대로의 예산원칙을 발전시켜 왔는데, 입법국가적 입장에서 발전된 예산원칙을 전통적 예산원칙이라 하는 한편, 행정국가론적인 입장에서 발전된 예산원칙을 현대적 예산원칙이라고 하는 것이 일반적이다.

1. 고전적 예산원칙

예산의 원칙이란 정부가 예산의 편성 및 집행과 결산과정에서 기본적으로 지켜야 할 원리를 말한다. 예산의 원칙은 근본 취지에서 볼 때 예산의 편성과 집행 및 결산에서 정부가 이를 자의적으로 운영하지 않도록 하는 데 일차적인 목적이 있다. 이러한 예산의 원칙은 그 원리가 관련 법령에 규정된 경우가 대부분이며 학문상으로 정립된 경우도 있다.

1) 예산총계주의 원칙

① 한 회계연도의 모든 수입을 세입으로 하고, 모든 지출을 세출로 하며, 세입과 세출은 모두 예산에 편입해야 한다는 것을 의미한다(국가재정법 제17조).

② 예산총계주의 원칙은 정부의 재정활동을 효과적으로 통제하고 정부활동의 경제적 결과를 정확하게 측정하기 위한 전제가 된다. 이를 통해 정부활동에 대한 책무성을 강화할 수 있다.

③ 예산 외로 국가재정을 운용하기 위해서는 명확한 법적 근거가 필요하다. 그러함에도 불구하고 실제로는 법률에 명시되지 않은 예외도 존재하고 있다.

표 3-1 예산총계주의와 예외 사례 구분

「국가재정법」에 따른 예외	개별 법률에 따른 예외	법률에 명시되지 않은 예외
① 수입대체경비 초과 지출 ② 현물출자 ③ 외국차관의 전대 ④ 차관물자대 세입이 예산을 초과하는 때 ⑤ 전대차관 원리금 상환액이 세출예산을 초과하는 때	① 국고금 통합계정 차금 운용 수익금 ② 자동차사고 피해지원사업 분담금 ③ 회전자금	① 국제빈곤퇴치기여금 ② 공탁금관리위원회 출연금 ③ 국립대학교 기성회비 ④ 문화체육관광부 공익사업적립금 ⑤ 한국마사회 특별적립금 ⑥ 중앙선거관리위원회 위탁선거관리비 ⑦ 방송통신위원회 전파검사 수수료 ⑧ 산림청 녹색자금

자료: 국회예산정책처(2014).

참고 수입대체경비

- 용역 및 시설을 제공함으로써 발생하는 수입과 관련된 경비를 말한다. 대법원의 등기소 등기부 등·초본 발행 경비, 외교통상부의 여권 발급 경비 등이 예에 해당한다.
- 정부기업예산법의 '수입금 마련 지출'도 이와 유사하다. 이는 특정 사업을 합리적으로 운영하기 위해 수요의 증가로 인한 예산초과수입 또는 초과할 것이 예측되는 수입을 그와 직접적으로 관련해 발생하는 비용에 사용할 수 있도록 하는 제도이다. 우정사업본부의 우표 발행 경비, 국립대학 부속병원의 진료비 등이 예에 해당한다.

참고 전대차관

- 외국 정부, 국제경제협력기구(세계은행, 아시아개발은행 등), 외국의 금융기관 등으로부터 정부가 차주가 되어 기간산업 건설 및 사회간접자본 확충 등을 위해 필요한 외화자금을 차입해서 자금의 실수요자인 차관사업 수행자(전대차주)에게 전대하는 차관을 말한다.
- 기회재정부장관은 정부를 대표해서 차관공여기관과 차관협약을 체결하게 되는데, 차관협약서상에는 차관자금의 실수요자인 전대차주와 전대차주가 수행할 사업 내용이 대부분 명시되며, 이에 따라 차관자금의 목적 외 사용은 원칙적으로 허용되지 않는다.
- 우리나라에서는 정부부처와 지방자치단체는 물론 한국산업은행, 중소기업은행 등이 국제경제협력기구 등으로부터 전대차관 방식으로 개발금융자금을 공여받아 오고 있다.

참고 출연금

- 정부가 특정 목적(국산화가 시급한 기술 분야 또는 기업의 자주적인 노력만으로 기술개발이 어려운 기술 분야에 대한 지원 등)을 달성하기 위해 관련 법령에 따라 일정 요건을 구비한 기업체에 지원하는 자금을 말한다.

2) 예산단일의 원칙

단일예산주의라고도 하는 이 원칙은 예산명료의 원칙, 예산공개의 원칙과 밀접한 관련이 있는 것으로서, 국가예산의 전체를 종합적으로 명료하게 밝히기 위해서는 예산은 단일(unity)로 편성되어야 한다는 것이다. 독립된 복수의 예산은 전체의 관련을 불명료하게 한다. 특히 각 예산 간에 세입, 세출의 수출입 관계가 있을 때에는 금액이 2중, 3중으로 계산되어 정확히 순계를 내지 않으면 전체를 명료하게 알기 어려울 뿐만 아니라 정치적으로 입법부의 통제를 약화시킨다. 따라서 예산단일의 원칙이 필요하게 되는데, 이 원칙을 고수하는 경우에는 불편한 경우도 생기게 되므로 특별회계예산, 추가경정예산과 같은 예외를 인정하고 있다. 그러나 일반회계, 특별회계, 기금을 포괄해서 작성하게 되는 통합예산은 예산단일의 원칙을 추구하는 것이라 할 수 있다.

3) 예산통일의 원칙

특정한 세입과 특정한 세출을 직결시켜서는 안 된다는 것으로서 예산이 제대로 운영되기 위해서는 세입과 세출이 분리되어 운영되는 것이 바람직하다는 원칙을 말한다. 즉, 모든 수입은 국고에 편입되고 여기서부터 지출이 이뤄져야 한다는 것이다. 목적 구속 금지의 원칙 내지 세입 비지정의 원칙이라고도 한다. 예를 들어 자동차세를 도로건설비에만 충당하거나, 입장세를 교육·문화비에만 충당하는 것을 금지하는 원칙이다.

예산제도의 모국이라고 할 수 있는 영국에서는 이 원칙이 확립되기까지 장구한 세월이 소요되었다. 1787년 이전에는 특정한 조세수입은 특정한 지출에 충당한다는 방식을 사용해 왔기 때문에 국가재정 전체에 대한 적절한 관리가 불가능했다. 1787년 통일국고법(統一國庫法: Consolidated Fund Act)을 제정함으로써 국가의 모든 수입은 원칙적으로 이 국고(또는 기금)에 납입되고, 국가의 모든 지출은 이곳에서 지출되는 국고통일제도가 수립되었다. 그러나 여전히 예외가 있었으므로 1854년 다시 법률을 제정해서 예산통일의 원칙을 확립하게 되었다. 우리나라의 경우에도 실제로는 특별회계와 목적세(예: 농어촌특별세, 교육세 등), 기금, 수입대체경비 등과 같은 예외가 존재한다.

4) 예산 사전의결의 원칙

예산은 집행하기에 앞서 의회의 의결을 거쳐야 한다는 예산 사전의결(prior authorization)의 원칙을 많은 국가에서 헌법에 규정하고 있다. 우리나라의 현행 「헌법」 제54조 제1항은 국가는 예산안을 심의, 확정한다고 규정하고 있으며, 제54조 제2항은 정부는 회계연도마다 예산안을 편성해서 회계연도 개시 90일 전까지 국회에 제출하고, 국회는 회계연도 개시 30일 전까지 이를 의결해야 한다고 규정하고 있다. 그러나 예산 사전의결의 원칙에도 다소 예외가 있다. 우리나라의 준예산과 같이 예산 회계연도 개시일까지 예산이 의결되지 않으면 국회의 승인 없이 전년도 예산에 준해서 일정한 경비를 지출할 수 있는 제도가 이 원칙의 예외이다. 현행 「헌법」 제76조 제1항에 의거한 재정상의 비상조치도 예산 사전의결의 원칙에 대한 예외임은 말할 것도 없다.

5) 예산한정성의 원칙

정부가 예산집행 시에 일정한 제약을 받게 됨을 규정하고 있는 원칙을 말한다. 이때 일정한 제약은 일반적으로 ① 예산의 지출 상한(양적 한정성), ② 예산의 지정된 용도 외의 사용 금지(질적 한정성), 그리고 ③ 지출시기 준수(시간적 한정성, 회계연도 독립의 원칙) 등을 의미한다.

그러나 실제로는 예산의 이용/전용, 예산의 이월, 계속비, 과년도수입, 과년도지출 등과 같은 예외가 인정되고 있다.

참고 과년도수입/지출

- 과년도수입은 출납이 완결한 연도에 속하는 수입을 말한다. 즉, 어느 연도를 정해서 수납해야 되는 것으로 고지를 했으나, 당해 연도의 출납정리기간 내에 납입되지 못한 수입이 그 후에 납입되었을 때에는 그 세입이 본래 소속할 연도의 출납은 이미 완결되었으므로 현금 영수일에 속하는 연도의 세입에 편입하게 된다.
- 과년도지출은 어느 연도에 지급하기로 이미 정해져 있던 경비가 채권자의 청구가 없었던 것 등의 사유로 지급되지 않았을 경우에 현년도 예산으로써 지출함을 의미한다.

6) 예산공개의 원칙

예산운영의 모든 상태가 국민에게 공개되어야 한다는 원칙을 말한다. 공개된 정부활동에 관한 정보에 국민들이 쉽게 접근할 수 있어야 하고, 이때 공개된 정보는 신뢰할 만하고 포괄적이며 시의적절하고 쉽게 이해할 수 있어야 하며, 국제적으로도 비교 가능한 정보일 것이 요구된다.

7) 그 밖의 원칙

「국가재정법」 제16조에서는 예산의 편성과 집행 시에 다음과 같은 예산의 원칙을 제시하고 있다.

① 정부는 재정건전성의 확보를 위해 최선을 다해야 한다.

② 정부는 국민 부담의 최소화를 위해 최선을 다해야 한다.

③ 정부는 재정을 운용함에 있어 재정지출 및 조세지출의 성과를 제고해야 한다.

④ 정부는 예산과정의 투명성과 예산과정에의 국민 참여를 제고하기 위해 노력해야 한다.

⑤ 정부는 예산이 여성과 남성에게 미치는 효과를 평가하고, 그 결과를 정부의 예산편성에 반영하기 위해 노력해야 한다.

2. 현대적 예산원칙

1) 행정부 계획의 원칙

정부의 예산안은 행정수반의 사업계획(executive programming)을 반영하는 것이며, 의회의 의결을 얻어 성립한 예산은 정부가 정치적, 경제적, 사회적 분야에서 수행해야 할 모든 활동과 책임을 반영하는 정부의 사업계획이다. 사업계획과 예산편성은 동일한 동전의 양면이라고 할 수 있으며, 이 두 기능은 모두 행정수반의 직접적인 감독 하에 둬야 한다.

2) 행정부 책임의 원칙

정부는 예산이 허용하는 금액의 범위 내에서 가급적이면 경제적으로 예산을 집행할 책임(executive responsibility)이 있다. 입법부가 특정한 부처를 위해 일정한 금액의 예산을 의결했다는 것은 그 금액을 전액 사용하라고 지시하는 것이 아니다. 행정수반은 각 부처의 사업 수행이 입법부의 의도에 부합되도록 감독할 책임이 있을 뿐만 아니라, 예산금액의 범위 내에서 가장 경제적인 방법으로 이를 수행하도록 보살필 책임이 있다.

3) 보고의 원칙

예산의 편성, 심의, 집행은 정부 각 기관으로부터 제출되는 재정보고 및 업무보고에 기초를 두어야 한다. 입법부와 행정부는 각종의 사업, 지출원인행위, 지출, 세입 징수, 공무원 고용, 목표의 달성, 기타 관련 사항의 진행 상황에 대해 끊임없이 정보를 받아야 한다. 이와 같은 보고(reporting)에 기초를 두지 않으면 예산사무는 맹목적이며 자의적인 것이 된다.

4) 예산수단 구비의 원칙

예산수단 구비(adequate budget tools)의 원칙은 정부가 그 책임을 다하기 위해서는 중앙예산기관을 지녀야 할 뿐만 아니라 월별 또는 분기별로 예산을 배정할 권한과 준비금제도를 지녀야 한다는 뜻이다. 준비금제도란 회계연도 중에 있을지도 모르는 비상사태에 대비하기 위해 의회가 의결한 각 부처의 예산 중 일부분을 떼어놓는 제도를 말한다. 전술한 보고제도도 필수적인 수단의 하나이다.

5) 다원적 절차의 원칙

현대행정은 일반행정 기능, 장기적 건설, 개발사업, 정부기업 등 각양각색의 활동을 포함하는데, 이러한 활동들을 유효적절하게 수행하기 위해서는 다원적인 예산절차(multiple procedures in budgeting)가 필요하다. 모든 정부의 활동은 예외없이 예산에 반영되어야 하나, 예산의 편성과 집행의 방법 등은 활동에 따라서 달라도 무방하다. 특히 정부부처의 형태를 지닌 공기업(정부기업)의 예산제도는 일반행정기관의 예산제도와 달라야 한다.

6) 행정부 재량의 원칙

입법부가 지나치게 세분화된 명세예산을 의결하는 경우 효과적이고 능률적인 행정운영이 저해된다. 행정부가 의회에 제출하는 예산서는 의회의 심의를 용이하게 하기 위해 각종 세부적인 자료를 포함해야 하나, 의회는 총괄예산을 통과시켜

행정부에 많은 자유재량(executive discretion)의 여지를 부여해야 한다.

7) 시기 신축성의 원칙

예산은 경제사정 등 객관적 정세의 변동에 적응할 수 있는 조항을 포함해야 한다. 예를 들면 의회가 일정한 건설과 개발사업에 소요되는 자금을 5년 정도의 장기에 걸쳐 의결해 준다면 시기의 신축성(flexibility in timing)이 확보될 수 있다. 행정부는 경제적인 필요에 따라 사업의 집행 시기를 적절히 조절할 수 있게 된다.

8) 예산기구 상호성의 원칙

능률적인 예산운영은 모든 부처와 그 산하기관의 적극적인 협력을 필요로 하기 때문에, 각 부처에 예산담당기구가 설치되어야 하며, 중앙예산기관과 각 부처의 예산담당기구 간에 상호 활발한 의사소통이 있어야 한다. 이것이 예산기구 상호성(two way budget organization)의 원칙이다.

3. 전통적 원칙과 현대적 원칙의 조화

통제 지향의 예산제도 하에서 발달한 전통적 예산원칙과 스미스(Harold D. Smith)가 제시한 예산원칙들을 비교, 검토할 때 명백히 모순, 대립하는 원칙들이 있다. 예를 들면 한정성의 원칙과 재량의 원칙, 한정성의 원칙과 시기 신축성의 원칙, 명료의 원칙과 다원적 절차의 원칙은 상호 모순된다. 그러나 스미스는 이와 같은 모순, 대립이 조화될 수 있다고 주장한다. 그것을 가능하게 하기 위해서 예산의 편성, 심의, 집행에 종사하는 사람들은 예산이 입법부에 의한 행정부 통제의 수단일 뿐만 아니라, 행정관리의 도구이기도 하다는 것을 충분히 인식할 필요가 있다. 예산이란 이해하기 어려운 문서가 아니라 민주적 정책형성의 수단이며, 정책집행의 도구라는 것을 인식해야 한다. 그러할 때 비로소 예산이 입법부에 의한 통제와 행정관리라는 두 개의 목적을 동시에 달성할 수 있으며, 전통적 예산원칙과 새로운 예산원칙이 상호 보완, 조화될 수 있다.

요 약

1. 행정이 추구하는 가치는 정부의 의사결정 과정에서 합리적인 가치판단 기준으로 작용한다. 가치는 도구성의 여부를 기준으로 도구적, 수단적 또는 비본질적 가치와 본질적 가치로 나눌 수 있다. 본질적 행정가치에는 정의, 공익, 복지, 형평, 자유, 평등 등의 개념이 포함된다. 수단적 가치로는 합리성, 능률성, 효과성, 민주성, 책임성, 합법성, 투명성 등이 있으며, 중립성, 가외성 등도 포함시킬 수 있다.
2. 예산과 관련해서 공익을 구현하기 위한 방향으로는 ① 헌법 존중, ② 종합적인 시각의 유지, ③ 시민교육 강화와 시민의 각성, ④ 예산과정의 공개와 참여제도의 확대, ⑤ 재정 총액의 명확한 파악 등이 중요하다.
3. 예산은 이른바 재정민주주의(fiscal democracy)라는 차원에서 행정의 대외적 민주성과 관련해 매우 중요한 의미를 가진다. 재정민주주의는 재정에 관한 의사결정 시 국민의 의사를 반영하고 실현하는 사상 내지 정치사회 체제를 말한다. 재정민주주의의 핵심은 국민이 재정을 운영해야 하고, 재정운영이 국민을 위한 것이 되어야 하며, 국민이 재정운영의 주체여야 한다는 것이다.
4. 효율성은 투입 대비 산출의 비율이며 산출에 대한 비용의 관계라는 조직 내의 조건으로 이해될 수 있다. 현대국가에서 효율성은 행정이 지향해야 할 가장 중요한 핵심가치의 하나로서 현대 복지국가를 지향하는 데 반드시 검토되어야 할 행정개혁의 핵심 화두이다. 이는 효율적으로 행정을 운용할 경우, 효율화된 예산 절감분은 조세 부담을 경감시키며 동시에 같은 예산으로 질 높은 공공서비스를 제공, 집행자로서의 행정부에 대한 국민의 신뢰도를 제고할 수 있다는 점에서 그 중요성이 인정된다.
5. 예산은 이러한 합법성을 전제로 하고 있다. 재무행정 관련 조직들은 모두 법률의 뒷받침을 받고 있으며, 일련의 예산과정은 헌법을 바탕으로 정부조직법, 국가재정법, 감사원법, 국회법, 국세기본법, 국세징수법 등 수많은 법률을 준수해야 한다. 이러한 법률들에 기초해서 조세법률주의와 재정민주주의가 제도화된다.
6. 예산의 원칙이란 정부가 예산의 편성 및 집행과 결산과정에서 기본적으로 지켜야 할 원리를 말한다. 전통적 예산원칙은 근본 취지에서 볼 때 예산의 편성과 집행 및 결산에서 정부가 이를 자의적으로 운영하지 않도록 하는 데 일차적인 목적이 있다. 이러한 예산의 원칙은 그 원리가 관련 법령에 규정된 경우가 대부분이며 학문상으로 정립된 경우도 있다. 예산총계주의 원칙, 예산단일의 원칙, 예산통일의 원칙, 예산 사전의결의 원칙, 예산한정성의 원칙,

예산공개의 원칙 등이 이에 해당한다.

7. 현대적 예산원칙에는 행정부계획의 원칙, 행정부 책임의 원칙, 보고의 원칙, 예산수단 구비의 원칙, 다원적 절차의 원칙, 행정부 재량의 원칙, 시기 신축성의 원칙, 예산기구 상호성의 원칙 등이 있다.

8. 전통적 예산원칙과 현대적 예산원칙 간의 조화가 가능하게 하기 위해서 예산의 편성, 심의, 집행에 종사하는 사람들은 예산이 입법부에 의한 행정부 통제의 수단일 뿐만 아니라, 행정관리의 도구이기도 하다는 것을 충분히 인식할 필요가 있다.

Chapter 03

연습 문제

주관식

1. 공공성과 예산의 관계를 설명하시오.
2. 민주성과 예산의 관계를 설명하시오.
3. 효율성과 예산의 관계를 설명하시오.
4. 합법성과 예산의 관계를 설명하시오.
5. 전통적 예산의 원칙에 대해 설명하시오.
6. 현대적 예산의 원칙에 대해 설명하시오.

객관식

01. 행정의 본질적 가치로 볼 수 없는 것은?

① 정의 ② 공익성 ③ 민주성
④ 형평성 ⑤ 자유

02. 다음 중 예산과 관련해서 공익을 구현하기 위한 방향과 관련성이 가장 적은 것은?

① 헌법 존중
② 종합적인 시각의 유지
③ 예산과정의 공개와 참여제도의 확대
④ 재정 총액의 명확한 파악
⑤ 공익의 해석자이자 실행자로서 행정관료의 주도적 역할

03. 세입세출은 모두 예산에 편입해야 한다는 원칙은?

① 예산단일의 원칙 ② 예산통일의 원칙 ③ 예산완전성의 원칙
④ 예산정확성의 원칙 ⑤ 예산공개의 원칙

04. 다음 중 옳은 것은?

① 계속비는 예산단일성 원칙의 예외이다.
② 준예산은 예산 사전의결 원칙의 예외이다.
③ 예산의 각 원칙들 간에 모순은 있을 수 없다.
④ 행정국가화 현상과 현대적 예산원칙은 무관하다.
⑤ 이용/전용은 예산의 시간적 한정성 원칙에 대한 예외이다.

05. 전통적 예산원칙과 관련된 것은?

① 적극적인 정부　② 행정부의 전문성　③ 입법부 우위
④ 최대한의 정부　⑤ 행정국가화 현상

06. 행정부의 신축성과 전문성을 중시하고 행정의 재량 여지를 확대하자는 입장과 관련된 것은?

① 예산 명료의 원칙　② 입법부 우위 강조　③ 소극적 정부의 역할
④ 통제 지향적 예산제도　⑤ 현대적 예산원칙

정답 및 해설

1. ③ 행정이 본질적 가치는 행정을 통해 달성하고자 하는 형평성, 정의, 자유, 공익성 등을 의미한다. 본질적 가치를 달성하기 위한 수단이 되는 가치를 수단적·도구적 가치라고 하며, 민주성·생산성·효과성·능률성·합법성 등이 포함된다.
2. ⑤ 현실적으로는 행정관료가 공익의 해석자이자 실행자로서의 역할을 하고 있으나 엄밀하게 말하면 관료는 공익의 결정자라기보다는 위임받은 공익의 판단자이자 실행자이다. 따라서 공익은 원칙적으로 관료에 의하기보다는 사회구성체 및 사회구성원의 가치 체계 속에서 투표 등의 정치과정을 통해 결정되어야 하며. 이를 위해서는 시민교육 강화와 시민의 각성은 필수적이라고 볼 수 있다.
3. ③ 우리나라 예산회계법에서 예산총계주의 원칙이라 부르는 예산 완전성(compre hensiveness)의 원칙은 세입, 세출은 모두 예산에 편입해야 한다는 것이다.

4. ② ① 계속비는 예산 한정성의 원칙, 즉 회계연도 독립의 원칙에 대한 예외이다. ③ 한정성의 원칙과 재량의 원칙, 한정성의 원칙과 시기 신축성의 원칙, 명료의 원칙과 다원적 절차의 원칙은 상호 모순된다. 그러나 스미스는 이와 같은 모순, 대립이 조화될 수 있다고 한다. ④ 행정 기능의 확대, 강화의 경향에 따라 입법부 우위시대의 전통적 예산원칙이 준수되기 곤란해지게 되었다. ⑤ 이용/전용은 예산의 질적 한정성 원칙에 대한 예외이다.

5. ③ 입법국가적 입장에서 발전된 예산원칙을 전통적 예산원칙이라 하는 한편, 행정국가론적인 입장에서 발전된 예산원칙을 현대적 예산원칙이라고 하는 것이 일반적이다.

6. ⑤ 적극적인 정부의 역할을 주장하는 쪽에서는 행정부의 신축성과 전문성을 주장하고 행정부가 예산 운영 시에 어느 정도 재량권을 가져야 한다고 주장한다. 적극적인 정부의 역할을 강조하는 행정국가적인 입장에서는, 오늘날의 급격한 사회 변동에 신속히 대응하고 급증하는 행정업무를 원활히 수행해서 국민에 대한 정부의 책임을 다하기 위해서는 행정재량의 여지와 신축성이 커져야 하는데, 그러기 위해서는 예산도 의회의 세부적인 통제에서 벗어나도록 해야 된다는 것이다. 이러한 행정국가론적인 입장에서 발전된 예산원칙을 현대적 예산원칙이라고 한다.

Chapter 04

예산제도

개 관

예산은 연간 지출과 수입에 대한 계획을 체계적으로 정리하고 이를 의회나 국민들에게 보고하는 제도로서 구체적인 형식과 생산과정은 다양하다. 예산이 제도화된 초기에는 예산을 통한 행정부의 세입과 지출에 대한 통제가 강조되어 지출활동에 투입된 품목별 지출 사항을 명확하게 표시하는 예산제도가 정착되었다. 이후 예산을 통한 재정활동에 관리와 재정정책에 대한 계획 기능을 강조하는 다양한 예산제도가 제안되고 일부 제도화되었다. 최근에는 예산제도를 통해서 재정사업을 평가하고 환류하는 종합적이고 체계적인 예산제도가 시도되고 있다.

Chapter 04

예산제도

제 1 절 품목별 예산제도

1. 의의

품목별 예산제도(line-item budgeting system)는 예산 계정을 정부의 개별적인 조직, 또는 기능이나 사업에 사용되는 구체적인 지출 품목에 따라 분류하는 제도로 지출 대상을 품목별로 분류해서 지출 대상과 그 한계를 명확히 규정하는 통제지향적 예산제도를 말한다. 품목별 예산이란 세출예산의 대상, 성격에 따라 구분한 예산 형식(budget format)이며, 품목별 예산제도 하에서 예산활동(budgeting)은 주로 정부가 구입/지출하고자 하는 물품 또는 서비스별로 예산을 편성하고 집행하는 것을 의미한다.

품목별 예산제도는 예산에 대한 책임의 소재를 분명히 하고, 예산집행 시의 유용(流用)이나 부정(不正)을 방지하기 위해 품목별로 예산액을 명시하고 그 집행을 결산으로 확인하는 데 최적화된 제도이다. 예산지출의 통제를 목적으로 지출 대상을 세분화한 명세예산으로서 공무원의 예산 초과지출 및 비정상적인 지출을 억제함으로써 입법부와 중앙예산기관의 통제수단을 제공하지만 재량권의 제약으로 예산집행의 신축성을 제약한다.

2. 연혁

품목별 예산제도는 여러 선진국에서 가장 오래 사용되어 왔고, 대부분 국가에서 채택하고 있으며, 우리나라에서도 기본적인 제도틀로 이용하고 있다. 품목별 예산제도는 예산의 가장 근본적인 형태로 남아 있는데, 이는 품목별 예산제도가 지출의 정확성과 합법성을 통제하는 가장 유효한 예산제도이기 때문이다.

연혁적으로 미국은 태프트(William H. Taft) 대통령이 절약과 능률에 관한 대통령위원회(Taft Commission on Economy and Efficiency, 1910년~1912년)를 설치하고, 행정개혁위원회에서 행정부제출 예산제도와 품목별 예산제도를 건의한 바 있다.

우리나라의 경우는 예산과목을 장, 관, 항, 세항, 목으로 구별하는데, 이 중 목 중심으로 예산을 편성하고 분류한다. 지출계정은 예를 들면 봉급, 물건비, 자본설비 등 지출의 대상에 따라 분류되며, 지출 대상은 다시 품목으로 세분되는데, 봉급을 예로 들면 월급, 임시월급, 초과수당 등으로 구분된다.

3. 장 · 단점

1) 장점

첫째, 품목별 예산은 지출 대상을 급여, 수당, 임차료, 연료비, 시설비 등으로 세분해서 그 지출 대상과 금액을 엄격히 규정함으로써 행정부의 예산집행 시에 유용이나 부정을 방지하고자 한다.

둘째, 세출예산에서 지출 전에 엄격한 사전통제가 가능하므로 의회와 중앙예산기관의 통제를 용이하게 한다.

셋째, 지출의 대부분을 이루는 급여와 재화 · 용역의 구매에 효과적이며, 인사행정상의 여러 정보, 즉 인건비, 여비 등을 행정의 재량 범위를 축소시키며 예산의 유용과 남용을 방지함으로써 상대적으로 입법부의 통제가 용이하다.

넷째, 다음 연도 예산편성을 용이하게 한다. 품목별 예산은 예산 내역이 세밀하고 예산편성에 필요한 각종 자료가 들어 있어 다음 연도 예산편성에 도움이 된다. 중앙통제기관이 통제 기회를 확보할 수 있으므로 다음 해의 예산안의 삭감 기준을 마련할 수 있다.

2) 단점

첫째, 품목별 예산은 세부적인 지출의 대상에 초점을 두기 때문에 정부가 무슨 사업을 하는지 알 수 없다.

둘째, 지나친 세분화는 행정활동의 자유를 제약하고 예산의 신축성을 저해할 우려가 있다.

셋째, 예산의 적극적 이용 및 정부사업의 전모를 파악하기 어렵기 때문에 정책 형성에 유익한 자료를 제공하지 못한다.

넷째, 정부지출의 목적과 기능을 명확하게 파악하기 곤란하다.

다섯째, 각 부처는 예산 확보를 위해 예산항목에만 관심을 가져 정책이나 사업의 우선순위를 소홀히 하기 쉽다.

여섯째, 각 행정기관을 포괄적으로 다루는 총괄계정에는 적합하지 않다.

제 2 절 성과주의 예산제도

1. 의의

성과중의 예산제도는 정부의 사업, 활동, 기능을 중심으로 편성하는 예산제도로서, 정부가 지출하는 목적에 중점을 두는 예산제도이다. 정부 각 기관이 예산사업의 성과목표와 달성방법을 제시하고, 예산 당국이 매년 성과 결과를 평가해 다음 회계연도에 반영하는 제도로서, 품목별 예산제도에서는 정부가 지출하는 대상을 표시해 주기는 하지만 왜 그것을 구입하는지를 분명하게 나타내 주지 못했던 것에 비해 성과주의 예산은 정부가 구입하는 물품과 정부가 행하는 활동 내지 사업과의 관계를 긴밀하고 분명하게 제시해 주는 제도이다.

2. 연혁

성과주의 예산은 미국에서는 1940년대와 1950년대에 전성기를 이뤘고, 우리나라에서도 1962년도와 1963년도에 일부 부처 일부 사업에 성과주의 예산을 시험적으로 적용했으나 1964년도부터 이를 폐기했다.

1910년대에 뉴욕시정연구회의 주관 아래 뉴욕 시 리치먼드 구에서 시도된 원가예산제가 1939년 예산국이 재무부 산하에서 새로이 창설된 대통령부로 이관되면서 통제 지향적인 예산 개념에서 탈피해 좀 더 성과 위주적이고 관리적인 예산 개념으로 탈바꿈하는 시도로서 제도화되었다. 1934년 농무부 사업별 예산, 1934년 테네시계곡개발청 사업(TVA program)의 예산제도 등이 이 시기의 성과주의 예산제도의 사례이다. 이러한 예산들이 1949년 후버위원회 보고서에 의해 성과예산제도로 불리게 되었다.

1950년의 예산회계절차법은 이 예산제도를 수용해 모든 연방정부에 성과주의 예산을 적용하도록 규정했으며 많은 주정부와 지방정부에도 파급되었다. 1950년에 트루먼(Harry S. Truman) 대통령이 처음으로 연방 성과예산을 의회에 제출했고, 1955년에 제2차 후버위원회에서 이를 더욱 발전시켰다.

우리나라는 미국의 사례를 따라 1962년부터 일부 부처에 대해 시험적으로 적용했으나 성공적으로 운용되지 못해 1964년에 폐지되었다.

3. 주요 내용

성과주의 예산은 정부가 수행하는 기능활동 사업계획을 기초로 삼아 편성하는 예산을 말한다. 한마디로 예산과목을 사업계획별 활동별로 분류한 다음, 이에 따른 각 세부 사항을 단위원가와 업무량으로 편성하는 예산을 말한다. 이는 다음 식으로 표현된다.

$$단위원가 \times 업무량 = 예산액$$

여기에서 단위원가(unit cost)란 업무측정(unit of work measurement) 또는 성과 단위 하나를 산출하는 경비를 말하며, 업무량이란 달성하고자 하는 업무를 업무측정 단위로 표시한 양을 말한다.

성과주의 예산은 ① 각 사업마다 가능한 한 업무 측정단위를 선정해서 업무를 계량적으로 표시하게 하고, ② 예산을 원가에 기준한 능률적인 방법으로 편성하게 하며, ③ 집행의 성과를 측정, 분석, 평가해서 적기에 효과적인 재정통제를 가능하게 하는 특징이 있다. 품목별 예산제도의 결함을 시정해 정부가 구입하는 품목과 정부가 행하는 활동 내지 사업과의 관계를 긴밀하게 나타내는 예산제도라고 할 수 있다.

4. 장 · 단점

1) 장점

첫째, 예산편성 시에 자금 배정을 합리화시키고, 편성작업의 시간을 단축할 수 있다.

둘째, 국회의 예산심의를 효율적으로 할 수 있도록 해준다. 일반국민이 사업의 목적을 이해하기 쉽고 정책 수립이나 계획 수립이 용이하며, 그래서 의회의 예산심의를 손쉽게 해준다.

셋째, 예산집행에 신축성을 확보할 수 있다.

넷째, 정부가 예산을 통해서 구체적으로 무엇을 하려고 하는지에 대한 정보를 국민과 국회가 쉽게 획득할 수 있다. 정부의 실적을 평가하고 그 결과를 국민들에게 이해시키기 쉽고 관리통제의 효과적 수단이 되어 행정 성과를 향상시킬 수 있다.

다섯째, 실적분석을 하여 다음 회계연도 예산에 직접 반영시킬 수 있다.

2) 단점

첫째, 행정 분야에서는 명확한 업무측정 단위를 설정하기 힘들다.

둘째, 행정업무량 한 단위에 소요되는 모든 경비, 즉 단위원가의 산정에 어려움이 많다.

셋째, 예산을 결정할 때 가장 큰 문제인 사업계획, 기능 또는 활동의 비교·측정에 관한 가치판단의 문제를 해결하지 못한다. 특히 점증적으로 각 기관들의 프로그램들에 대한 비용을 증대시켰고 왜 이 프로그램이 저 프로그램보다 우리에게 필요한 것인가에 대한 실질적인 해답을 던져주지 못했다는 문제점은 이 예산제도의 한계를 드러내는 결과를 가져왔다.

넷째, 현금 지출의 주체와 그 회계 책임이 불명확하게 될 우려가 있고, 품목별 통제가 폐지됨으로써 공금관리에 만전을 기하기 어렵다.

다섯째, 정책이나 계획업무에 초점을 두게 되므로 행정부에 대한 입법부의 엄격한 회계적 통제가 곤란하다. 단점으로는 정책이나 사업계획에 중점을 두므로 입법부의 예산통제가 어렵고 공금관리가 소홀해지고 회계책임이 불분명해진다.

여섯째, 이미 결정된 사업에 한정시켜 사업비용의 합리화정책에 치중하므로 정책대안의 선택에 도움을 주지 못한다.

일곱째, 성과별 분류의 대상은 부(部)나 국(局) 수준이어서 총괄예산계정에는 적합하지 못하다.

5. 최근의 재정개혁과 재정성과 관리제도

1) 개념

성과 지향적 예산제도(performance－based budgeting)는 정부가 구입하는 물품이나 서비스에 치중하는 예산이 아니라 정부의 사업·성과에 치중하는 예산으로서 이러한 사업·성과를 위해 비용이 얼마나 소요되는가를 명백히 하자는 것이다. 과거의 성과주의 예산과 유사한 것으로서 최근에 성과 중심의 행정개혁의 일환으로 각국에서 다시 등장했다. 미국은 1990년 수석재무관법(Chief Financial Officers Act)과 1993년의 정부성과실적법(Goverement Performance and Results Act)에 의해 법적 뒷받침을 얻어 연방정부에서 추진되고 있다. 47개 주정부에서 성과 지향적 예산제도를 채택하고 있는데, 그중 31개 주에서는 법률로써 이를 규정하고 있다.

2) 우리나라의 현황

우리나라는 성과 지향적 예산제도를 2002년도 이후 적용하고 있다. 2000년 기획예산위원회는 정부부문의 효율성과 투명성을 제고하기 위해 성과주의 예산제도를 단계적으로 도입하기로 결정했다.

2006년에 「정부업무평가 기본법」이 제정되어 성과주의 예산의 법적 근거를 마련했다. 즉, 「정부업무평가 기본법」의 제2조 제6항에서 성과관리를 "정부업무를 추진함에 있어서 기관의 임무, 중·장기 목표, 연도별 목표 및 성과지표를 수립하고, 그 집행과정 및 결과를 경제성·능률성·효과성 등의 관점에서 관리하는 일련의 활동"이라고 규정했다. 또한, 제28조에서 "중앙행정기관의 장은 평가 결과를 조직·예산·인사 및 보수체계에 연계·반영하여야 하며(제1항), 평가 결과를 다음 연도의 예산 요구 시 반영하여야 한다(제2항). 기획재정부장관은 평가 결과를 중앙행정기관의 다음 연도 예산편성 시 반영하여야 한다(제3항)."라고 규정함으로써 성과가 예산에 반영되도록 했다.

재정사업의 성과관리제도는 재정사업의 목표와 성과지표를 설정하고 지표에 의한 평과 결과를 재정운용에 반영하는 제도이다. 투입 위주의 재정운용에서 탈피해 성과와 책임 중심의 재정운용을 뒷받침하고자 2003년부터 도입해 성과목표관리제도, 재정사업 자율평가제도, 재정사업 심층평가제도의 3단계 성과관리 체계를 구축해서 운영하고 있다.

3) 재정사업 성과목표관리

이 중 재정사업 성과목표 관리제도는 재정사업으로 달성하고자 하는 성과목표와 이를 측정할 수 있는 수단인 성과지표 및 목표치를 사전에 설정(성과계획서)하고 재정사업의 집행 후 실적치와 목표치를 비교평가(성과보고서)해서 그 결과를 재정운용에 반영하는 제도이다. 미국의 정부성과 관리체계(Government Performance and Result Act: GPRA)에 따른 부처별 성과목표 지표를 관리하는 제도를 벤치마킹해서 2003년 22개 기관에 우선 실시한 이래로 대상 기관을 확대해서 2009년 회계연도부터 모든 중앙관서의 성과계획서와 성과보고서를 국회에 제출하도록 의무화하고 있다. 성과목표관리는 3년의 주기로 '성과계획서 작성－당해 연도 사업집행－성과보고서 작성'의 과정으로 이뤄진다.

4) 전망

성과 지향적 예산제도는 그 필요성이 절실한 것이 사실이나 이를 실제로 사용하기에는 여러 가지로 어려움이 많다. 예를 들어 모든 사업에 알맞은 성과지표를 개발하는 문제, 이러한 성과지표를 자원분배에 활용하는 문제, 정직하고 정확한 성과에 관한 정보를 입수하는 문제가 있다. 성과가 예산에 미치는 영향이 크면 클수록 각 부처는 성과측정 지표를 개발할 때 아전인수격인 지표를 개발하기 쉬우며, 성과에 관한 보고가 정확성을 결여하기 쉽다는 것은 과거에도 경험한 바 있다.

이런 점에서 성과 지향적 예산은 단기적으로 어떤 기관이나 어떤 부처에 예산을 얼마나 배정할 것인가 하는 자원분배에 활용하기보다는 주어진 예산을 가지고 어떻게 하면 좋은 성과를 올리느냐 하는 성과 증진을 위해 활용하는 것이 바람직하다고 하겠다.

제 3 절 계획예산제도(PPBS)

1. 의의 및 연혁

계획예산제도(PPBS)란 장기적인 기본계획(Planning)과 단기적인 예산편성(Budgeting)을 업무계획(Programming)을 통해 유기적으로 결합시킴으로써 의사결정을 일관성 있게 합리적으로 행하고자 하는 제도이다.

계획예산제도는 예산의 기획 기능을 중시하는 제도로 장기적 기간 내에 기획과 예산을 유기적으로 결합시키는 제도이다. 이는 장기적인 계획 책정과 단기적인 예산편성을 세부계획으로 작성해서 유기적으로 결합시킴으로써 자원배분에 관한 조직체의 의사결정을 일관성 있고 합리적으로 행하기 위한 예산제도라고 이해할 수 있다. 예산배분의 사업 간 비용과 편익을 비교함으로써 합리성을 높이려는 시도로 이해할 수 있다.

기획이 '무엇을 할 것인가?' 하는 것을 분석하는 과정이라고 한다면, 계획 편성은 '어떻게 할 것인가?'를 결정하는 과정이다. 기획에서는 대체안을 평가하고 선택할 때 장기간(10~20년)에 걸쳐 비용편익분석(cost－benefit analysis)이 이뤄지지만, 계획 편성에서는 비교적 예측 가능한 기간(대개 5년)에 걸쳐 결정된 계획을 인원・자재・자금을 시간적으로 배정해서 실행하기 위한 실행계획과 그 연도별 생산과 비용의 결정을 행하는 것이다. 따라서 기획은 제약을 고려하지 않지만 계획 편성은 자원에 대한 배려가 필요하다. 예산(budgeting)은 목적 달성을 위한 활동에 대해서 자금 지출을 조직적으로 관련시키는 것을 말하며, 예산편성 과정(통상 1년)을 의미한다.

연혁을 보면, 1960년대 미국에서 빈곤과의 전쟁으로 대표되는 존슨(Lyndon B. Johnson) 대통령의 이른바 위대한 사회(the Great Society)사업으로 연방정부의 지출이 급격히 팽창하는 상황에서 계획예산제도가 시도되었다.

2. 계획예산제도의 주요 내용

1) 계획예산제도의 3대 요소

계획예산제도(PPBS)의 3대 요소는 ① 정부사업의 목표를 명확히 정의해 이들을 체계화해야 한다는 점, ② 이러한 목표를 달성하는 데 가장 능률적인 대안이 무엇인가를 과학적인 방법으로 분석해야 한다는 점, ③ 장기적인 시계(時界)를 가져야 한다는 점이다.

그림 4-1 **계획예산제도의 주요 활동**

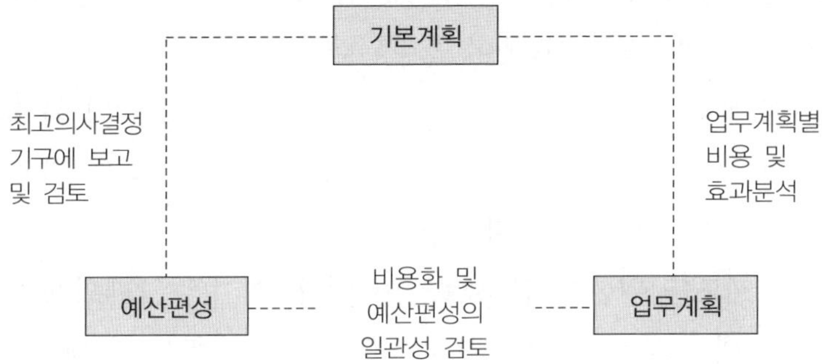

계획예산제도는 먼저 조직체의 목표나 과업을 달성하기 위해 최선의 대안을 선정하고 그 대안을 실현하기 위해 수단과 절차를 적당한 기간에 걸쳐 설정해서 이에 필요한 자원이나 비용을 계산하기 위한 제도이다. 따라서 그것은 한정된 자원으로 가장 효율적인 목표 달성을 기하려는 일련의 과정인 것이다.

계획예산제도는 설정한 목표를 달성하기 위해 여러 가지 대안을 작성하고, 이들 각종 대안을 효과성과 효율성에 입각한 분석과 평가를 통해 최선의 대안을 선정하며, 이들 선정된 대안의 집행을 위해 자원을 배분하는 하나의 방법으로서 일반적으로 다음의 3단계를 거친다.

첫째, 목표를 설정하고, 이들 목표를 달성할 수 있는 각종의 프로그램 구조들을 탐색한다.

둘째, 이와 같은 프로그램들을 분석・평가・비교해 가장 효과적이고 효율적인 목표를 달성할 수 있는 프로그램을 선택한다.

셋째, 선정된 프로그램을 집행하기 위한 연간 예산과 집행계획을 수립해서 이들 단계를 거치는 동안 야기되는 갈등과 프로그램 수행과정에서 발생된 문제점 및 주변의 상황 변동 등을 감안해서 매년 체제의 목표와 계획을 수정해 나간다.

2) 계획예산제도의 조건

계획예산제도(PPBS)를 수립하기 위해서는 그것을 형성해 나갈 구체적 구성요소가 있어야 한다.

첫째, 계획예산제도에 참여하는 부서들 및 전담조직이 있다. 여기에는 최고경영자, 기획위원회, 재무부, 집행기관들이 포함된다.

둘째, 계획예산제도의 조직적인 구조가 있다. 각 집행부서 간의 목표와 조직 전체 목표를 조정할 통합조직과 기획위원회를 확대한 기획과 예산의 최고의사결정기구(가칭 계획예산위원회)가 필요하다.

셋째, 계획예산제도를 위한 투입 자료들이 있다. 여기에는 계획에 따른 정책목표 그리고 과제에 대한 자료, 각 집행부서와 위원회의 계획서 및 예산안, 예산구조 조정표, 과거 3~4년간의 결산서와 사업평가서 그리고 기타 계획을 수립하는 데 도움이 될 지침 등 자료에 해당된다.

넷째, 기대되는 산출 결과가 있다. 각 집행부서의 목적과 특수성에 대한 이해와 균형적 상호 관계의 정립, 명확하고 구체적인 특수 과제들, 프로그램과 예산편성, 예산안 승인을 위한 설득과 제안설명 보고작업에 따른 산출 결과가 이에 해당된다.

다섯째, 계획예산제도의 순환과정이 있다. 계획예산제도에는 집중화, 분산화, 시각화의 과정이 필요하다. 즉, 조직 목적에 따라 모든 집행부서가 프로그램에 집중되어야 하고, 모든 재정적 자원과 인적자원도 연중계획과 예산 속에 집결되어야 한다.

그 다음 이것들을 각 특수 목적과 과제에 따라 적절하고 효율적으로 분배, 분산시켜야 한다. 그리고 그것들이 실제 행동과 결과로 나타나서 계속적으로 보고되어 감사와 평가를 받아야 한다. 계획예산은 적절한 시각화를 통해서 전년도의 성실한 사업보고와 결산자료들이 지식화되어야 하며, 후임자가 그 경험을 활용하고 그 장 · 단점을 참고할 수 있어야 한다는 점이 중요하다.

3. 계획예산의 수립 절차

1) 장 · 단기계획 수립

먼저 장기적 발전계획을 수립한다. 연간과 중기의 계획을 모두 수립하고 이를

표 4-1 연차계획 예산(PPBS) 도표

(단위: 천 원)

계획 항목	1차 연도 (19XX)	2차 연도 (19XX)	3차 연도 (19XX)	4차 연도 (19XX)	5차 연도 (19XX)	총예산액	비고
1. A	66,000	93,000	102,000	120,000	122,100	503,100	

시각화해서 이해를 돕는다.

2) 연차 사업계획 예산안 수립

계획과 예산집행의 효율성을 높이기 위해서는 방향과 과정을 쉽게 볼 수 있는 비교, 분석이 필요하다.

여기서 매년의 예산 합계나 증감만을 파악하는 것이 아니라 예산의 연차적 증가와 각 부서 간 예산의 상대적 비율을 파악할 수 있어 이것은 계획을 수립 또는 실행의 중요한 정보로 제공될 수 있다.

3) 연차계획에 입각한 예산안 작성

연차계획안이 수립되면 거기에 근거해서 차년도 예산안을 작성한다. 과거의 예산 수립 방법처럼 각 연도 대비 일정 증액으로 처리하는 것이 아니라, 연차계획 예산안과 전년도 결산과 비교하면서 수립한다.

4) 예산안에 입각한 지출계획 작성

연차계획을 위한 조정을 거치고 구체적으로 차기 연도 집행 계획 및 사업예산을 수립해야 한다.

4. 장 · 단점

1) 장점

첫째, 계획예산제도는 의사결정의 절차를 일원화할 수 있다. 즉, 사업계획의 목적, 대안, 효과 및 비용이 밀접하게 관련되어 있으면 있을수록 중앙집권적으로 일원화되어 판단 · 결정할 수 있다.

둘째, 계획예산제도는 장기적인 사업계획에 대한 신뢰성을 높인다. 종래에는 장기적인 계획이 예산의 뒷받침이 없어 그 실현가능성이 낮았으나 장기적인 계획에 대한 신뢰도가 높아질 수 있다.

셋째, 계획예산제도는 자원의 배분을 합리화시키고, 이에 따라 경비의 절약도 가능하게 한다. 계획예산제도에서 중요한 기법은 비용편익분석과 비용효과분석과 같은 체제분석이다. 이를 통해 자원배분의 최적화를 가능하게 하고, 낭비를 막고 자원의 절약을 가져오게 한다.

2) 단점

첫째, 계획예산제도는 지나친 중앙집권화를 초래하게 된다. 미국의 경우 계획예산제도의 도입 이후 대통령에게 지나치게 권한이 집중되었다.

둘째, 계획예산제도에서는 달성의 결과가 정량화되어야 한다. 그러나 계획요소의 다양성으로 인해 공통 단위를 설정 측정하기가 어렵다.

셋째, 민주국가에서 목표는 다원적이고, 목표 설정을 할 때 정치적 성격, 사업계획의 다목적성, 의견 대립 등으로 목표 설정에 혼란을 가져오기가 쉽고 경비 배분에 난점이 제기된다.

넷째, 지나친 기술적 전문화로 인해 공무원 재교육 등의 문제가 발생하고, 예산 전문가의 확보가 어렵다.

다섯째, 계획예산제도는 고도의 기술과 전문성, 중앙집권화와 조직의 통합적 운영 등을 요하는데, 이는 민주주의의 실현에 어려움을 제기하고 행정부 우선론적인 체제가 되기 쉽다. 따라서 입법부의 반대에 부딪치게 된다.

5. 최근의 재정개혁과 국가재정운용계획과의 관련성

계획예산제도의 변용이 중기재정운용계획이라고 할 수 있다. 우리나라는 1997년에 제7차 경제개발 5개년계획을 마지막으로 경제개발 종합계획이 폐지되고 이를 대체하는 중기재정계획(Mid Term Expenditure Framework)으로서 국가재정운용계획이 도입되었다. 국가재정 운용계획은 5년 단위의 재정계획으로 참여를 확대해 세출에 대한 의견 수렴의 기회를 가졌으며, 구체적인 사업을 제시하는 의원내각제 방식과 달리 방향성 제시가 중요시되었다.

이를 바탕으로 예산을 편성해 계획과 예산의 연계성을 높이려는 노력을 하고 있다. 다만 점차 예측가능성 저하와 구속력 부족으로 실효성이 떨어졌고, 2008년 금융위기, 2010년 이후의 저성장 기조 등으로 예측가능성이 저하되는 등 한계점이 발생하기도 한다.

제 4 절 영기준 예산제도(ZBB)

1. 의의 및 특징

영기준 예산제도란 예산안을 편성할 때 전 회계연도 예산에 기준을 두지 않고, 조직의 모든 사업활동에 대해 영(零)의 수준에서 재평가해 효과성과 효율성 등을 체계적으로 분석하고 그에 따라 우선순위가 높은 사업활동을 결정하고 예산을 편성하는 예산제도이다. 예산편성 절차에 따라 계속사업과 신규사업을 함께 재평가해서 사업 효과가 높은 순서로 예산을 재배정하는 방식이다.

여기서 영기준(zero-base)이란 예산안을 편성할 때 전 회계연도 예산을 기준으로 예산액을 점증 또는 점감적으로 편성하는 것이 일반적 현상이라는 점증주의적 방법을 극복하기 위해 영의 수준에서 새로이 출발해야 한다는 것을 말한다. 따라서 영기준 예산제도에서는 계속사업이라도 영의 수준에서 신규사업과 같이 새로이

분석하고 평가해서 사업의 우선순위를 정하고 그에 따라 예산을 편성하게 된다. 영기준 예산제도는 재정 낭비를 줄이고 작은 정부를 지향하고자 하는 정치적 이데올로기와 관련해 제도화되었다.

2. 발전과정

1974년 카터(James E. Carter, Jr.)는 연방정부에 영기준 예산제도를 도입할 것을 건의했으며, 1976년 대통령에 당선되자 연방정부의 예산제를 영기준 예산제도로 개혁하고자 영기준 예산체계의 개발과 연방정부에 적용을 주 내용으로 하는 정부경제와 지출개혁법(the Government Economy and Spending Reform Act)을 제정했다. 이 법률에 따라 1977년 관리예산처(Office of Management and Budget: OMB)는 연방정부의 각 중앙행정기관에 영기준 예산제도의 적용을 위한 지시를 했고, 이에 따라 1979년 회계연도의 연방정부 예산은 영기준 예산제도에 의해 편성하게 되었다. 그러나 영기준 예산제도는 1981년 레이건(Ronald W. Reagan) 행정부 출범과 함께 중단되었다.

1973년부터 1975년도까지 이 조지아 주 영기준 예산제도를 조사한 민마이어(George S. Minmier)는 영기준 예산제도가 예산의 삭감에 이바지하지 못했다고 하며, 1973년부터 1978년까지를 검토한 로스(Thomas P. Lauth)도 동일한 결론에 도달하고 있다. 미 연방정부에서 영기준 예산제도가 예산의 삭감이나 예산 규모의 팽창 억제에 크게 이바지하지 못한 것은 법률상 지출의 의무가 있는 '통제가 불가능'한 항목이나 '통제가 비교적 곤란한' 지출의 비중이 높기 때문이다.

3. 주요 절차

영기준 예산제도를 정부기관이나 사기업체에 적용하는 경우에 그 철학이나 적용절차는 기본적으로 동일하다. 다만 조직체의 특수한 성격과 수요에 따라 적용하는 데 약간의 차이는 있을 수 있다. 이 예산제는 여러 가지 이질적인 업무를 다양하게 취급하는 조직체에 적합하고, 반면에 단순하고 동질적인 업무를 처리하는 조직체에서는 이 제도의 효용성이 감소된다.

파히르(Peter A. Pyhrr)는 영기준 예산절차를 기획, 영기준 예산편성, 평가, 최종 예산 및 집행계획 등 4단계로 나눈다. 영기준 예산절차 중 영기준 예산편성이 핵심 절차이며, 이는 결정 단위(decision units)의 선정, 각 단위별 결정 패키지(decision package)의 작성, 결정 패키지의 순위 결정(ranking priorities) 등으로 이뤄지며, 이를 좀 더 구체적으로 살펴보면 다음과 같다.

첫째, 결정 단위란 사업 수행에 소요되는 비용을 산출하는 데 근거가 되는 예산 단위라 할 수 있다. 결정 단위는 전통적 예산절차에서 예산 단위(budget units) 또는 예산과목과 맞먹는 것이다. 즉, 구체적인 예산 단위를 갖고 있는 조직체들에게는 예산 단위가 곧 결정 단위로 될 수 있다. 예산 단위의 규모가 클 경우에는 한 예산 단위에 4~5개의 결정 단위를 만들 수 있다. 결정 단위를 선정하는 데 절대적 기준은 없으나 현행 직제표를 중심으로 최하 단위(과, 필요한 경우 계)에서 수행하는 단위사업을 결정 단위로 선정하되, 개개의 단위가 그 단위 나름대로의 독립적인 의미가 있어야 하며, 또한 부처별로 동일한 기능의 단위라 하더라도 업무의 규모, 내용, 인력, 중요도에 따라 더욱 세분될 수도 있으며, 행정 대상의 특수성을 고려해서 최대한 자율적으로 이뤄져야 한다. 단, 단위의 수는 의사결정의 책임자가 우선순위를 관리 가능한 범위로 해야 한다.

둘째, 결정 패키지란 결정 단위의 관리자가 업무를 수행하는 데 필요한 비용을 분석한 서류를 의미한다. 관리자는 결정 단위별로 몇 개의 대안을 개발하고 최적 대안을 선택하며, 대안이 선정되면 그 작업을 수행하기 위한 노력과 자금 투입 수준(최저 수준, 현행 수준, 증가된 수준)을 선정해야 한다. 결정 패키지의 작성 과정은 영기준 예산제도의 가장 중요한 요소이자 창의성이 요구되는 핵심적 부문이며, 이 제도의 성패를 좌우한다.

셋째, 순위 결정은 결정 단위별로 이미 개발된 결정 패키지 전체에 대해 우선순위를 정하는 과정이다. 이러한 순위 결정은 얼마를 어디에 지출할 것인가에 관한 문제를 해결할 때 관리층에 한정된 자원을 배분하는 기술을 제공한다. 순위 결정 과정을 살펴보면, 결정 단위별로 결정패키지가 개발되면 당해 업무를 관장하는 차

상급 관리자가 단위별 패키지를 통합해서 순위를 정하고, 이와 동일한 방식으로 3~4단계를 걸쳐 최고관리자까지 이르게 된다. 순위 결정 단계의 수는 조직의 규모에 따라 결정된다. 즉, 결정 패키지의 수, 결정 패키지를 검토하고 순위를 결정하는 시간적 여유, 관리층의 능력과 순위 결정을 위한 의욕 등에 따라서 결정된다.

4. 비교

1) 전통적인 점증예산과의 비교

점증적 예산은 전년도가 예산편성의 기준이며 신규사업만을 분석한다. 전년도 예산안의 화폐 중심이며 의사결정이 신규사업에 한정되는 경향이 있다.

반면 영기준 예산은 전년도 예산을 무시하고 영기준에서 검토하며 계속사업도 재차 분석한다. 목표와 활동 중심이며, 이를 위해 소통 및 의사전달이 활발하다.

2) 계획예산제도와의 비교

예산의 효율성, 목적 의식 지향, 자원배분의 효율성을 추구한다는 점에서 공통점이 있다.

계획예산제도는 정치적인 면의 강조와 장기적 발전계획을 중시하며 중앙집권적 결정이다. 계획과 예산 결정이 통합되며 프로그램 중심이다. 조직 간 장벽 타파, 개방체제, 5년(장기)적 시계(時界)를 가지며, 신프로그램과 구프로그램의 예산 변동에 관심을 갖는다.

영기준 예산제도는 사업 지향적이고 관리적 측면을 중요시하며 분권적 결정이다. 집행과 평가 차원에 초점을 맞추며 기존 조직구조를 토대로 한 활동이 이뤄진다. 예산체계는 다소 폐쇄체제이고, 1년(단기)의 시계이며, 기존 프로그램의 계속적인 재평가에 관심이 있다.

3) 일몰법과의 비교

(1) 일몰법의 의의

일몰법은 특정한 사업이나 기관이 일정 기간이 지나면 자동적으로 폐지되도록 하는 법률을 말한다. 행정기관이 사업, 권한, 조직에 관해 이미 당초의 목적을 달성해 현재로서는 불필요하거나 부적절한 것, 당초의 목적을 달성하는 데 실패한 것, 상황의 변동 등으로 존재 이유가 희박해진 것 등을 입법부가 사업 시행 후 일정 기간이 경과한 시점에서 재검토하고 폐지하는 제도적 장치를 말한다.

일몰법은 현사업의 능률과 효과성을 검토해서 사업의 계속 여부를 결정하기 위해 재심사되기 때문에 자원의 합리적 배분을 기할 수 있다.

(2) 일몰법과 영기준 예산제도의 차이점

일몰법은 예산에 관한 심의, 통제를 위한 입법적 과정을 의미하고, 행정의 최상층의 주요 정책을 심사함을 의미한다. 입법 과정에 중점을 두므로 어느 정도 독립적인 과정이다. 법률의 지속에 대한 검토의 주기가 3년 또는 7년이다.

영기준 예산제도는 행정부의 각 계층을 통해 형성되는 주로 예산편성과 관련된 행정적 과정이며, 조직의 상층뿐 아니라 중하층 구조까지 관련된다. 예산편성과 관련된 예산과정이며 검토주기가 매년이다.

5. 장 · 단점

1) 장점

첫째, 점증주의 예산과정의 관행이 아닌 합리성에 기반한 예산의 재분배를 가능케 한다. 재원의 합리적 배분은 영기준 예산제도의 효용기준으로 재원을 우선순위가 낮은 사업에서 우선순위가 높은 사업으로 전환할 수 있다는 것이다.

둘째, 사업 우선순위의 결정을 토대로 경제 상황에 따라 그 가치가 낮은 사업활동을 축소하거나 폐지함으로써, 흔히 나타나기 쉬운 재정의 경직화를 방지하는 데 도움을 준다. 전년도 답습주의로 인한 재정의 경직성을 타파할 수 있다는 것이다.

셋째, 결정이 하위계층으로부터 상향적으로 모든 계층의 관리자에게 참여의 기회를 제공한다. 이는 모든 관리자에게 관리업무의 개선과 조직활동의 효과성을 추구하도록 자극한다.

넷째, 자원배분에 필요한 정보를 동원·분석하고, 이를 유효적절하게 활용할 수 있다.

다섯째, 예산편성이 민주적이다. 특히 계획예산제도와 비교해 중간관리층을 포함한 구성원의 참여 및 이들의 상향적 커뮤니케이션 통로가 확대된다.

2) 단점

첫째, 공공부문에서는 경직적이고 지속적 업무가 많고 국민생활의 연속성이 고려되어야 하며, 법제상의 제약이 심하다는 등의 이유로 사업의 축소 폐지가 사기업과 달리 용이하지 않다. 예산배분의 '정치적 성격'을 고려하지 못하는 문제가 생긴다(실제로는 영기준이 아닌 90% 기준예산이라 혹평).

둘째, 우선순위 결정을 위한 사업활동의 분석·평가, 대안의 개발 중 고도의 전문적 지식과 기술을 요한다. 따라서 영기준 예산제도의 과정에 참여하는 관리자에 대한 교육훈련이 뒤따라야 한다.

셋째, 관료들이 자기의 사업·활동에 대한 성과를 분석·평가하는 과정에서 위험을 느끼고, 왜곡된 자료를 제시할 우려가 있다.

넷째, 가치판단이 개입되는 공공문제 해결을 위해 비용편익분석 방법을 활용하는 데는 한계가 있고 목표달성도의 판단이나 산출 척도의 설정도 곤란하다.

6. 평가

영기준 예산제도는 미국에서 정부기관과 사기업에서 적용 결과 예산의 팽창을 억제하는 기능이 있었으며, 관리상의 능률성 향상에 기여했고, 또한 예산결정 과정에서 관리자들의 참여를 촉진시켰다는 점에서 좋은 평가를 받았으나, 반면에 과다한 노력과 시간이 많이 들며, 경직성 경비에 대한 적용 제한, 순위 결정과 성과측정의 곤란, 장기적인 목표가 경시되는 등의 문제점도 따랐다. 아직 영기준 예산제도의 철학과 사고방식은 미국의 많은 공공기관과 사기업에서 호응을 받고 있다.

한편 우리나라 정부에서도 1983년 예산편성 시부터 영기준 예산제도를 도입해서 1984년 예산편성까지 적용했으나 영기준 예산제도라는 이름만 빌려 사용했을 뿐 영기준 예산제도의 원리를 제대로 적용해 본 적은 없었다고 봐야 한다.

제 5 절 자본예산제도

1. 의의 및 특징

자본예산(capital budgeting)이란 투자 효과가 장기적으로 나타나는 투자의 총괄적인 계획과 평가의 과정 및 자원배분을 예산에 반영한 제도를 말한다. 경상적 지출과 자본적 지출을 구분하고 경상지출은 경상적 수입에 의해서 충당하며 균형이 이뤄져야 하나 자본적 지출은 공채의 발행에 의해서 충당하는 복식예산이다. 소비성 지출과 투자성 지출을 구분하며 경상계정은 1년을 단위로, 자본계정은 장기적인 계정으로 관리한다. 자본예산의 특징으로는 ① 장기간의 지출, ② 장기간의 재원조달, ③ 차입금이나 공채에 의한 재원조달, ④ 반복되지 않는 예외적 지출, ⑤ 거액의 예산 등을 들 수 있다.

자본예산 편성은 이름대로 자본적 지출(capital expenditure)과 관련된 예산을 세우는 것이다. 자본재(capital)는 생산되는 생산요소로, 재무관리적으로 보면 미래의 현금흐름을 상당 기간 지속적으로 창출해 줄 수 있는 자원으로 자본예산 편성은 자본화할 수 있는 대규모의 설비 투자, 건물이나 토지, 연구개발(R&D) 등에 대한 지출과 관련된 예산편성이다. 자본예산은 지출 규모가 크고 상대적으로 장기간에 걸쳐 현금흐름에 영향을 미치므로 중요한 의사결정이다. 자본예산 편성은 다른 말로 투자결정(investment decision)이라고도 한다.

투자전략은 단기적인 전략과 장기적인 전략으로 나눌 수 있으며, 정부는 투자를 장기적인 전략과 자금조달계획, 미래 상황에 대한 분석을 토대로 신중하게 이뤄져야 한다. 또한 미래의 자금 수요와 투자 효과에 대한 합리적인 예측을 바탕으로 이뤄져야 하며, 다각적이고 광범위한 자금수급계획이 필요하다. 경제환경의 변화, 소비자 취향의 변화, 국가정책의 변화 등 여러 요인을 계획성 있게 분석해 투자결정을 해야 한다. 이러한 의사결정을 지원하기 위해 자본예산이 활용된다.

2. 자본예산의 편성 및 실행 과정

자본예산의 편성은 다음과 같은 과정으로 진행된다.

① 투자안 검토: 기업전략, 경쟁전략적 측면에서 검토

② 기초조사: 기술적 타당성, 시장 상황, 제도적 문제점 검토

③ 현금 흐름 평가 : 투자안 시행 시의 증분 현금흐름 측정, 투자안의 위험 평가 및 자본비용 측정

④ 대안 평가, 투자안 평가(ROI, NPV, IRR, PI): 투자안의 리스크와 수익률 평가 단계

⑤ 자금조달계획 수립

⑥ 투자안 실행

3. 자본예산제도의 장 · 단점

1) 장점

첫째, 자본예산제도는 국가재정에서 경상적인 운영비와 자산 취득, 투자를 위한 지출을 구분해서 국가재정구조를 명확하게 이해할 수 있도록 돕는다.

둘째, 자본예산은 자본적 지출에 대한 특별한 절차에 의한 분석을 가능하게 한다. 일반적인 예산절차에 의해서는 불가능한 방면의 전문가에 의한 검토와 납세자들의 참여를 가능하게 한다.

셋째, 자본예산제도는 장기적인 공공사업계획을 통해 정부의 재정계획 수립에

편의를 제공하며, 장기적인 관점에서 정부지출의 기복을 조절할 수 있도록 돕는다. 이에 따라 일관성 있는 조세정책 수립이 가능하다.

넷째, 불경기에 자본예산제도를 활용해 적자예산으로 유효수요를 증가시키고 고용을 증대하며 경기 회복에 이바지할 수 있다. 아울러 균형예산을 주장하는 사람들에 대한 이해를 얻을 수 있다.

이 밖에도 정부의 순자산 상태의 변동을 파악할 수 있고 수익자 부담을 명확히 할 수 있다는 장점이 있다.

2) 단점

첫째, 안정화정책이 필요 없는 정부가 자본예산 하에서 자본적 지출을 늘리면서 발생하는 적자재정을 은폐할 수 있다.

둘째, 인플레이션 때 공채의 발행은 인플레이션을 가속화시키고 자산의 재평가와 감가상각에 어려움이 따른다.

셋째, 정부실패의 문제, 정부가 사적 분야의 자본을 가져다 공적 분야에 얼마나 효율적으로 쓰느냐의 문제가 제기된다.

넷째, 자본적 경비와 경상비를 명확히 하기 어려우며 예산 간 벽이 생겨 예산의 경직성을 초래한다.

4. 자본예산제도의 유형 및 발달

1) 미국

1940년대에 확립된 제도로, 공황과 제2차 세계대전의 산물로 미국 시정부에서 발달했다. 재원이 한정된 상황에서 수익자 부담의 원칙을 지키고 장기계획이 필요한 상황에서 도입되었다.

2) 스웨덴

스웨덴에서 최초로 도입된 자본예산은 주로 중장기 재정계획과 연계해 운용되므로 자원 개발을 위한 효과적 수단이 될 수 있으며, 자본예산에 수반되는 장기적 공공사업계획은 조직적인 자원의 개발 및 보존을 위한 수단이 될 수도 있다. 자본예산은 또한 국가 또는 지방자치단체의 순자산 상황의 변동과 사회간접자본의 축적과 유지의 추이를 나타내는 데 사용할 수도 있다.

미국과 달리 건전재정의 테두리 안에서 예산에 의해 높은 수준의 고용, 생산 및 구매력을 유지하려는 목적에서 대두되었다. 순환적 균형예산을 채택, 즉 예산을 매년 균형될 필요가 없고 경기변동기 전체로 균형을 유지하며, 자본적 지출은 국채재원에 의해 충당하되 순전히 경제 안정을 위해 증감해야 한다.

5. 우리나라의 적용

경제개발특별회계(63－76)가 이러한 성격을 가졌으며, 세출예산에서 자본적 지출에 해당한다.

국가의 사회간접자본(SOC)의 형성, 장기기획과 단기예산의 유기적 연결에 의한 효율적 운영을 위해, 경기 조절의 필요성, 지방자치단체의 재원 마련이라는 측면에서 도입 가능하며 재정자립도가 높은 지방정부부터 선별적으로 도입할 필요가 있다.

제 6 절 프로그램 예산제도

1. 의의 및 연혁

프로그램 예산제도 또는 사업예산제도는 예산계획 · 편성 · 집행에 이르는 예산체계를 사업 단위로 구조화하고, 이를 사업목표와 연결함으로써 성과를 관리하고

자 하는 예산기법이다. 사업예산제도는 정책과 예산의 연계 및 재정성과 제고를 위해 기존의 품목 중심이 아니라 성과관리가 용이하도록 정책사업을 중심으로 설정한 예산체계를 의미한다. 여기서 정책사업이란 정부 기능을 수행하기 위한 세부 목표로서 동일한 정책목표를 달성하기 위한 단위사업의 묶음을 말한다.

이를 위해 제도 운영 시에 예산의 성과목표를 가능한 정량적으로 표시하고 목표 달성을 위해 유연하고 효율적으로 예산을 집행하고, 그 결과 성과목표를 어느 정도 달성했는가를 측정하고 그 성과측정 결과를 다음 연도 계획과 예산에 반영하는 데 초점이 있다.

프로그램 예산제도는 디지털예산회계시스템 도입으로 가능해졌다. 이 시스템이 구비되면서 부처담당관이 자신이 맡은 사업에 프로그램 예산제도 코드 번호를 매겨 등록하고, 기획재정부 총괄담당관이 코드 번호에 따라 사업들을 모으면 분야별 지출총액이 도출된다.

2. 프로그램 예산제도의 기본 구조

이것은 부처별로 구분하지 않고 정책 목표가 유사한 사업(activities)들을 하나의 프로그램으로 통합해서 편성하는 것을 의미한다. 이제 개별 사업들은 부처별, 회계별(일반회계, 특별회계, 기금) 틀을 넘어 특정 '분야'에 속하게 된다. 현재 중앙정부의 수천 개의 부처사업들은 일반공공행정, 국방, 교육, 사회복지 등 16개 분야로 구분된다.

예를 들어 사회복지 분야는 보건복지가족부 일반회계에 속하는 재원으로 하는 기초생활 보장부문, 노동부에서 관리하는 고용보험기금 노동부문, 국토해양부의 국민주택기금 주택부문사업 등 총 9개의 부문사업으로 구성된다.

프로그램 예산제도는 정책사업과 예산을 연결해 성과관리가 용이하도록 예산을 편성하고자 하는 개념에 기초해서 예산과목 체계를 형성하고 있다. 정부의 기능을 분야와 부문으로 구분하고 이를 토대로 사업 단위(정책·단위·세부사업)를 설정하고 그 아래에 품목(편성목, 통계목)을 두고 있다. 이와 더불어 행정운영경비(인력운영비, 기본경비), 재무활동(내부거래지출, 보전지출)으로 구성되는 형태를 갖는다.

프로그램 예산체계 중 사회복지 분야 일부를 예를 들면 보건복지부는 일반회계 기초생활 생계급여사업을 분야, 부문, 프로그램, 단위사업 순서로 예산시스템에 등록한다. 국토해양부도 국민주택기금에 속하는 분양주택 지원사업을 동일한 체계를 거쳐 사회복지 분야 사업으로 배치한다.

이러한 예산 형식에서는 조직별 분류는 다르지만 프로그램으로는 같은 프로그램에 해당되는 사업예산이 생긴다. 예를 들어 공무원연금 적자 보전을 위해 배정한 예산은 부처별 예산체계로 보면 행정안전부 예산이지만 프로그램 예산체계에서는 복지 분야 예산이다. 세부사업이 부처 경계를 넘어 총 16개 분야로 재구성되며 프로그램별로 재위치하게 된다.

3. 품목별 예산제도와 비교

기존의 품목별 예산제도는 개별사업(세세항)과 비목(목－세목) 중심으로 편성 및 집행 관리하는 예산관리 방식으로서, 투입재원의 통제에는 효과적인 반면 정책 우선순위에 입각한 전략적 재원배분과 효율적 성과관리에는 한계가 있었다. 이에 따라 정책과 성과 중심으로 재정운용을 선진화하고 성과목표에 근거한 사업 중심의 예산편성 및 성과목표 달성에 필요한 합리적 재원배분에 목적을 두고 있다. 전통적 품목별 예산제도와 프로그램 예산제도와의 주요 차이점과 특성을 비교 제시하면 <표 4－2>와 같다.

표 4-2 품목별 예산제도와 프로그램 예산제도의 주요 차이점

구분	품목별 예산제도	프로그램 예산제도
접근 방식	투입과 지출통제 중심	성과와 자율 중심
예산편성의 초점	예산 품목	프로그램(단위사업)
시계	단년도 예산(예산점증주의)	다년도 예산(재정운용계획에 근거)
예산운영 방식	상향식(bottom-up)	하향식(top-down)
예산사정	사업 간 예산 증감 계수조정	사업 우선순위와 효과 판단

4. 총액배분 예산제도와 관계

국가재정은 정권의 전략적 국정 운용수단으로 정부는 자신의 국정 운용전략을 재정 분야에 반영하기 위해서 전략적 방향성을 예산편성에 적극적으로 반영해야 한다. 정부가 국정운영자로서 국정전략을 재정에 반영하기 위해서는 전략적 예산편성을 하향식 혹은 '총액배분·자율편성 방식(top-down budgeting)'이 필요하다. 수천 개의 세부사업을 모아 정부지출 체계를 짜는 것이 아니라, 전략적으로 분야별 지출 규모를 정하고 이 범위 내에서 세부사업들을 조정해 나가는 방식이다. 재정이 허락하는 범위 내에서 복지 분야 전체 증가 총액을 먼저 배정하고 이 한도 내에서 세부 복지사업 지출을 조정하는 방식이다.

이러한 전략적 하향식 총액배분 방식을 유지하기 위해 전략적 방향성이 반영되었는가를 판단할 수 있는 예산제도가 필요하며, 이것이 프로그램 예산제도라고 할 수 있다. 프로그램 예산제도는 전략적으로 재정을 운용할 때 전략적 재정배분이 이뤄지고 있는지를 확인할 수 있는 예산제도라고 할 수 있다.

5. 프로그램 예산제도의 장·단점

1) 장점

총액배분 방식이 적용된 프로그램 예산제도는 기존의 상향식 예산편성이 지니는 부처이기주의를 극복할 수 있다. 상향식 방식에서는 부처별로 예산안을 크게 잡을수록 좋다는 다다익선 관행이 존재했다. 어차피 상위 부처에서 삭감될 것을 예상해 가능한 예산 요구를 늘렸고, 정보가 부족한 예산당국이 이를 실질적으로 심의하지 못할 경우 예산의 비효율적 지출을 낳을 수 있었다.

2) 단점

행정부가 당시 필요한 시대적 가치를 반영하지 않고 분야별 지출한도가 정해질 경우 그 분야 지출은 정체된다.

우리나라의 경우 프로그램 예산제도가 정부에 의해 관리되고 있는 점이 문제이다. 현재 분야별 분류는 정부가 설계하는 디지털예산회계시스템에 의해 이뤄지고, 자료 열람을 위한 시스템 접근권도 행정부 외부에는 소수의 국회 담당관에만 허용된다. 이에 따라 프로그램 예산의 신뢰성이나 타당성에 대한 객관적 검증이 쉽게 이뤄지기 어려운 상황이다.

6. 평가와 전망

프로그램 예산제도의 형식적인 완성도 제도에 초점을 맞추기보다는 제도가 갖는 장점이 예산과정에 녹아들어 실질적인 변화를 가져오기 위해서는 다음과 같은 점이 보완되어야 한다.

첫째, 프로그램 예산제도의 중요한 목적 중의 하나인 성과평가를 위해서는 사업에 대한 좀 더 적절한 정의가 내려지고, 예산요구서에서부터 편성, 사정 및 집행에 일관되게 행하는 새로운 예산 방식으로서 사업예산의 도입이 요구된다.

둘째, 사업을 통해 달성할 조직목표를 소수의 KPI(Key Performance Indicator)로 나타내고, 이를 예산과정에 걸쳐 사업원가와 함께 벤치마크로 활용해야 한다. 이는 복식부기・발생주의 개념에 대한 이해와 원가계산 기준 등의 정비가 전제되어야 한다.

셋째, 사업원가와 KPI 등은 회계에서 제공되는 실적치와 비교하는 차이분석을 정례화해야 한다. 복식부기・발생주의에 기초한 재무보고는 이러한 차이분석이 가능하도록 성과보고서에 의미 있는 차이분석용 정보를 담아내야 한다. 무엇보다 대부분의 조직이 성과 달성에 실패하는 이유는 전략 수립의 문제가 아니라 실행상의 문제라는 성과관리의 격언이 사업예산제도 개혁에도 적용된다. 기관장은 물론, 예산 및 회계 관련 전문가들을 중심으로 한 제도 보완 및 성과관리 문화 정착이 필요하다.

요 약

1. 예산제도가 제도화되면서 역사적으로 다양한 형태의 예산제도가 고안되고 도입되었다.
2. 품목별 예산제도는 재정활동에 투입되는 품목들을 명확히 구분하고 각 품목별 지출의 액수를 제시하는 형식의 예산제도로 이후에 고안된 모든 예산제도의 기초이자 부분을 이룬다.
3. 성과주의 예산제도는 예산에 포함된 사업들의 성과를 예산의 계획에 포함하고 이의 달성 여부를 검증할 수 있도록 만든 예산제도로 성과측정의 어려움 등의 문제로 사장되었다가 최근 들어 공공관리를 강조하는 행정환경에서 프로그램 예산제도와 결합해 다시 제도화되고 있다.
4. 계획예산제도는 중장기적 계획을 바탕으로 사업을 발굴하고 이의 지출계획을 제안하는 형식의 예산제도로 지나치게 과중한 업무와 집권적인 의사결정의 어려움으로 제도화되지 못했다.
5. 영기준 예산제도는 매년 사업을 영점에서 다시 필요성을 검토하는 작업을 하는 예산제도로 재정 긴축의 시기에 일부 활용되고 있다.
6. 프로그램 예산제도는 정부의 기능을 프로그램이라는 실질적인 기능별로 구분된 프로그램을 명확히 하고 이를 중심으로 재정활동을 관리하는 예산제도를 의미한다.

Chapter 04

연습 문제

주관식

1. 예산제도의 발달과정에 등장한 여러 가지 종류의 예산 중 차별점이 큰 예산제도를 선택해서 비교 및 대조해 보시오.
2. 성과주의 예산제도와 최근의 재정성과 관리제도에 대해 설명하시오.

객관식

01. 예산제도에 대해 바르게 설명하고 있는 것은?

① 예산제도가 발달할 때 품목별 예산제도가 시초가 되었다.
② 영기준 예산제도는 통제를 강조한다.
③ 성과주의 예산제도는 절약과 능률을 강조한다.
④ 비용편익분석은 계획 지향보다는 관리 지향적 예산운용에 활용되었다.

02. 성과주의예산에 대한 설명으로 맞는 것은?

① 예산집행의 경직성이 문제가 된다.
② 사업 간 우선순위 파악에 유리하다.
③ 능률적인 행정관리가 가능하다.
④ 사업 폐지에 가장 효과적인 예산제도이다.

03. 업무측정 단위를 선정해서 단위원가를 계산하는 예산제도는?

① 영기준 예산제도
② 품목별 예산제도
③ 계획예산제도
④ 성과주의 예산제도

04. **국가 이익에 입각한 의사결정, 소요와 경비의 동시 검토, 대안의 명확한 검토, 다년간 에 걸친 사업재정계획을 가능하게 하는 예산제도는?**

① 영기준 예산제도
② 품목별 예산제도
③ 계획예산제도
④ 성과주의 예산제도

05. **자본예산에 대한 설명으로 맞는 것은?**

① 세대간 형평을 저해한다.
② 투자계획을 통해 건전재정에 기여한다.
③ 경기대책으로 집행하는 지출을 경상적 지출로 파악한다.
④ 자산과 부채보다 수입과 지출을 중시한다.

정답 및 해설

1. ①
2. ③
3. ④
4. ③
5. ②

Chapter 05

세입 · 세출 예산구조

개 관

예산 분류란 세입과 세출의 내용을 일정한 기준에 따라 체계적으로 배열하는 것을 의미한다. 예산과정을 효율적으고 체계적으로 수행할 수 있도록 일정한 기준에 따라 예산을 구분하고 유형화하는 것이라고 할 수 있다. 예산 분류는 예산과목 체계에 반영되어 공식적 예산서를 이루게 된다. 예산의 총액을 품목별, 기능별, 조직별, 프로그램별로 구분할 수 있으며, 국가들은 이러한 예산 분류방법을 다양한 방식으로 체계적인 예산정보를 생산하기 위해 노력한다. 예산 분류를 할 수 있도록 만든 예산 분류의 틀이 예산과목이다. 우리나라는 예산과목으로 장–관–소관–항–목–세목의 형식을 갖고 있다. 세입과 세출의 구조는 예산의 공식적인 분류체계 외에 내용에 따라 기능별 구분, 지출 형식의 구분 등으로 분석할 수 있고, 이에 따라 예산에 내포된 정책의 의미를 파악할 수 있다.

Chapter 05

세입 · 세출 예산구조

제 1 절 예산 분류

1. 예산 분류의 의의와 종류

1) 예산 분류의 의의

예산 분류란 세입과 세출의 내용을 일정한 기준에 따라 체계적으로 배열하는 것을 의미한다. 예산과정을 효율적이고 체계적으로 수행할 수 있도록 일정한 기준에 따라 예산을 구분하고 유형화하는 것이라고 할 수 있다. 예산 분류는 예산과목 체계에 반영되어 공식적 예산서를 이루게 된다.

예산의 내용을 분류하는 목적은 정책결정자에게 정책결정과 사업계획의 수립에 필요한 정보를 제공하고, 각 기관별 예산집행의 가이드라인을 제공하며, 회계책임을 명확히 하고 분석을 하는 데 도움을 주기 위한 것으로, ① 재정정책 담당자가 재정정책 및 사업계획의 수립을 위해, ② 의회가 예산심의를 하기 위해, ③ 예산집행기관이 예산집행을 하기 위해, ④ 일반국민이 정부활동을 이해하기 위해 활용된다.

예산정보는 누가 어떤 목적으로 필요로 하는가에 따라 다양한 형태로 작성 가능하다. 따라서 예산정보의 용도와 목적에 가장 적합한 예산 분류를 개발해 작성할 필요가 있다.

예산의 분류체계가 갖춰야 할 원칙으로는 ① 포괄성의 원칙, ② 단일성의 원칙, ③ 내적 일관성의 원칙이 제시되고 있다. 포괄성의 원칙은 모든 정부기관이 포함되며, 이를 통합적으로 볼 수 있어야 한다는 것이다. 단일성의 원칙은 모든 정부기관의 수입과 지출이 모두 포함되어야 함을 의미한다. 내적 일관성의 원칙은 예산편성 및 집행, 그리고 과거와 현재의 분류기준이 통일되어야 한다는 것을 의미한다.

예산 분류방식은 세입예산과 세출예산에 따라 다르고, 하나의 분류방식도 나라와 시기에 따라서 다르다. 일반적으로 기능별, 조직별, 품목별, 경제성질별 분류 등이 이용된다.

우리나라의 예산 분류체계에 관해 「국가재정법」 제21조는 세입·세출예산은 ① 필요한 때에는 계정으로 구분할 수 있으며, ② 독립기관 및 중앙관서의 소관별로 구분한 후 소관 내에서 일반회계·특별회계로 구분하고, ③ 세입예산은 성질별로 관·항으로, 세출예산은 기능별·성질별 또는 기관별로 장·관·항으로 구분하는 한편, ④ 기획재정부장관이 정하는 바에 따라 세입·세출예산의 세항 및 세출예산 경비의 성질에 따른 비목 등 세부 분류기준을 둘 수 있다고 규정하고 있다.

2) 예산 분류의 유형

(1) 기능별 분류

기능별 분류는 정부의 활동영역별 예산배분 현황을 보여주는 예산정보이다. 정부의 광범위한 목표에 대한 비용을 계산한 것이며, 정책의 우선순위를 보여주는 정보라고 볼 수 있다. 세출예산에만 해당하며 '시민을 위한 분류(citizen's classification)'라고 불리기도 한다.

예를 들어 중앙재정은 ① 방위비, ② 교육비, ③ 사회개발, ④ 경제개발, ⑤ 일반행정, ⑥ 지방재정, ⑦ 채무상환 및 기타 등으로 구분될 수 있으며, 지방재정은 ① 일반행정, ② 사회개발, ③ 경제개발, ④ 민방위비, ⑤ 지원 및 기타 경비 등으로 구분될 수 있다. 대기능은 다시 세부 기능으로 재분류되고 있다.

(2) 조직별 분류

예산을 편성하고 집행하는 정부의 조직 단위에 따라 분류하는 방법이다. 이때의 정부조직 단위는 독립적인 예산의 편성 및 집행 단위이다. 우리나라에서는 소관별 분류(classification by agency)라고 부르고 있다. 조직별 분류는 예산 분류의 가장 기본적인 방법이다. 세입예산 및 세출예산 모두 조직별로 분류되며, 또한 조직별 분류는 기능별 분류 및 품목별 분류와 함께 병용되기도 한다.

(3) 품목별 분류

예산을 지출 대상(품목)별로 분류하는 방법이다. 우리나라에서는 성질별 분류라고 부르고 있다. 품목별 분류는 예산액을 지출 대상별로 한계를 명확히 정해 배정함으로써 관료의 권한과 재량을 제한하고 회계 책임을 명확히 할 수 있는 통제 지향적 분류 방법이다. 품목별 예산제도는 투입 측면에만 초점을 맞춰 편성되므로 정부가 투입을 통해 달성하고자 하는 사업과 지출에 따른 성과나 효과에 대해서는 파악하기 어려운 단점을 갖고 있다.

(4) 경제성질별 분류

예산이 국민경제에 미치는 영향을 분석 · 평가하기 위해 예산을 경제적 성격에 따라 분류하는 방법이다. 정부예산이 국민경제에서 차지하는 비중이 매우 큰 만큼 재정정책의 수립과 집행에 필요한 정보를 제공할 필요가 있다. 전형적인 분류방식은 예산을 경상계정과 자본계정으로 분류하는 것이다. 또 다른 분류방식은 예산을 국민소득계정(national account)과 연계해서 분류하는 방식이다. 즉, 국민소득(Y)을 구성하는 소비(C), 투자(I), 저축(S)으로 구분해서 예산을 분류하는 방식이다. 이것은 국민경제의 총체적 순환과정에서 재정의 역할을 분석하고자 하는 예산정보이다.

2. 예산과목의 의의와 우리나라의 체계

1) 예산과목의 의의

예산과목이란 예산의 내용을 명백히 하기 위해 예산을 분류하는 범주를 의미한다. 예산과목의 구분은 기획재정부장관이 정한다. 예산과목을 구분하는 목적은 복잡하고 광범위한 예산을 통일적으로 분류해 그 성질과 내용을 명백히 함으로써 국회의 의결 대상과 예산집행의 대상으로 하려는 데 있다.

2) 우리나라 예산과목의 체계

한 국가의 예산과정 및 예산체계의 특징에 맞게 여러 가지 유형의 예산 분류 방법을 결합해서 사용할 수 있다. 우리나라의 중앙정부 예산과목은 소관별로 장・관・항・세항・목으로 구분하며, 각 단계별로 예산 분류방식을 적용해서 전체적으로 분류방법을 결합해 체계화하고 있다. 세입・세출예산은 중앙관서의 조직별로 구분하되, 세입예산은 그 내용을 성질별로 관・항으로 구분하고, 세출예산은 기능별・성질별 또는 기관별로 장・관・항으로 구분한다. 소관은 조직별 분류이고, 장・관은 기능별 분류, 항은 사업계획, 세항은 단위사업(활동), 목은 품목별 분류이다. 동시에 프로그램 예산제도의 도입으로 예산과목의 명칭을 프로그램에 맞춰 적용하고 있다.

여기서 세출예산과목의 경우 이용 또는 전용 시 정책사업은 의회의 의결 대상이 되는 입법과목이며 단위사업, 세부사업, 편성목은 행정과목으로 의회의 의결을 요하지 않는다.

예산과목은 예산자료의 작성 및 검토를 용이하게 하기 위해 부호화되어 있다. 현재 우리나라는 소관별, 기능별, 품목별 분류에 따라 각각의 부호 체계를 갖고 있다.

그림 5-1 예산과목의 분류체계

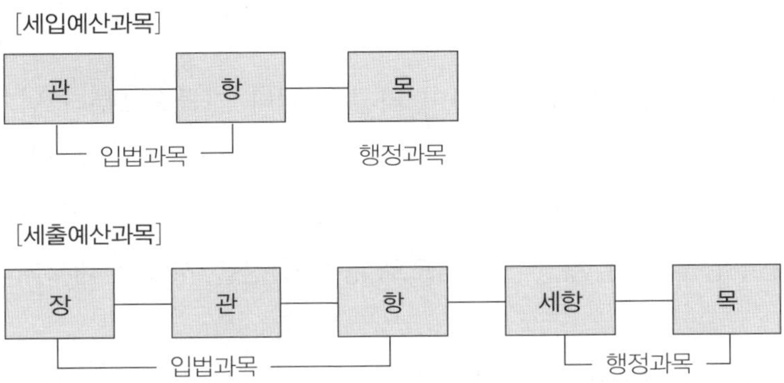

표 5-1 예산과목구조의 관계

<table>
<tr><td rowspan="2">품목별 예산 과목구조</td><td>장</td><td>관</td><td>항</td><td rowspan="2">세항</td><td rowspan="2">세세항</td><td rowspan="4">목</td><td rowspan="4">세목</td></tr>
<tr><td>대기능</td><td>중기능</td><td>소기능</td></tr>
<tr><td rowspan="2">프로그램 예산 과목구조</td><td>분야</td><td>부문</td><td>프로그램</td><td rowspan="2">단위사업</td><td rowspan="2">세부사업</td></tr>
<tr><td>대기능</td><td>중기능</td><td>소기능</td></tr>
</table>

제 2 절 세입구조

1. 총수입

총수입은 총지출에 대응하는 개념으로, 수입 측면의 중앙정부 재정 규모를 나타내는 지표이다. 총수입은 일반회계의 총계, 특별회계의 총계, 기금(금융성 기금과 계정성 기금 중 외국환평형기금 제외)의 총계를 모두 더한 뒤, 회계 간 내부거래수입, 기금 간 내부거래수입, 회계와 기금 간 내부거래수입, 각 회계와 기금의 보전수입을 차감해서 산출한다. 2018년 중앙정부 총수입은 447.2조 원이다.

총수입 = 일반회계수입 + 특별회계수입 + 기금수입 −
내부거래수입 − 보전거래수입

내부거래수입은 어느 회계나 기금이 다른 회계나 기금으로부터 넘겨받은 수입으로, 차입이나 예수와 같이 빌리는 경우와 전입과 같이 무상으로 얻는 경우가 있다. 일반회계, 특별회계, 기금수입을 단순 합계하는 경우 정부 내부거래를 중복 계상해서 실제 수입을 과다 계상하게 되므로 총수입 산출 시에는 내부거래를 제외하게 된다.[1)]

이렇게 산출한 수입 규모는 일반회계의 자체수입, 특별회계의 자체수입, 기금의 자체수입을 모두 더한 값과 같다.

재정수입은 조세(국세와 지방세) · 세외수입 · 기금수입 등으로 구성된다. 중앙정부 재정수입은 국세 · 세외수입 · 기금수입으로 구성되며, 지방정부 재정수입은 지방세 · 지방세외수입 · 지방기금수입으로 구성된다. 국세수입은 소득세, 법인세, 상속세, 부가가치세, 특별소비세 등의 내국세와 관세, 교통세 및 특정 목적에 용도가 한정된 주세와 농특세로 구성된다. 세외수입은 국세 이외의 수입을 말하는데, 정부출자수입, 벌금 등의 경상세외수입과 공기업 주식 매각수입 및 전년도 이월금 등으로 이뤄진다.

2. 세입예산의 분류

세입예산은 정부 수입의 성질에 따라 과목구조가 관, 항, 목으로 구분 · 관리한다. 「국가재정법」 제21조 제2항 및 제3항은 세입예산을 소관별로 구분한 후 소관 내에서 일반회계 · 특별회계로 구분하고, 그 내용을 성질별로 관 · 항으로 구분하도록 규정하고 있다. 소관이란 각 기관의 수입을 총괄하는 것을 의미한다. 예를 들어

1) 보전수입은 어느 회계나 기금 입장에서 자체수입이나 내부거래수입으로 조달하지 못해 민간으로부터 빌리거나(국채 발행 또는 차입) 남는 돈을 민간에 빌려주었다가 회수(여유자금 회수)하는 경우를 의미한다. 이는 정부의 수입과 지출의 차(재정수지)를 보전해 주는 역할을 하는 것으로 실질적인 정부수입으로 보기 힘들기 때문에 총수입 산출 시 제외된다.

재정총괄기구인 기획재정부의 경우 일반회계를 의미하고, 일반회계의 수입을 내국세 등 관들과 각 관에 다수의 개별세가 항으로 포함된다.

표 5-2 우리나라 조세수입의 구분 및 코드

국세

	관	항
01	내국세	11.소득세, 12.법인세, 13.부당이득세, 14.토지초과이득세, 15.상속세, 16.재평가세, 21.부가가치세, 22.개별소비세, 23.주세, 24.전화세, 25.증권거래세, 26.인지세, 27.기타 내국세
02	관세	31.관세
03	방위세	32.방위세
04	교통・에너지・환경세	33.교통・에너지・환경세
05	양여세	36.지방교육양여세
06	교육세	34.교육세
08	농어촌특별세	37.농어촌특별세
09	종합부동산세	39.종합부동산세

지방세

	관	항
111	보통세	취득세, 주민세, 재산세, 자동차세, 레저세, 농업소득세, 도축세, 담배소비세, 종합토지세, 주행세, 지방소비세, 지방소득세
112	목적세	지역자원시설세, 지방교육세, 도시계획세, 사업소세

표 5-3 국세 및 지방세 구조

국세(14개, 265.4조 원)			지방세(11개, 75.5조 원)	
직접세 (5개)	간접세 (5개)	관세 및 목적세 (4개)	도세 (6개)	시・군세 (5개)
소득세(75.1) 법인세(59.2) 상속・증여세(6.8) 종합부동산세(1.7)	부가가치세(67.1) 개별소비세(9.9) 주세(3.0) 인지세(0.9) 증권거래세(4.5)	관세(8.5) 교통・에너지・환경세(15.6) 농어촌특별세(3.8) 교육세(5.0) 과년도수입(4.4)*	등록면허세(1.7) 취득세(21.7) 지방소비세(6.4) 레저세(1.1) 지방교육세(6.3) 지역자원시설세(1.4)	자동차세(7.6) 재산세(9.9) 지방소득세(13.1) 주민세(1.8) 담배소비세(3.7)

*: 국세는 2017년 징수액 실적치, 지방세는 2010년 징수액 실적치.
자료: 기획재정부, 행정안전부.

3. 조세수입

조세는 정부의 다양한 활동을 가능하게 하는 자원을 민간부문으로부터 정부부문으로 강제적으로 이전하는 수단이며, 재정수입의 근간이 된다.

우리나라는 조세의 종목과 세율을 법률로 정하도록 하는 조세법률주의(대한민국헌법 제59조)를 채택하고 있으며, 2018년 현재 14개의 국세 세목과 11개의 지방세 세목이 있다.

조세는 부과주체에 따라 중앙정부가 부과하는 국세, 지방정부가 부과하는 지방세로 구분할 수 있다. 또한 조세부담의 전가 여부에 따라 전가가 이뤄지지 않는 직접세와 전가가 가능한 간접세로 구분할 수 있다.

1) 국세

국세는 국가의 재정수입을 위해 국가가 부과·징수하는 조세로, 중앙정부 일반회계와 특별회계의 재원은 국세수입을 중심으로 구성된다. 국세는 그 부과에 통관절차를 필요로 하는가를 기준으로 내국세와 관세로 구분된다. 내국세는 관세를 제외한 국세이고, 관세는 「관세법」이 정하는 바에 따라 통관절차를 거치는 물품에 부과하는 조세이다.

내국세는 법률상의 납세의무자와 경제상의 조세부담자가 일치하는지 여부에 따라 직접세와 간접세로 나뉜다. 직접세는 납세의무자와 조세부담자가 일치하는 조세로 소득세, 법인세, 상속세, 증여세, 종합부동산세 등이 이에 속한다. 간접세는 경제활동을 통해 타인에게 조세부담의 전부 또는 일부가 전가되는 조세로 부가가치세, 개별소비세, 주세, 인지세, 증권거래세 등이 이에 속한다.

국세 세입의 회계 현황을 살펴보면, 농림축산식품부 소관 농어촌구조개선특별회계의 세입 항목인 농어촌특별세, 기획재정부 소관 지역발전특별회계의 세입 항목인 주세를 제외한 나머지 12개의 국세는 모두 기획재정부 소관 일반회계의 세입으로 계상된다.

그림 5-2 우리나라의 조세체계

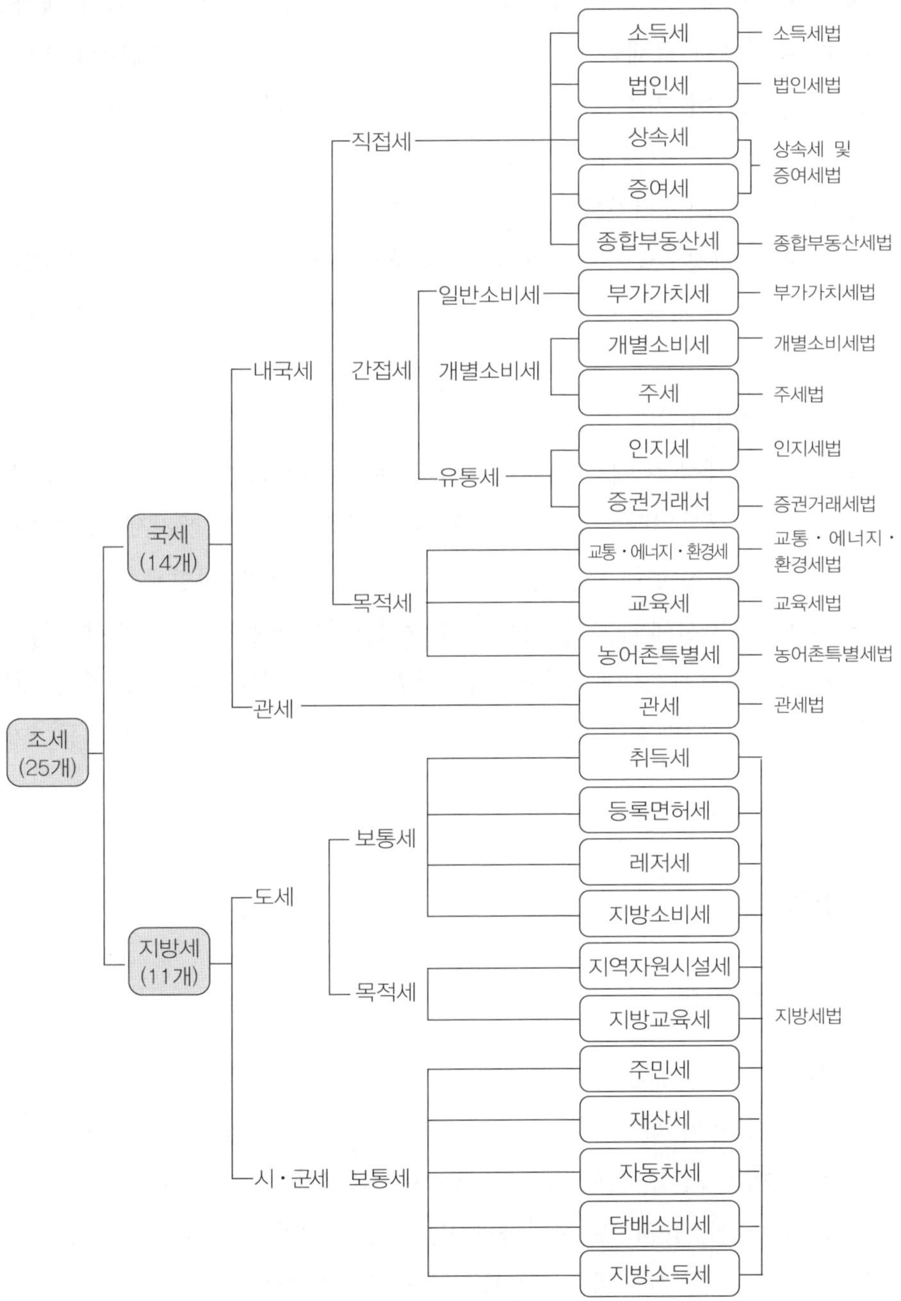

2) 지방세

지방세는 지방자치단체에 의해 부과 · 징수되며, 당해 지방자치단체의 재정수요에 충당된다는 점에서 국세와 다르다. 어떠한 조세를 국세 또는 지방세로 할 것인가에 대해서는 명확한 기준이 없으며, 세원의 규모와 분포, 재정의 여건, 행정의 편의 등을 다각적으로 고려해서 결정된다.

지방자치단체는 「지방세기본법」이 정하는 바에 따라 지방세를 부과 · 징수할 수 있으며, 지방세는 재정수요의 용도에 따라 보통세와 목적세로 나뉜다. 보통세는 취득세, 등록면허세, 레저세, 담배소비세, 지방소비세, 주민세, 지방소득세, 재산세, 자동차세 등 9개의 세목으로 구성되며, 목적세는 지역자원시설세, 지방교육세 등 2개의 세목으로 이뤄져 있다.

지방자치단체의 세목은 해당 자치단체의 사무에 따라 특별시세, 광역시세, 도세, 구세, 시 · 군세로 구분된다. 특별시 · 광역시의 경우 취득세, 레저세, 담배소비세, 지방소비세, 주민세, 지방소득세, 자동차세, 지역자원시설세, 지방교육세 등 9개 세목은 특별시세 · 광역시세로, 등록면허세 및 재산세는 구세로 된다. 도세로는 취득세, 등록면허세, 레저세, 지방소비세, 지역자원시설세, 지방교육세 등 6개 세목이 있고, 시 · 군세로는 담배소비세, 지방소득세, 주민세, 재산세, 자동차세 등 5개 세목이 있다.

4. 세외수입

1) 세외수입의 구분

세외수입은 정부의 세입예산 가운데 국세 이외의 수입을 말한다. 세외수입은 「예산 및 기금운용계획 집행지침」상의 세입예산 과목(수입관)에 따라 재산수입(11관), 경상이전수입(12관), 재화 및 용역판매수입(13관), 수입대체경비수입(14관), 관유물 매각대(15관), 융자 및 전대차관 원금 회수(20관), 차입금 및 여유자금 회수(31관), 전년도 이월금(33관), 정부내부수입 및 기타(40관) 등 9개의 항목으로 구성된다.

위의 항목들은 하위 예산과목(수입항)에 따라 다음과 같이 세분화된다. 예를 들어 재산수입은 관유물대여료(51), 정부출자수입(52), 전대차관이자수입(53), 기타 이자수입 및 재산수입(54) 등으로 구성되고, 경상이전수입은 연금수입(55), 벌금, 몰수금 및 과태료(56), 변상금 및 위약금(57), 가산금(58), 기타 경상이전수입(59) 등이 있다. 재화 및 용역판매수입은 병원수입(62), 교도소수입(63), 입장료수입(64), 면허료 및 수수료(65), 입학금 및 수업료(66), 항공, 항만 및 용수수입(67), 실습수입(68), 잡수입(69) 등으로 나뉜다.

표 5-4 우리나라 세외수입의 구분 및 코드

	관	항
10	기업특별회계영업수입	41.양곡사업수입, 43.우정사업수입, 45.조달사업수입, 49.책임운영기관사업수입
11	재산수입	51.관유물대여료, 52.정부출자수입, 53.전대차관이자수입, 54.기타 이자수입 및 재산수입
12	경상이전수입	55.연금수입, 56.벌금, 몰수금 및 과태료, 57.변상금 및 위약금, 58.가산금, 59.기타 경상이전수입
13	재화 및 용역판매수입	62.병원수입, 63.교도소수입, 64.입장료수입, 65.면허료 및 수수료, 66.입학금 및 수업료, 67.항공, 항만 및 용수수입, 68.실습수입, 69.잡수입
14	수입대체경비수입	
15	관유물매각대	71.고정자산매각대, 72.토지 및 무형자산매각대, 73.재고자산매각대 및 유동자산
20	융자 및 전대차관 원금 회수	75.융자원금 회수, 77.전대차관원금 회수
31	차입금 및 여유자금 회수	81.국공채수입, 82.민간차입금, 84.유가증권대각대, 85.정부예금회수
32	차관수입	86.차관수입
33	전년도이월금	88.전년도이월금
34	세계잉여금	89.세계잉여금이입액
40	정부내부수입 및 기타	91.전입금, 92.예탁원금회수, 94.예수금, 95.예탁이자수입, 96.기타

표 5-5 2018년 일반회계 세외수입 현황

(단위: 조 원)

	2017		2018	증감	
	본예산	추경(A)	예산(B)	B–A	(B–A)/A
경상세외수입	102,702	102,714			
재산수입 경상이전수입 재화 및 용역 판매수입 관유물매각대 융자 및 전대차관원금 회수	32,967 58,556 7,163 3,299 694 23	32,967 58,556 7,175 3,299 694 23	32,658 62,745 8,564 3,456 775 25	△309 4,189 1,389 157 81 2	△0.9 7.2 19.4 4.8 11.7 8.7
정부 보유주식 매각수입	643	643	693	43	6.7
차입금 및 여유자금 회수	643	643	696	43	6.7
합계	103,345	103,357	108,909	5,552	5.4

표 5-6 2018년 세외수입 현황

(단위: 조 원)

	2017		2018	증감	
	본예산	추경(A)	예산(B)	B–A	(B–A)/A
일반회계 세외수입	10.3	10.3	10.9	0.6	5.4
경상세외수입	10.3	10.3	10.8	0.5	5.4
정부 보유주식 매각수입	0.06	0.06	0.07	0.01	6.7
특별회계 자체세입	16.1	16.1	15.8	△0.3	△1.9
합계	26.4	26.4	26.7	0.3	1.1

5. 기금수입

1) 기금운용 계획상의 기금수입

중앙정부 기금운용 계획상의 전체 기금수입을 살펴보면, 2018년 594.9조 원으로 2017년 계획(615.3조 원) 대비 3.3% 감소한 규모이다. 기금운용 계획상 전체 기금수입은 외형상 기금수입으로 계상되는 모든 항목을 합산한 것으로 자체수입뿐만 아니라 정부내부수입, 차입금, 여유자금 회수 항목이 모두 포함된다.

2) 총수입상의 기금수입

기금운용 계획상의 수입 중 정부내부수입, 차입금, 여유자금 회수 등은 실질적인 수입으로 보기 어려운 항목으로 예산과 기금을 합한 중앙정부 총수입을 산정할 때에는 이와 같은 항목들을 제외하고, 연금보험료 · 융자회수금 · 이자수입 등 실질적인 의미에서 수입이라고 볼 수 있는 자체수입만을 기금수입으로 간주한다.

또한 금융성 기금(8개) 및 외국환평형기금은 IMF 기준상 재정활동이 아닌 금융활동으로 분류되어 있어 총수입에서 제외하고 있다.

2018년 총수입에 포함되는 기금수입은 사회보장기여금 69.3조 원, 융자원금 회수 25.6조 원, 이자수입 등 기타 수입 57.5조 원으로 총 152.4조 원이다. 이를 기금유형별로 살펴보면, 사업성 기금(48개)은 2017년 대비 1.4조 원(3.4%) 감소한 41.7조 원, 사회보험성 기금(6개)은 8.1조 원(8.3%) 증가한 105.6조 원, 계정성 기금(4개)은 0.2조 원(3.5%) 증가한 5.1조 원으로 각각 계획되었다.

	관(21)	항(59)
07	사회보장기여금	38.사회보장기여금

제 3 절 세출구조

1. 총지출

재정 규모를 나타내는 지표로서 총계는 일반지출, 내부거래지출, 보전지출을 모두 합한 것이다. 일반지출이란 국민경제에 직접 영향을 미치는 경상지출, 자본지출, 융자지출, 이전지출을 의미하며, 내부거래지출은 한 회계나 기금이 다른 회계나 기금으로 넘겨주는 지출을 의미한다. 보전지출이란 한 회계나 기금이 민간에서 차입한 자금을 상환하거나, 일반지출이나 내부거래지출로 사용하고 남은 자금을 금융기관에 예치하는 것을 가리킨다.

예산 총계 = 일반지출 + 내부거래지출 + 보전지출

2018년 중앙정부의 일반회계·특별회계 및 기금의 총계 규모는 각각 301.4조 원, 67.2조 원, 594.9조 원으로 이를 합산한 규모는 963.5조 원이다. 하지만 이렇게 합산된 총계 규모는 회계·기금 간 내부거래를 포함하고 있어 실제 재정 규모를 과다하게 나타내고 있다.

한편 중앙정부의 총지출 규모는 2005년부터 중앙정부가 활용하고 있는 재정통계로서, 국민경제에 미치는 정부의 실질적인 재정활동을 파악하기 위한 개념이다. 총지출은 예산과 기금(금융성 기금과 계정성 기금 중 외국환평형기금 제외) 총계에서 회계·기금 간 내부거래뿐 아니라 재정수지를 보전해주는 역할을 수행하는 국채 발행이나 차입 등 보전거래를 제외해 산출한다. 2018년 중앙정부 총지출은 428.8조 원이다.

총지출=총계(일반회계+특별회계+기금)−내부거래지출−보전지출

2. 세출예산의 분류

<table>
<tr><td rowspan="2">품목별 예산 과목구조</td><td>장</td><td>관</td><td>항</td><td rowspan="2">세항</td><td rowspan="2">세세항</td><td rowspan="4">목</td><td rowspan="4">세목</td></tr>
<tr><td>대기능</td><td>중기능</td><td>소기능</td></tr>
<tr><td rowspan="2">프로그램 예산 과목구조</td><td>분야</td><td>부문</td><td>프로그램</td><td rowspan="2">단위사업</td><td rowspan="2">세부사업</td></tr>
<tr><td>대기능</td><td>중기능</td><td>소기능</td></tr>
</table>

「국가재정법」에 따르면 우리나라의 세출예산과목은 장, 관, 항, 세항, 목으로 구분된다. 동시에 2007년에 도입된 프로그램 예산제도에 따라 '분야−부문−프로그

램－단위사업－세부사업'의 5단계로 변화시켰다. 프로그램 예산의 기본구조는 '정부의 기능－정책－프로그램－단위사업'의 계층구조를 갖는다. 각 프로그램은 한 개의 기능과 연계된다. 정부의 기능 체계를 정점으로 그 밑에 다수의 여기서 프로그램이란 동일한 정책을 수행하는 단위사업(activity/project)의 묶음을 말한다. 이를 조직과 회계까지 고려해서 체계를 구성하면 다음과 같다.

분야	부문	소관	프로그램	회계/ 기금	단위사업	세부사업	목 (편성비목)	세목 (통계비목)
대기능	중기능	조직	소기능	회계단위				

현재 우리나라의 프로그램 예산은 16분야 69부문이 있으며, 각 부문별 770여 개의 프로그램, 3200여 개의 단위사업이 존재한다. 분야는 010. 일반지방행정, 020. 공공질서 및 안전, 030.외교통일, 040. 국방, 050. 교육, 060. 문화 및 관광, 070. 환경, 080. 사회복지, 090. 보건, 100. 농림수산, 110. 산업중소기업 및 에너지, 120. 교통 및 물류, 130. 통신, 140. 국토 및 지역개발, 150. 과학기술, 160. 예비비로 구분된다. 각 소관 조직에 따라서 10개 정도의 프로그램이 있으며, 총 프로그램은 770여 개 존재한다. 각 프로그램마다 단위사업이 포함되며 3,200여 개 단위사업이 있다. 목 단계에서 인건비, 물건비, 이전지출, 자산 취득, 상환 지출, 전출금 등, 예비비 및 기타 등 7개의 성질별로 구분된다. 기획재정부는 이 기준에 따라 세출과목을 100목(인건비), 200목(물건비), 300목(이전지출), 400목(자산 취득), 500목(상환 지출), 600목(전출금 등) 및 700목(예비비 및 기타)으로 나누고, 이를 다시 하위 세목으로 구분하고 있다.[2] 세목으로 210 운영비, 220 여비, 230 특수활동비 등이 있다.

2) 2018년도 일반회계 주요 지출목의 규모와 일반회계 세출 합계에서 차지하는 비중을 보면, 인건비가 34.5조 원으로 11.4%를 차지하며, 물건비 19.3조 원(6.4%), 이전지출 177.6조 원(58.9%), 자산 취득 18.2조 원(6.0%), 상환 지출 8.1조 원(2.7%), 전출금 등 40.7조 원(13.5%), 예비비 및 기타 3.0조 원(1.0%)이다.

3. 성질별 재정지출의 구분

1) 개요

국가는 직접 지출하는 재정사업 외에 특정한 공익 목적을 달성하기 위해 필요한 경우 지방자치단체, 공공기관, 민간사업자, 그리고 각 회계와 기금 등에 보조, 융자, 출연, 출자, 전출·전입, 예탁·예수 등 다양한 방식으로 지출하고 있다.

표 5-7 주요 재정지출 비교

<table>
<tr><th rowspan="2"></th><th colspan="3">이전지출</th><th colspan="3">자산 취득</th><th rowspan="2">전출</th></tr>
<tr><th>보조</th><th>교부</th><th>출연</th><th>융자</th><th>출자</th><th>예탁</th></tr>
<tr><td>개념</td><td>국가나 지방자치단체가 특정 사업의 추진을 위해 지원하는 사업비</td><td>지방 재정 교부금 및 지방교육 재정교부금</td><td>법률에 의한 정부출연금</td><td>정책 목표의 달성을 위해 공공자금을 특정 대상에게 융자</td><td>공익사업을 수행하는 법인의 주식 또는 출자 증권을 취득하기 위해 지급하는 자금</td><td>각 회계와 기금이 다른 회계와 기금에 유상으로 빌려주는 자금</td><td>각 회계와 기금이 다른 회계와 기금에 무상으로 빌려주는 자금</td></tr>
<tr><td>개별법 근거</td><td>불필요</td><td>필요</td><td>필요</td><td>불필요</td><td>필요</td><td>불필요</td><td>불필요</td></tr>
<tr><td>지급 대상</td><td>사업자·사업자치단체 지방자치단체 등</td><td>지방자치단체 및 지방교육자치단체</td><td>법률에 따라 설치된 정부출연기관</td><td>개인, 법인 등</td><td>공익사업 수행법인</td><td>회계, 기금</td><td>회계, 기금</td></tr>
<tr><td>구체적 용도 지정 여부</td><td>지정</td><td>비지정</td><td>비지정</td><td>지정</td><td>비지정</td><td>비지정</td><td>비지정</td></tr>
<tr><td>2018년 예산 (억 원)</td><td>669,415</td><td>994,139</td><td>326,627</td><td>312,801</td><td>54,282</td><td>848,538</td><td>519,396</td></tr>
</table>

주: 본예산 기준.
자료: 디지털예산회계시스템.

2) 이전지출

(1) 보전금

보전금은 법령에 따라 독립유공자 및 국가유공자 등에게 지급하는 보상금, 국가가사업을 수행하거나 공무원이 직무를 집행할 때 고의 또는 과실로 법령을 위반해서 손해를 끼쳤을 때 「국가배상법」 등에 근거해 지급하는 배상금, 예산성과금 등의 포상금을 말한다.

(2) 보조금

보조금은 정부가 특정 공익사업을 지원하기 위해 반대급부 없이 교부하는 금전적 급부를 의미하며, 국고보조금에 관한 일반법인 「보조금 관리에 관한 법률」 제2조에서는 보조금을 "국가 외의 자가 행하는 사무 또는 사업에 대하여 국가가 이를 조성하거나 재정상의 원조를 위하여 교부하는 보조금·부담금 기타 상당한 반대급부를 받지 아니하고 교부하는 급부금으로서 대통령령으로 정하는 것"으로 규정하고 있다.

국고보조금은 일반적으로 대상사업과 용도를 구체적으로 지정해서 교부되나, 규모가 영세한 여러 세부사업을 통합해 교부하거나 특정 용도를 지정하지 않는 포괄보조금(지역발전특별회계 생활기반계정) 형태로 교부되기도 한다.

표 5-8 예산상 국고보조금 규모

(단위: 억 원)

		2014	2015	2016	2017	2018
보조금 합계(A)		525,392	584,240	603,431	596,222	669,415
정부 총지출(조 원, B)		355.8	375.4	386.4	400.5	428.8
비율(A, B)		14.8	15.6	15.6	14.9	15.6
민간 보조	경상보조	107,632	113,612	122,778	114,969	152,142
	자본보조	17,663	19,650	20,218	16,935	15,510
	소계	125,295	133,262	142,996	131,903	167,652
자치 단체 보조	경상보조	255,867	298,732	312,959	322,911	358,630
	자본보조	144,230	152,246	147,476	141,407	143,133
	소계	400,097	450,978	460,435	464,318	501,763

주: 1. 본예산 기준.
2. 단수 차이로 합계에 차이가 발생할 수 있음.
자료: 디지털예산회계시스템.

(3) 교부금

교부금은 「지방교부세법」에 따른 지방교부세 및 「지방교육재정교부금법」에 따른 지방교육재정교부금을 가리킨다. 교부금은 보조금과 달리 사전에 지출 목적이

정해지지 않고 일반재원으로 사용되나, 유아교육지원특별회계 교부금의 경우에는 유아교육비 보육료 지원사업에만 지출하도록 용도가 지정되어 있다. 유아교육지원특별회계 교부금은 2017년부터 2019년까지 한시적으로 시행되는 제도이다.

지방교부세 중 법정교부금은 내국세의 19.24%에 해당하는 금액(보통 · 특별교부세)과 종합부동산세 총액(부동산교부세), 담배에 부과하는 개별소비세의 20%(소방안전교부세)를 재원으로 한다. 지방교육재정교부금은 내국세의 20.27%에 해당하는 금액과 교육세 중 일부가 재원이다. 유아교육지원특별회계 교부금은 교육세 중 일부와 일반회계 전입금 등이 재원이다.

표 5-9 예산상 교부금 규모

(단위: 억 원)

	2014	2015	2016	2017	2018
교부금 합계(A)	765,824	743,140	773,607	876,039	994,139
정부 총지출(조 원, B)	355.8	375.4	386.4	400.5	428.8
비율(A, B)	21.5	19.8	20.0	22.9	24.1

주: 1. 본예산 기준.
2. 단수 차이로 합계에 차이가 발생할 수 있음.
자료: 디지털예산회계시스템.

(4) 출연금

출연금은 정부가 법률에 의하여 설치된 연구기관 · 기금 · 공단 등 정부출연기관

표 5-10 예산상 출연금 규모

(단위: 억 원)

	2014	2015	2016	2017	2018
출연금 합계(A)	314,557	332,626	335,056	342,667	326,627
예산	273,563	293,289	297,975	303,913	288,010
기금	40,994	39,337	37,081	38,755	38,617

주: 1. 본예산 기준.
2. 단수 차이로 합계에 차이가 발생할 수 있음.
자료: 디지털예산회계시스템.

에 특정 목적을 위해 지원하는 금전적 급부를 말한다. 부처별로는 과학기술정보통신부(7.4조 원), 교육부(7.1조 원), 국토교통부(4.4조 원), 산업통상자원부(3.8조 원) 순으로 출연금의 지출 규모가 크다.

3) 자산 취득 및 전출

(1) 융자금

융자금은 국가가 정책목표의 달성을 위해 공공자금을 특정 대상에게 융자하는 금전적 급부를 말한다. 특히 금융시장으로부터 필요한 자금을 공급받는 데에 어려움이 있는 부문에 자금을 공급함으로써 해당 부문의 자금 부족을 완화하는 기능을 수행한다.

2018년 융자금 예산을 융자 대상별로 살펴보면 민간 분야에 유상으로 빌려주는 기타 민간융자금이 30조 6,306억 원으로 97.9%의 비중을 차지하고 있으며, 은행 등 통화금융기관에 유상으로 빌려주는 통화금융기관 융자금이 5,451억 원, 지방자치단체 융자금이 1,043억 원 규모이다. 2018년에는 17개 부처에 융자금 예산이 편성되어 있으며, 부처별로는 국토교통부(17.3조 원), 중소벤처기업부(5.3조 원), 농림축산식품부(2.9조 원)의 융자금 예산 규모가 크다.

표 5-11 예산상 융자금 규모

(단위: 억 원)

	2014	2015	2016	2017	2018
융자금 합계(A)	275,509	315,809	317,206	293,361	312,801
예산	8,190	9,704	8,224	7,827	7,064
기금	267,319	306,105	308,982	285,534	305,737
정부 총지출(조 원, B)	355.8	375.4	386.4	400.5	428.8
비율(A, B)	7.7	8.4	8.2	7.3	7.3

주: 1. 본예산 기준.
2. 단수 차이로 합계에 차이가 발생할 수 있음.
자료: 디지털예산회계시스템.

(2) 출자금

출자금은 정부가 공기업 등 공익사업을 수행하는 기관의 사업 영위에 필요한 자본을 확충하기 위해 해당 법인의 지분을 취득하면서 지급하는 금전적 급부를 말한다.

표 5-12 예산상 출자금 규모

(단위: 억 원)

	2014	2015	2016	2017	2018
출자금 합계(A)	40,070	41,427	44,632	54,478	54,282
예산	24,010	22,827	21,757	22,834	22,288
기금	160,00	18,600	22,875	31,644	31,994
정부 총지출(조 원, B)	355.8	375.4	396.4	400.5	428.8
비율(A, B)	1.1	1.1	1.2	1.4	1.3

주: 본예산 기준.
자료: 디지털예산회계시스템.

(3) 예탁금 및 상환 지출

예탁금은 회계 또는 기금이 다른 회계 또는 기금에 유상으로 빌려주는 자금을 의미한다. 예탁금을 지급받는 회계 또는 기금에서는 이를 수입 항목 중 예수금으

표 5-13 예산상 예탁금 및 상환 지출

(단위: 억 원)

	2014	2015	2016	2017	2018
예탁금	816,200	807,600	1,184,597	1,063,563	848,538
일반회계로의 예탁금	276,746	342,490	414,203	287,123	289,392
특별회계로의 예탁금	17,733	5,829	5,687	5,759	5,993
기금으로의 예탁금	521,721	459,281	764,706	770,681	554,153
상환 지출	1,713,119	1,565,796	2,015,809	1,984,947	1,779,094

주: 본예산 기준.
자료: 디지털예산회계시스템.

로 계상한다. 예탁금은 유상으로 빌려주는 자금이므로 차후 원금 및 이자를 상환해야 한다.

대표적인 예탁금으로는 공공자금관리기금의 예탁을 들 수 있는데, 공공자금관리기금은 자금에 여유가 있는 다른 기금 및 특별회계로부터 예수받은 자금과 국고채 발행을 통해 조달한 자금을 일반회계나 외국환평형기금 등 다른 회계 또는 기금에 예탁하는 기능을 수행한다.

(4) 전출금

전출금은 회계 또는 기금이 다른 회계 또는 기금에 무상으로 주는 자금을 의미한다. 전출금은 무상으로 주는 자금이므로 이자를 지급할 필요가 없다는 점에서 유상으로 빌려주는 예탁금과 구분된다. 이러한 전출 · 전입금은 회계 · 기금 간 내부거래로 총지출 산출에서 제외한다.

4. 기능별 재정지출의 구분

국가의 활동을 사회 내 영역별 정부활동의 기능과 연계해 파악하기 위해서 기능별 예산 구분이 필요하다. 우리나라는 국제기구에서 제시하는 기능별 재정지출의 분류의 틀을 재정에 적용해서 국가재정운용계획을 통해 국제기구와 국민들에게 공표하고 있다. 이 구분은 연도별 변화 분석을 통해 예산정책의 기능적 우선순위를 파악할 수 있다. 우리나라는 보건복지고용 부문의 연평균 증가율이 높고 SOC는 감소하는 모습을 보이고 있다.

표 5-14 분야별 재원 배분 추이

(단위: 조 원)

	2012	2013	2014	2015	2016	2017	2018	연평균 증가율
보건 · 복지 · 고용	92.6	99.3	106.4	120.4	126.9	131.9	144.7	7.7
교육	45.5	49.9	50.7	52.9	55.1	59.4	64.2	5.9
문화 · 체육 · 관광	4.6	5.1	5.4	6.4	6.9	7.0	6.5	5.9

환경	6.0	6.5	6.5	6.9	7.0	7.1	6.9	2.4
R&D	16.0	17.1	17.8	18.9	19.1	19.5	19.7	3.5
산업・중소기업・에너지	15.1	16.7	15.4	18.1	18.6	18.8	16.3	1.3
SOC	23.1	25.0	23.7	26.1	23.7	22.2	19.0	△3.2
농림・수산・식품	18.1	18.9	18.7	19.8	19.6	19.8	19.7	1.4
국방	33.0	34.5	35.7	37.6	38.8	40.3	43.2	4.6
외교・통산	3.9	4.1	4.2	4.5	4.7	4.6	4.7	3.2
공공질서・안전	14.5	15.2	15.8	17.1	17.5	18.2	19.1	4.7
일반・지방행정	55.1	56.2	57.2	58.2	62.9	65.1	69.0	3.8
총지출	325.4	349.0	355.8	384.7	398.5	410.1	428.8	4.7

자료: 기획재정부 자료를 바탕으로 재작성.

요 약

1. 예산을 분류하는 방법은 예산 분류의 목적에 따라 다양하게 존재한다. 사업의 경제성질별 분류, 조직별 분류, 정부 기능별 분류, 품목별 분류, 프로그램별 분류 등이 있다.
2. 품목별 분류는 지출 시 지출 용도 및 품목에 따라 예산을 분류하는 것이다. 인건비, 물품비 등 지출용도가 명확하게 보여지나 사업의 결과 및 성과를 파악할 수 없다.
3. 조직별 분류는 지출의 책임을 지는 조직별로 예산액이 파악이 가능하며 조직의 회계책임을 파악하기 쉽다.
4. 정부 기능별 분류는 정부의 일반적인 기능을 중심으로 예산을 분류하는 방식을 말한다. 국제기구에 의해 제시된 정부의 공통된 기능과 각 국가별 기능 분류에 따라 예산이 분류되어 각 행정부의 예산상 정책적 우선순위를 파악할 수 있다.
5. 프로그램별 분류는 정부의 사업을 좀 더 체계적이고 종합적으로 분류하는 프로그램과 사업체계를 바탕으로 예산을 구분하는 방식이다.
6. 국가들은 예산의 분류방식을 적절히 조합해 예산 분류체계를 구성한다.

Chapter 05

연습 문제

주관식

1. 예산 분류방식의 유형과 예산 분류 목적의 관계를 설명하시오.
2. 우리나라의 예산 분류방식을 설명하시오.

객관식

01. 예산의 분류에 대한 설명으로 맞는 것은?

① 예산 분류의 여러 가지 방법은 결합해서 사용하기 어렵다.
② 기능별 분류는 주로 세출에 관한 분류이다.
③ 예산 분류는 사업계획의 수립과 성과평가와 관련이 없다.
④ 예산 분류의 기준은 회계책임과는 상관이 없다.

02. 예산 분류의 유형 중 국민소득, 고용, 소비, 소득재분배에 대한 영향을 파악하기 쉽도록 만든 예산 분류방법은?

① 기능별 분류
② 품목별 분류
③ 조직별 분류
④ 경제성질별 분류

03. 품목별 예산 분류에 대한 설명이 아닌 것은?

① 회계책임을 명확히 할 수 있다.
② 경비에 관한 정보와 자료를 제공한다.
③ 사업의 전모를 알기는 어렵다.
④ 국민경제의 구성요소에 미치는 영향을 파악하기 편리하다.

04. **예산과목과 예산 분류방법의 연결이 바르게 된 것은?**

① 소관 - 사업별 분류
② 장 - 기능별 분류
③ 항 - 기능별 분류
④ 세항 - 단위사업별 분류

05. **경제성질별 예산 분류에 대한 설명으로 맞는 것은?**

① 소득과 고용의 안정에 책임을 지는 중앙정부에 필요하다.
② 예산에 대한 경제의 영향을 파악하기 위한 분류이다.
③ 주정부에 적당하다.
④ 사업평가에 적당하다.

06. **예산의 분류제도의 목적에 해당하지 않는 것은?**

① 사업계획의 수립 및 예산심의에 도움이 되어야 한다.
② 효과적인 예산집행에 도움이 되어야 한다.
③ 회계책임을 명확히 해주어야 한다.
④ 재정 예측에 도움을 주어야 한다.

정답 및 해설

1. ②
2. ④
3. ④
4. ④
5. ①
6. ④

Chapter 06

예산과정

개 관

중앙정부나 지방정부가 소관 업무를 수행하기 위해 자금을 조달하고 배분하고 사용하기 위한 계획이 예산이다. 정부는 재정계획을 세우고, 검토받고, 수행하고, 결과를 다시 검토받는 과정을 반복하게 된다. 예산안은 행정부에 의해 작성되어 입법부에 의해 예산이 되고, 행정부에 의해 집행된 후 다시 입법부에 의해 결산을 받게 되는데 이를 예산과정이라고 부른다. 즉, 예산과정은 예산편성, 예산심의, 예산집행, 결산의 4단계로 이뤄진다. 이 장은 예산과정에 대해 자세히 살펴보게 될 것이다. 먼저 1절에서는 예산안 및 예산의 개념과 예산주기에 대해 설명한다. 2절에서는 예산편성을 다룬다. 예산편성의 시작인 중기재정계획과 총액배분자율편성제도에 대해 알아보고, 예산의 예측기법을 간단히 살펴본 다음, 편성과정을 중앙정부와 지방정부로 나눠 검토한다. 3절은 예산심의로서 예산심의의 의의, 기능, 기준에 대해 알아보고, 중앙정부 예산의 심의과정과 지방정부 예산의 심의과정을 살펴본다. 4절은 예산집행을 다룬다. 예산집행에는 재정민주성 측면을 강조하는 통제를 위한 장치와 재정효율성 측면을 강조하는 신축성을 보장하기 위한 장치가 공존하므로 이에 대해 먼저 알아보고, 중앙정부와 지방정부의 예산집행 과정을 각각 예산의 배정, 지출사무, 수입사무로 나눠 검토한다. 마지막으로 5절에서는 결산을 중앙정부의 결산과정과 지방정부의 결산과정을 통해 살펴본다.

Chapter 06

예산과정

제 1 절 예산주기

1. 예산안과 예산

예산안은 정부가 업무 수행을 위해 일정한 기간 동안 어느 정도의 수입을 가지고 얼마나 지출할 것인지에 대해 세운 계획을 말한다. 예산안이 권한 있는 기관에 의해 인정받으면 예산이 된다. 여기서 일정한 기간이란 우리나라의 경우 중앙정부도 1년, 지방정부도 1년이다. 회계연도란 회계사무를 명확하게 구분하거나 정리하기 위해 설정한 기간으로 예산이 유효한 기간이다. 예산은 회계연도 독립의 원칙에 따라 회계연도를 벗어나서 사용할 수 없다. 우리나라의 회계연도는 중앙정부와 지방정부 모두 1월 1일부터 12월 31일까지이다. 예산안을 예산으로 인정하는 권한을 가진 기관은 중앙정부의 경우 국회, 지방정부의 경우 지방의회이다.

2. 예산과정과 예산주기

예산안은 행정부에 의해 작성되어 입법부에 의해 예산이 되고, 행정부에 의해 집행된 후 다시 입법부에 의해 결산을 받게 되는데, 이를 예산과정이라고 부른다.

즉, 예산과정은 예산편성, 예산심의, 예산집행, 결산의 4단계로 이뤄진다. 이러한 과정이나 단계는 일정한 기간 동안 반복되는 특성이 있다. 이렇게 예산과정의 단계들이 반복되는 일정한 주기를 예산주기 또는 예산순기라고 부른다.

우리나라의 예산주기는 약 3년이다. 올해 집행되고 있는 예산의 편성과 심의는 전년도에 이뤄지며, 확정된 예산의 집행은 당해 연도인 올해에 이뤄지고, 결산 및 회계검사는 다음 연도에 이뤄지기 때문이다. 예산과정의 4단계 중에서 예산편성과 예산집행은 행정부에서 이뤄지며, 예산심의와 결산은 입법부에서 이뤄지고, 회계감사는 독립적인 회계검사기관이 담당한다. 예산주기는 연속적이면서 중첩되어 진행된다. 특정 시점에서 볼 때 서로 다른 예산주기가 동시에 진행된다. 즉, 2019년도 예산이 집행되고 있는 현재, 2018년도 예산의 결산 및 회계검사가 진행되고 있으며, 2020년도 예산이 편성되어 심의되고 있다.

중앙정부의 예산과정은 국가재정법, 국회법, 국고금관리법 등에서 규정하고 있으며, 지방정부의 예산과정은 지방자치법, 지방재정법, 지방회계법, 지방자치단체 재무회계규칙 등에서 규정하고 있다. 여기에서는 이들 규정을 중심으로 예산주기에 대해 서술해 보고자 한다.

제 2 절 예산편성

예산편성은 다음 회계연도의 세입과 세출을 예측해서 계산하는 과정을 말한다. 이를 통해 정부의 사업과 계획에 사용될 재원을 추계하고, 각종 정책 및 사업에 지원할 지출 규모를 계산한다. 우리나라는 현재 행정부 제출 예산제도를 취하고 있다. 공공영역의 규모가 작고 정책 및 사업이 간단하던 시절에는 입법부 중심의 예산제도를 취하던 국가들도 있었으나, 공공영역의 규모가 확대되고 정책 및 사업이 복잡해서 전문성이 필요한 오늘날에는 많은 국가에서 행정부 제출 예산제도를 사용하고 있다.

행정부 제출 예산제도가 확립된 이유는 전문성과 계획성 때문이다. 우리나라의 경우 예산편성은 중앙정부와 지방정부 모두 재정담당기관이 중기재정계획을 세우는 것에서부터 시작한다. 이후 재정담당기관은 예산안편성지침과 예산한도액을 세부 기관별로 배정하고, 세부 기관들은 그 한도액을 기준으로 기관별 혹은 부서별 예산을 편성해서 다시 재정담당기관으로 전달한다. 재정담당기관은 그것을 종합해 예산안을 편성하게 된다.

이에 여기에서는 예산편성의 시작인 중기재정계획에 대해 먼저 살펴본다. 중기재정계획은 중앙정부의 경우 국가재정운용계획이라고 부르며, 지방정부의 경우 중기지방재정계획이라고 부른다. 다음으로는 총액배분자율편성제도에 대해 살펴본다. 중기재정계획에 따라 예산한도액을 배정하고, 이에 따라 한도액 내에서 부서별로 예산을 배정하는 것을 총액배분자율편성 예산제도라고 부르는데, 2007년 국가재정법의 제정 이후 중앙정부와 지방정부가 모두 활용하고 있는 중요한 제도이다. 이후 예산의 편성과정을 중앙정부와 지방정부로 나눠 살펴보게 될 것이다.

1. 중기재정계획: 국가재정운용계획 및 중기지방재정계획

1) 국가재정운용계획의 의의와 기능

국가재정운용계획은 5개년도 단위의 재정운용계획으로서 2004년부터 도입되어 현재까지 계속 운영되고 있다. 국가재정운용계획은 중장기적 시계에서 재정운용 전략과 재원배분 방향을 제시하기 위해 작성한다(기획재정부, 2018: 3).

「국가재정법」에는 "정부는 재정 운용의 효율화와 건전화를 위하여 매년 당해 회계연도부터 5회계연도 이상의 기간에 대한 재정운용계획을 수립하여 회계연도 개시 120일 전까지 국회에 제출하여야 한다."[1]고 규정하고 있다. 기획재정부는 재정운용 방향과 목표, 재원배분계획 등을 수립하고, 분야별 작업반을 구성 운영하며, 국가재정전략회의, 재정정책자문회의 등을 거쳐 국가재정운용계획을 작성한다. 국가재정운용계획은 2007년부터 정부예산안과 함께 국회에 제출되었다.

국가개정운용계획은 다음과 같은 세 가지 기능을 갖는다(윤영진, 2014: 148).

---

1) 국가재정법 제7조.

첫째, 총량적 재정규율의 제도적 장치로서 기능이다. 만성적 재정적자와 누적된 국가채무로 인해 재정위기가 우려되는 상황에서 재정건전성을 유지하기 위해 예산 총액의 효과적인 통제를 하는 장치로서의 역할이다. 최근 선진국의 경우 중기재정계획의 중심축이 배분적 효율성을 달성하기 위한 제도적 장치에서 총량적 재정규율의 규범으로 이동하는 경향이 있다.

둘째, 배분적 효율성의 구현장치로서 기능이다. 배분적 효율성은 부문 간 재원배분을 통한 재정지출의 총체적 효율성을 도모하는 것을 말한다. 이것은 정부의 전략적 목표와 비전에 따라 우선순위를 정해 자원을 배분하는 전략적 자원배분을 말한다. 국가재정운용계획은 전략적 자원배분의 실행장치로서 기능을 한다.

셋째, 계획과 예산 연계의 제도적 장치로서 기능이다. 국가재정운용계획은 단년도의 예산편성과 중기적 계획을 인계해 예산편성의 합리성을 제고하려는 제도이다. 국가재정운용계획은 기획과 예산의 연계 긍정론자의 입장에서 제도화한 것이다.

2) 국가재정운용계획의 주요 내용

최근 국가재정운용계획(2018년~2022년)은 경제 및 재정운용 여건, 재정운용 방향, 중기재정 전망 및 재정운용 목표, 지출규모 및 재정수지, 재원배분 방향, 분야별 정책 방향 및 투자계획 등으로 구성되어 있다(기획재정부, 2018).

「국가재정법」은 국가재정운용계획에 포함되어야 할 사항을 규정하고 있다. 즉, ① 재정운용의 기본 방향과 목표, ② 중장기 재정 전망, ③ 분야별 재원배분계획 및 투자 방향, ④ 재정규모 증가율 및 그 근거, ⑤ 의무지출의 증가율 및 산출 내역, ⑥ 재량지출의 증가율에 대한 분야별 전망과 근거 및 관리계획, ⑦ 세입 · 세외수입 · 기금수입 등 재정수입의 증가율 및 그 근거, ⑧ 조세부담률 및 국민부담률 전망, ⑨ 통합재정수지에 대한 전망과 근거 및 관리계획 등이다.[2]

또한 국가재정운용계획에는 ① 전년도에 수립한 국가재정운용계획 대비 변동사항, 변동 요인 및 관리계획 등에 대한 평가 분석보고서, ② 중장기 기금재정관리

2) 국가재정법 제7조.

계획, ③ 국가채무 관리계획, ④ 중장기 조세정책 운용계획 등이 첨부되어야 한다.[3)]

3) 국가재정운용계획의 수립 절차

기획재정부장관은 국가재정운용계획의 수립을 위한 지침을 마련하여 당해 회계연도의 전년도 12월 말까지 각 중앙관서의 장에게 통보하여야 하며, 국가재정운용계획에 관한 의견 수렴을 위하여 공청회 또는 토론회 등을 개최할 수 있다.[4)]

각 중앙관서의 장은 재정지출을 수반하는 중장기계획을 수립하는 때에는 중장기계획을 확정하기 30일 전에 재원조달 방안 및 국가재정운용계획과의 연관성 등을 명시하여 기획재정부장관에게 협의를 요청하고 협의하여야 한다.[5)]

지방자치단체의 장은 국가의 재정 지원에 따라 수행되는 사업으로서 국가의 재정 지원 규모가 300억 원 이상인 사업의 계획을 수립하는 때에는 미리 관계 중앙관서의 장과 협의하여야 한다. 이 경우 중앙관서의 장은 기획재정부 장관과 협의하여야 한다.[6)]

각 중앙관서의 장은 지방자치단체의 장이 제출한 사업계획을 중기사업계획서에 반영하여 매년 1월 31일까지 기획재정부장관에게 제출하여야 한다.[7)] 기획재정부장관은 국가재정운용계획을 수립할 때에는 관계 중앙관서의 장과 협의하여야 하며, 기획재정부장관은 국가재정운용계획을 수립함에 있어 필요한 때에는 국가기관 또는 공공단체의 장에게 중장기 대내외 거시경제 전망 및 재정 전망 등에 관하여 자료의 제출을 요청하거나, 관계 국가기관 또는 공공단체의 장과 이에 관하여 협의할 수 있다.[8)]

각 중앙관서에서 제출된 중기사업계획서는 국가재정 범위를 초과하는 경우가 발생하므로 기획재정부는 국가재정운용계획을 수립하면서 각 중앙관서와 협의를

3) 국가재정법 제7조.
4) 국가재정법시행령 제2조.
5) 국가재정법 제7조 9항 및 시행령 제2조 5항.
6) 국가재정법 제7조 10항.
7) 국가재정법시행령 제2조 10항.
8) 국가재정법 제7조 제4항, 5항.

하게 된다.

기획재정부장관은 국가재정운용계획에 관한 의견 수렴을 위하여 공청회 또는 토론회 등을 개최할 수 있으며, 미리 재정정책자문회의의 의견 수렴을 거쳐야 한다.[9)]

재정정책자문회의는 재정운용에 대한 의견 수렴을 위하여 각 중앙관서와 지방자치단체의 공무원 및 민간전문가 등으로 구성되는데, 기획재정부장관, 행정 각 부처의 차관, 기금소관위원회 처 청의 부기관장, 특별시 광역시 도 및 특별자치도의 시장 · 도지사, 재정운용에 관한 학식과 경험이 풍부한 자 중에서 기획재정부장관이 위촉하는 30명 이내의 민간위원 등으로 구성되며, 자문회의 의장은 기획재정부장관이 된다.[10)]

재정정책자문회의는 국가재정운용계획의 수립, 회계연도별 예산안의 편성 및 기금운용계획안 기금운용계획변경안의 수립, 회계연도별 예산안 편성지침 및 기금운용계획안 작성지침의 수립, 특별회계 및 기금의 신설, 통합 및 폐지에 관한 사항, 기금운용평가단의 기금운용평가 결과 및 개선 권고사항, 재정제도와 관련된 법령의 제정 개정 사항, 예산 및 기금 관련 제도 개선 사항, 그 밖에 기획재정부장관이 자문하는 사항 등을 자문한다.[11)]

국무위원 재정전략회의에서는 대통령, 국무총리 및 각 국무위원들이 참여해 중장기 재정운용전략, 분야별 재원배분, 국가재정운용계획 및 지출한도를 논의한다.

국가재정운용계획의 수립, 공청회, 재정전략회의 등은 3월 말까지 이뤄지며, 3월 말까지 각 부처에 지출한도를 통보하면 각 부처는 5월 말까지 기획재정부에 예산을 요구한다. 각 부처의 예산 요구 내역을 중심으로 기획재정부는 국가재정운용계획을 수정 보완하는데, 이는 국회 제출 시까지(회계연도 개시 120일 전까지) 진행된다.

기획재정부장관은 수정예산안 및 추가경정예산안이 제출될 때에는 재정수지, 국가채무 등 국가재정운용계획의 재정 총량에 미치는 효과 및 그 관리방안에 대하여

---

9) 국가재정법 제10조, 시행령 제2조 2항.
10) 국가재정법 시행령 제6조 3항, 5항.
11) 국가재정법 시행령 제6조 1항.

국회에 보고하여야 한다.[12]

4) 중기지방재정계획의 의의와 기능

중기지방재정계획은 지방자치단체의 발전계획과 수요를 중・장기적으로 전망해 반영한 다년도 예산이다. 이는 중앙정부의 국가재정운용계획에 대응해서 효율적인 재원배분을 통한 계획적인 지방재정 운용을 위해 수립하는 5년간의 연동화 계획이다.

중기지방재정계획의 기능은 다음과 같다.

첫째, 지방정부의 비전과 정책 우선순위를 반영해 발전계획을 수립함으로써 지방재정의 예측가능성을 제고한다.

둘째, 개별사업 검토 중심의 단년도 예산편성 과정에서 놓치기 쉬운 전략적 재원배분 기능을 강화하게 된다.

셋째, 국가재정운용계획에서 제시하는 중・장기 중점재원 투자 방향 및 주요 사업계획을 반영해 국가와 지방의 재정적 연계성을 확보하게 한다. 중앙부처는 지역정책의 준거를 제시하고, 지방자치단체는 재정 운용의 기본틀로 활용할 수 있다.

지방자치단체의 장은 중기지방재정계획에 반영되지 않은 사업은 계획을 수립할 때에 반영하지 못할 불가피한 사유가 있는 경우를 제외하고는 지방투자심사나 지방채 발행의 대상으로 삼을 수 없다.[13]

5) 중기지방재정계획의 주요 내용

「지방재정법」에 따르면, 중기지방재정계획에는 다음의 사항이 포함되어야 한다. ① 재정운용의 기본 방향과 목표, ② 중장기 재정 여건과 재정규모 전망, ③ 관련 국가계획 및 지역계획 중 해당 사항, ④ 분야별 재원배분계획, ⑤ 예산과 기금별 운용 방향, ⑥ 의무지출[14]의 증가율 및 산출 내역과 재량지출[15]의 증가율에 대한

12) 국가재정법 제7조 8항.

13) 지방재정법 제33조 13항.

14) 법령 등에 따라 지출과 지출규모가 결정되는 지출 및 이자지출을 말하며 그 구체적인 범위는 대통령령으로 정한다.

분야별 전망과 근거 및 관리계획, ⑦ 지역통합재정통계의 전망과 근거, ⑧ 통합재정수지[16] 전망과 관리방안, ⑨ 투자심사와 지방채 발행 대상사업 등이다.[17]

6) 중기지방재정계획의 수립 절차

2018년 중기지방재정계획의 수립절차는 다음과 같다(행정안전부, 2017a). 2017년 8월 내에 행정안전부는 중기지방재정계획 수립 기준을 마련해서 지방정부에 통보한다. 지침에는 국가의 ① 재정운용 방향, ② 관련 국가계획 및 지역계획, ③ 중기지방재정계획의 수립에 필요한 그 밖의 정보, ④ 중기지방재정계획 수립의 기준 등이 담겨 있다.[18]

지방정부는 이에 따라 8월에서 9월 사이에 세부사업조서를 입력한다. 지방정부는 중기지방재정계획을 작성하고 10월까지 지방재정계획심의위원회의 심의를 확정한다. 지방재정계획심의위원회란 중기지방재정계획의 수립에 관한 지방자치단체의 장의 자문에 응하는 기관으로 위원회의 구성 및 운영 등에 필요한 사항은 해당 지방자치단체의 조례로 정한다.[19]

11월에 지방정부는 작성된 중기지방재정계획을 지방의회와 행정안전부에 제출한다. 변경 사항이 있으면 지방정부는 12월 이내에 중기지방재정계획의 변경안을 작성하고 의회에 제출한다. 지방정부 제출안을 바탕으로 행정안전부는 다음 해 1월에 중기지방재정계획 입력 결과 검증, 수정을 시행하고 2월까지 중기지방재정계획을 종합해서 관계 부처와 협의한다. 행정안전부는 3월까지 완성된 중기지방재정계획을 국무회의에 보고하고,[20] 관계 중앙부처 및 지방정부에 송부한다.

---

15) 의무지출 외의 지출을 말한다.
16) 일반회계, 특별회계 및 기금을 통합한 재정통계로서 순(純) 수입에서 순 지출을 뺀 금액을 말한다.
17) 지방재정법 제33조 3항.
18) 지방재정법 제33조 4항.
19) 지방재정법 제33조 9항, 10항.
20) 지방재정법 제33조 6항.

2. 총액배분자율편성

1) 예산총액배분자율편성제도의 의의

예산을 결정하는 방식은 거시적 예산결정과 미시적 예산결정으로 구분해 볼 수 있다. 거시적 예산결정이란 중앙예산기관의 역할이 중시되는 하향식 방식을 말한다. 즉, 중앙예산기관에서 전반적인 방향과 계획을 세우고 이에 따라 예산을 결정해서 세부 기관별로 배정되는 방식을 의미한다. 반면 미시적 예산결정은 각 부처의 예산 요구들을 종합해서 예산이 결정되는 상향식 방식을 의미한다. 과거에는 상향식 방식이 주를 이뤘다. 즉, 각 부처에서 부처 목적 달성에 필요한 사업계획과 예산을 중앙예산기관에 요구한다. 중앙예산기관은 이를 종합해서 각 부처의 예산을 조정하고 총지출규모를 결정했다. 그러나 이는 다음과 같은 문제점을 가져왔다(원구환, 2014: 295−296).

첫째, 각 부처의 지나친 예산 요구를 초래했다. 니스카넨(W. A. Niskanen)이 주장한 바와 같이, 각 부처는 예산극대화를 통해 자신 부서의 역할을 강화하고자 하는 성향이 있다. 이에 따른 각 부처의 예산 요구는 필요 이상으로 증가하며, 국가의 조달 가능한 재원 규모를 초과하게 된다.

둘째, 상향식 예산결정 방식은 주로 각 부처의 사업에만 관심을 기울이게 된다. 따라서 국가 전체적인 입장에서 본 종합적인 계획과는 차이가 발생할 수 있다.

셋째, 상향식 예산결정은 주로 1회계연도에 국한된다. 따라서 1회계연도 이상의 중장기적 관점을 고려해서 사업을 구상하고 예산을 배분하지 못하는 문제점이 발생한다.

넷째, 각 부처 간의 예산 확보 경쟁이 과열된다. 이에 따라 각 부처에서 요구한 예산안의 타당성을 분석하고 조정하는 과정에서 중앙예산기관의 업무 부담이 가중되며, 예산결정에 많은 시간이 소요되었다.

다섯째, 중앙예산기관의 입장에서는 각 부처의 예산 요구를 삭감하는 역할을 주로 하게 된다. 그러나 중앙예산기관은 각 부처의 전문성을 이해하기 어려우므로 일률적인 삭감을 수행하는 경우가 많다. 이에 따라 각 부처의 자율성이 저해되는 문제가 발생한다.

이에 따라 미시적 예산결정의 문제점을 극복하기 위해 거시적 예산결정 방식으로 변경이 시도되었는데, 이것이 예산총액배분자율편성제도이다. 예산총액배분자율편성제도는 중앙예산기관이 사전적으로 지출총액을 결정하고, 전략적 재원배분을 위한 분야별 부처별 지출한도를 설정해 그 지출한도 내에서 각 부처가 사업별로 재원을 배분하는 제도이다.

예산총액배분자율편성제도는 총액 내에서 예산을 편성하도록 함으로써 정부예산이 증가하는 것을 막아주어 재정적자 극복에 도움이 된다. 또한 부처별로 지출한도 범위 내에서는 예산편성의 자율성을 확대해주는 효과도 있다. 이 제도는 대부분의 국가에서 심각한 재정위기를 겪은 후에 재정준칙 및 총량규제를 시작하면서 도입되었다. 재정 총량을 사전적으로 결정해 재정적자를 적절한 수준에서 관리하고, 중앙예산기관과 정부부처 사이의 정보 비대칭성을 극복해 예산운용의 효율성을 기하는 목적도 있다. 우리나라는 2003년 4개 기관을 대상으로 시범 실시한 후 2004년 전면 도입했다. 우리나라는 재정적자 감축을 위한 것보다는 재원배분의 효율성 증진에 일차적인 목적이 있었다고 볼 수 있다(윤영진, 2014: 149).

2) 예산총액배분자율편성제도의 기대효과

예산총액배분자율편성제도는 다음과 같은 기대효과를 얻을 수 있다(윤영진, 2014: 149－150).

첫째, 정책과 우선순위에 입각한 재원의 전략적 재원배분을 도모할 수 있다.

둘째, 재정당국의 거시 재정정책 기능을 활성화하고, 부처의 전문성과 자율성을 활용할 수 있다. 이것은 양 기관 간 정보의 비대칭성을 완화할 수 있게 됨을 의미한다.

셋째, 중기적 시각에서 재정규모를 검토해 재정의 경기조절 기능을 강화할 수 있다.

넷째, 과다 요구－대폭 조정 등 비합리적인 예산편성 관행을 극복해 효율성을 향상시킬 수 있다.

다섯째, 재정총량관리의 주요 수단으로 활용함으로써 미래의 재정적자에 대비할 수 있다.

그러나 기대효과와는 달리 실제 운용과정에서 많은 문제점도 노출되었다(윤영진, 2014: 150).

첫째, 부처의 자율성이 아직도 많은 제약을 갖고 있다. 지출한도가 주어져 예산요구를 이전과 같이 자유로이 할 수 없는 상황에서 재정당국의 통제와 조정, 특히 신규사업에 대한 간섭은 이전과 근본적으로 차이가 없다는 주장이 제기되고 있다.

둘째, 지출한도 결정과정과 관련해 지출한도 설정 시 개별사업 검토 후 예산 요구 시에 사업 내용이 변경되어 중기계획상의 금액과 편성된 예산의 금액이 일치되지 않는 문제 등이 발생하고 있다.

셋째, 지출한도의 준수가 잘 이뤄지지 않고 있다. 지출한도 준수율은 대체로 70% 수준이라고 한다. 또한 별도의 조정재원이 없기 때문에 지출한도 준수를 너무 엄격하게 적용해 오히려 효율성을 저해하는 측면도 있다.

넷째, 지출한도 결정 단위가 분야 및 부문으로서 너무 범위가 넓고, 실제 지출한도 결정은 세부사업까지 검토 심의해 이뤄지므로 부처의 자율성을 저해하는 문제가 있다.

3) 예산총액배분자율편성제도의 절차

앞 절에서 살펴본 국가재정운용계획이 먼저 수립된다. 이에 따라 중앙예산기관은 연도별 재정규모를 설정하고, 분야 및 부문별, 중앙관서별 지출한도를 제시함으로써 정책과 우선순위에 입각한 전략적 재원배분을 도모한다. 지출한도는 일반회계, 특별회계, 기금을 포괄해서 결정된다. 작성된 지출한도는 각 부처에 전달된다.

중앙예산기관으로부터 예산의 총액이 결정되면, 각 부처는 1월 말까지 중앙예산기관에 중기사업계획서를 제출한다. 중앙예산기관인 기획재정부는 3월 말까지 각 부처에 예산안 편성지침을 통보한다. 예산안 편성지침을 바탕으로 각 부처는 5월 말까지 중앙예산기관에 예산 요구를 하며, 중앙예산기관은 이를 종합한다. 기획재정부가 편성한 예산안은 회계연도 개시 120일 전까지 국회에 제출한다.

3. 예산의 예측기법

앞서 살펴본 국가재정운용계획 및 중기지방재정계획의 작성과 예산총액배분자율편성제도의 운영을 위해서는 예산의 정확한 예측이 필수적이다. 세입과 세출의 예측이란 현대 예산제도에서 중요한 개념 중의 하나이다. 과거 전근대적인 예산제도 하에서는 들어오는 돈을 바탕으로 재원을 사용하는 시스템이었으나, 현재의 예산제도는 나가야 할 돈의 규모를 예측해 이를 거둬들이는 시스템으로 전환되었다. 따라서 정부가 어떤 기능을 수행할 것이고, 이를 위해 얼마만큼의 재원이 필요한가를 예측하고 분석하는 것이 중요해졌다. 이하에서는 예산의 예측기법을 몇 가지 살펴보기로 한다.

세입 및 세출예측의 기법은 크게 계량적 방법과 비계량적 방법으로 구분된다. 비계량적 방법으로는 직관, 전문가들에 의한 판단, 브레인스토밍(brainstorming) 기법, 델파이 기법(Delphi technique) 등의 방법이 있다. 계량적 방법으로는 대표적으로 회귀분석, 비용편익분석 등이 있다.

1) 비계량적 방법

비계량적 방법으로 대표적인 것은 직관이나 전문가에 의한 판단이다. 이는 오랫동안 경험과 지식이 축적된 경우, 이들을 활용하는 예측방법이다. 브레인스토밍 방법은 관련 대상자들끼리 자유로운 토론 형식으로 세입 세출에 관한 전망 의견을 낸 후 이를 집약하는 방식이다. 미래 예측의 기법 중 대표적인 것으로서, 의견의 질보다는 양을 우선시하며, 무비판의 원칙을 활용한다. 다양한 의견을 자유롭게 제시함으로써 미래의 가능성을 다양하게 살펴보는 것이다.

델파이 기법은 전문가들을 대상으로 설문조사를 실시하고, 이들 설문조사 결과를 집약한 후 다시 설문을 반복하는 방법이다. 델파이 기법은 전문가들 사이의 다양한 의견을 수렴하기에 용이한 방법이다. 다양한 가능성 중에서 가장 가능성 높은 의견 순으로 서열화하거나, 가용한 정책대안들에 대한 우선순위를 정하는 데 많이 활용된다.

2) 계량적 방법: 회귀분석

계량적 방법은 숫자 형태를 띠는 변수를 활용하는 예측기법이다. 변수 간 관계를 수리적 방법을 사용해 계산하고, 이를 통해 미래를 예측한다. 회귀분석은 계량적 방법 중에서 가장 널리 활용되고 있는 방법이다. 회귀분석은 두 개 변수 사이의 관계만을 보여주는 상관분석과 달리, 변수 간 상호 의존관계 이외에도 자료의 인과관계를 해석하고 이를 통해 예측하기에도 유용한 통계적 방법이다.

회귀분석은 정부의 세입 및 세출을 예측하는 데도 보편적으로 사용된다. 회귀분석은 하나의 종속변수가 다른 여러 독립변수에 의해 어느 정도 설명 또는 예측되는지를 보여주는 통계기법이다. 여기서 종속변수는 설명의 대상이 되는 변수를 의미하며, 독립변수는 설명변수를 의미한다.

독립변수가 하나인 단순선형회귀모형을 구성해 보면 다음과 같다.

$$Y(\text{종속변수}) = a(\text{절편}) + bX(\text{독립변수}) + e(\text{오차항})$$

오차항이 포함되는 이유는 종속변수가 확률변수이기 때문이다. 변수들이 관찰에 의해 측정되므로 측정과정에서 오차가 발생할 수 있다. 또한 종속변수가 하나의 독립변수만으로 설명되기 어렵기 때문에, 이 모형에서 생략된 다른 독립변수들의 영향력이 오차로 나타나게 된다.

회귀분석은 종속변수와 개별 독립변수 간의 선형관계를 가정하고 다수의 관찰된 데이터로부터 평균적 추정치를 구한다. 즉, 회귀분석을 사용해 세입 및 세출을 예측하는 방법은 과거의 평균치를 추정하고 이를 바탕으로 미래의 세입 및 세출 추정액을 예측하는 것이다. 단순 사례를 들어 보면 다음과 같다.

표 6-1 A국의 세입액(2010년~2018년)

(단위: 년, 조 원)

연도	2010	2011	2012	2013	2014	2015	2016	2017	2018
세입	300	320	290	295	310	320	350	345	360

2010년부터 2018년까지의 세입자료를 바탕으로 2019년의 세입 규모를 추정해 보기로 하자. 종속변수를 세입으로 설정하고 독립변수를 연도로 설정하기로 한다. 현실에서 세입액을 설명하는 데에는 훨씬 다양한 독립변수들이 존재하겠지만, 이해를 위해 가장 간단한 회귀모형으로서 연도만을 독립변수로 삼은 것이다. 표에 나온 9개의 데이터를 이용해 계산한 단순회귀식은 다음과 같다.

$$Y(\text{세입}) = -15{,}120 + 7.667\ X(\text{연도})$$

단순회귀모형에서 a+e가 -15,120으로 구해졌고, b가 7.667로 구해졌다.

이 식을 그대로 이용해 2019년의 세입규모를 추정하면,

$$Y(\text{2019년 세입}) = -15120 + 7.667\times(2019) = 359.67$$

이에 따르면, 2019년의 세입규모는 약 360조 원으로 추정된다.

3) 계량적 방법: 비용편익분석

비용편익분석은 양적 평가의 대표적인 평가방법으로 계량적 수치를 통해 사업 및 정책의 성과 여부를 측정하는 방법이고, 이념적인 측면에서는 효율성을 중시하는 기법이다. 비용편익분석은 주로 비용과 편익을 대비해 측정하므로 분석자의 주관성이 개입될 여자기 없으며, 사업 및 정책의 성과 여부를 화폐 단위로 표시함으로써 의사결정자들의 판단을 돕는 역할을 수행한다(원구환, 2014: 240).

비용편익분석의 특징은 다음과 같다(김동건, 1997: 2-3).

첫째, 개별투자사업을 평가하는 경제적 분석의 한 분야이다. 넓은 의미의 비용편익분석은 프로그램이나 정책을 평가하는 것을 포함하지만, 주로 개별사업 단위에 대한 평가를 의미한다.

둘째, 기업 차원의 재무분석과는 달리 사회적 관점 또는 국민경제 전체의 관점에서 비용과 편익을 파악한다. 국민경제적 관점에서의 편익이란 특정 사업의 국민

생산에 대한 공헌을 뜻하며, 비용은 국가자원의 낭비(자원의 기회비용)를 의미한다.

셋째, 공공사업의 추진 및 운영과정에서 발생될 모든 비용과 편익을 단기적 시각이 아니라 장기적 시각에서 종합적으로 평가한다. 공공사업에서의 시간 변수는 사회적 관점에서 고려되므로 그 기간이 훨씬 더 길며 할인율의 선택이나 위험에 대한 대응도 장기적이어야 한다.

넷째, 비용편익분석은 현실적인 측면을 고려한 실무적인 분석방법이다. 기본적인 분석 논리는 미시경제학의 기초이론에 근거하고 있지만, 현실 적용을 위해 많은 응용이 분석과정에서 채택된다. 대안의 선택에서도 정치적, 사회적 또는 문화적 제약 등 현실적인 요인에 대한 고려가 중요한 비중을 차지한다.

대규모 개발사업의 경제성 평가에는 경제성분석에서 도입된 지표인 ① 편익/비용비율(Benefit/Cost ratio: B/C ratio), ② 순현재가치(Net Present Value: NPV), ③ 내부수익률(Internal Rate of Return: IRR)이 사용된다. 이들을 계산하기 위해서는 먼저 일정 기간 동안의 편익과 비용을 추정하고, 추정된 편익과 비용을 할인해서 현재가치로 전환해야 한다. ① 편익/비용비율은 현재가치로 할인된 편익의 합을 할인된 비용의 합으로 나눈 값이다. 편익의 합과 비용의 합을 비교한 값이므로 사업성이 있으려면 편익의 합이 비용의 합과 동일하거나 더 커야 한다. 따라서 편익/비용 비율의 값은 1보다 크거나 같은 경우에 사업성이 있다. ② 순현재가치는 할인된 편익의 합에서 비용의 합을 뺀 값이다. 사업성이 있으려면 편익의 합이 비용의 합보다 커야 한다. 즉, 이 값이 0보다 크거나 같다면 사업성이 있다고 평가한다. ③ 내부수익률은 순현재가치를 0으로 만드는 할인율이다. 즉, 내부수익률로 할인된 편익의 합과 비용의 합은 같다. 만약 내부수익률이 할인율보다 크거나 같다면 사업성이 있다고 판단한다.

순현재가치법과 내부수익률은 기본적으로 시간가치를 고려해 수익성을 측정한다는 점에서 동일하다. 그러나 순현재가치법은 금액의 크기에 따라 대안을 평가하고, 내부수익률은 비율로 평가한다는 점에서 차이가 존재한다. 관리자가 금액과 비율 중 어느 것에 중점을 두는가에 따라 달라지는데, 이익의 증가에 관심이 있다면 순현재가치법이 바람직하며, 이익률이 상승하는 것에 관심이 있다면 내부수익률이 바람직하다(원구환, 2014: 243-244).

간단한 사례를 통해 비용편익분석을 시행해 보기로 한다. 2019년 현재 B구청은 2년 동안의 예산을 투입해서 준비한 다음, 이후 3년간 운영되면서 수익을 올릴 수 있는 재정사업을 계획하고 있다. B구청은 이 사업을 시행해야 할까? 즉, 이 사업은 사업성이 있는지 살펴보자.

먼저 비용과 편익의 현금흐름을 추정해야 한다. 비용은 1년과 2년 후에 각각 200억 원, 400억 원이 발생하고, 편익은 3년째인 2022년부터 각각 200억 원, 250억 원, 200억 원이 발생할 것으로 추정된다. 비용은 총 600억 원이고, 수익은 총 650억 원이 되므로 일견 수익성이 있는 것처럼 보인다.

표 6-2 B구청의 재정사업계획

(단위: 년, 억 원)

연도	2019	2020	2021	2022	2023	2024	합계
비용	0	200	400	0	0	0	600
편익	0	0	0	200	250	200	650

다음으로 비용과 편익을 현재가치로 변환하기로 한다. 지금의 100억 원과 1년 후의 100억 원은 그 가치가 다르다. 지금의 100억 원을 1년 동안 은행에 예치하는 경우 이자율에 따라 이자수입이 발생하기 때문이다. 이자율이 5%인 경우 지금의 100억 원은 1년 후에 이자를 포함해 105억 원이 된다. 지금의 100억 원은 1년 후의 100억 원보다 가치가 높은 것이다. 따라서 추정된 미래가치는 모두 현재가치로 바꿔 분석해야 한다. 미래의 편익과 비용을 현재가치로 환산할 때 적용되는 이자율을 할인율이라고 한다. 미래가치를 현재가치로 전환하는 방법은 다음과 같다.

$$\text{현재가치} + \text{현재가치} \times \text{이자율} = \text{미래가치}$$

$$\text{현재가치} = \text{미래가치}/(1 + \text{이자율})$$

이 사례에서 미래가치를 현재가치로 전환하면 다음과 같다. 이자율은 사회적 상황과 맥락에 따라 다양하게 상정된다. 여기서는 계산상 편의를 위해 미래가치를 할인율 10%로 가정해서 현재가치를 추정한다. 즉, 2020년의 200억 원은 2019년 가치로 환산하면 200/(1+0.1)=181.8억 원이 된다. 현재 181.8억 원이 다음 해에는 200억 원의 가치가 있다는 것이다.

표 6-3 A구청의 재정사업계획의 현재가치

(단위: 년, 억 원)

연도	2019	2020	2021	2022	2023	2024	합계
비용	0	181.8	330.6	0	0	0	512.4
편익	0	0	0	150.3	170.8	124.2	445.3

단, 현재가치는 소수점 둘째자리에서 반올림한 수치임.

마지막으로 현재가치로 할인된 편익과 비용으로 경제성 분석을 시도해 보자. 이 사업의 편익/비용 비율을 계산하면 다음과 같다.

$$B/C = TB/TC = 445.3/512.4 = 0.87$$

이 사업의 순현재가치를 계산하면 다음과 같다.

$$NPV = TB - TC = 445.3 - 512.4 = -67.1$$

B/C는 1보다 작고, NPV는 음수가 나와서 이 사업은 경제적 타당성이 없는 것으로 평가된다.

이 사업의 내부수익률을 계산해 보면, 약 4% 수준이다. 이는 우리가 가정한 이자율 10%에 미치지 못한다. 역시 경제적 타당성은 없는 것으로 나타났다.

4. 중앙정부의 예산편성 과정

매년 반복되는 예산편성 작업을 위해 관련 법령에는 예산 일정이 명시되어 있다. 2007년 「국가재정법」이 발효되면서 기존의 예산편성 일정이 재조정되었고, 그 동안 분리운용되었던 예산과 기금이 통합운용되어 작성일정이 일치되었다. 이후 2014년 「국가재정법」 개정을 통해 예산 일정은 더욱 앞당겨졌다. 또한, 정부예산안의 국회 제출 기한도 회계연도 개시 120일 전으로 변경되었다. 여기에서는 2018년 현재 법령에 근거해 우리나라 중앙정부의 예산편성 과정을 살펴보기로 한다.

1) 중기사업계획서의 제출

각 중앙관서의 장은 매년 1월 31일까지 당해 회계연도부터 5회계연도 이상의 기간 동안의 신규사업 및 기획재정부장관이 정하는 주요 계속사업에 대한 중기사업계획서를 기획재정부장관에게 제출해야 한다.[21)]

중기사업계획서는 국가재정운용계획과 다음 연도 예산안 편성 및 기금운용계획안 수립을 위한 분야별 부처별 지출한도 설정작업의 기초자료로 활용된다. 중기사업계획서 작성은 일반회계뿐만 아니라 특별회계와 기금(금융성 및 외국환평형기금은 제외)도 대상이 된다(윤영진, 2014: 151).

2) 예산편성지침과 기금운용계획 작성지침의 통보

(1) 예산편성지침과 기금운용계획 작성지침의 작성 및 통보

기획재정부장관은 매년 3월 31일까지 예산안편성지침과 기금운용계획안 작성지침을 국무회의의 심의와 대통령의 승인을 받아 각각 중앙관서의 장 및 기금관리주체에게 통보해야 한다.[22)] 그동안 예산과 기금이 별개로 운용되어 왔으나 최근에는 통합해서 운용하고 있다.

예산편성지침은 국민 경제와 예산을 결부시키고 재정운용의 방향을 제시하는

21) 국가재정법 제28조.
22) 국가재정법 제29조.

데 주안점을 둔다. 재정 여건으로서의 국민 경제에 대한 전망과 이를 토대로 한 재정운용의 방향 및 예산편성의 중점 사항이 제시되어 있다. 경제성장률, 물가상승률, 환율 등의 거시적 예측지표가 제시되어야 세수 추계 및 예산규모의 판단이 가능해지며, 정부의 정책방향이 제시되어야 지출 수용의 판단이 가능하기 때문이다(윤영진, 2014: 152).

기획재정부가 각 중앙관서에 송부하는 예산안편성지침에는 대체로 다음과 같은 내용이 포함되어 있다 ① 재정 운용의 여건, ② 재정 운용의 방향, ③ 예산편성의 지침(일반지침, 예산 절감 지침, 성과관리 치침, 임대형 민자사업과 성인지 예산 작업지침), ④ 예산편성 기준(예산 요구 양식, 예산과목 구분, 기준단가) 등이다. 따라서 대통령의 승인을 이미 받은 예산편성지침은 부처의 예산 요구와 기획재정부의 부처별 예산사정의 중요한 기준이 된다. 기금운용계획안 작성지침의 내용도 예산의 형식과 유사하다.

예산편성지침은 국회에서 예산을 심의할 때 참고자료가 된다. 따라서 기획재정부장관은 예산편성지침을 국회 예산결산특별위원회에 보고해야 한다.[23]

(2) 부처별 지출한도액 결정 및 통보

앞서 살펴본 예산총액배분자율편성제도의 도입으로 기획재정부는 3월 31일까지 각 부처에 부처별 지출한도를 결정해 통보한다. 지출한도를 결정하기 위해 국가재정운용계획 수립과정에서 각 부처와의 협의 및 각계 각층의 의견 수렴과정을 거친다. 수렴된 의견을 바탕으로 재정전략회의가 열린다. 이를 통해 국무위원들은 주요 정책방향과 재원배분 원칙을 토의한다. 재정전략회의의 결과를 바탕으로 기획재정부는 부처별 지출한도를 결정하고 통보한다.

3) 예산요구서의 작성과 제출

각 중앙관서는 예산편성지침과 지출한도액을 통보받으면, 예산편성지침에 따라, 그 소관에 속하는 다음 연도의 세입세출예산, 계속비, 명시이월비 및 국고채무부담

---

23) 국가재정법 제30조.

행위 요구서를 작성해 5월 31일까지 기획재정부장관에게 제출해야 한다. 이때 예산요구서에는 예산의 편성 및 예산관리 기법의 적용에 필요한 서류를 첨부해야 한다.

각 중앙관서의 세부 부서들은 소관 사업계획과 소요 예산을 작성한다. 이들은 수차례 담당자 회의를 통해 사업계획과 소요 예산을 조정한 후, 최종 예산요구안을 예산 총괄부서로 제출한다. 중앙관서의 예산총괄부서에서는 각 부서의 요구액을 총괄해 세입세출예산요구서안을 만든다. 계속사업에 대해서는 추진 실적을 점검하고 추가 재정소요액을 판단하며, 신규사업은 경제적 타당성 등을 검토해 예산요구서에 반영한다. 이후 장관과 차관 주재의 회의를 거쳐 최종 예산요구서가 확정된다. 확정된 예산요구서는 장관의 결재를 받아 기획재정부에 제출된다.

4) 기획재정부의 예산사정

(1) 예산사정의 의의 및 절차

각 중앙관서의 예산요구서가 취합되면, 기획재정부의 예산사정 작업이 시작된다. 예산사정이란 여러 정보를 통해 분석해서 제출된 예산요구서를 검토하는 것이다. 이 과정에서 사업의 타당성과 우선순위가 검토되며, 대통령의 정책 의지가 반영된다.

각 부처의 예산요구액은 과다한 경우가 대부분이다. 각 부처가 요구한 예산의 총합은 정부가 생각하고 있는 적정 규모를 항상 초과한다. 따라서 기획재정부의 예산사정은 주로 각 부처가 요구한 예산액을 삭감하는 작업이다.

예산총액배분자율편성제도가 도입된 이후에는 예산 요구의 정도가 감소하고 있어 사업의 타당성을 중심으로 좀 더 신중하게 심사하는 경향이 있다. 또한 재정사업자율평가제도를 시행하면서 평가 결과를 다음 연도 예산 편성에 반영하는 환류 기능이 강화되고 있다(윤영진, 2014: 154).

기획재정부에서의 예산사정 작업절차는 대체로 다음과 같다(윤영진, 2014: 154–155).

① 거시적 예산결정으로서 예산규모 추계

먼저 경제성장률, 물가상승률, 환율 등 국민 경제의 거시적 지표를 예측한다. 이를 토대로 이미 편성된 국가재정운용계획을 참조하고 관계 기관과 협의해 다음 연도의 예산규모를 추계한다. 세입규모에 대해서는 기획재정부 세제실과 협의해 결정하며, 세입 추계를 고려해 세출규모를 추계한다. 그러나 세입규모와 세출규모는 예산정책 사항이기 때문에 예산편성이 완료될 때까지 계속 변화하게 된다.

② 미시적 예산결정으로서 예산요구서의 분석 및 심의

각 중앙관서의 예산요구서가 제출되면 예산사정 원칙에 근거해 예산요구서에 담긴 사업의 내용을 분석하고 소요 예산액을 검토한다. 이러한 예산사정 과정에서의 역할은 매우 분화되어 있다. 예산의 1차 심의는 각 중앙관서가 요구한 예산액을 전반적으로 심의한다. 2차 심의는 문제점 사업들을 중심으로 심의한다.

2007년부터 프로그램 예산체계에 의해 예산 요구가 되면서 프로그램 중심으로 심의하며, 주요 단위사업과 세부사업들을 검토하게 된다. 그러나 예산실의 심의과정은 필요에 따라 반복적으로 진행된다.

③ 기획재정부 시안의 작성

각 중앙관서의 예산요구서를 분석한 기획재정부는 기획재정부 시안을 작성한다. 기획재정부 시안은 일반회계와 특별회계예산을 포함해서, 기금운용계획안도 예산과 함께 작성한다. 기획재정부 시안이 작성되는 과정에는 여러 커뮤니케이션 과정을 통해 다양한 참여자들의 의견이 수렴된다. 이 시안은 지속적으로 수정·보완된다.

(2) 예산사정 과정에서 커뮤니케이션

예산사정은 기획재정부가 일방적으로 수행하는 것은 아니다. 예산사정 과정에서 각 개별 담당자들과의 다양한 커뮤니케이션이 이뤄진다. 행정부 내부에서는 기획재정부와 예산요구기관 및 대통령 사이의 커뮤니케이션이 이뤄진다. 외부적으로는 지방자치단체의 장, 정당, 관련 이해집단 등과의 커뮤니케이션이 이뤄진다(윤영진, 2014: 155).

① 내부적 커뮤니케이션

예산사정 과정에서 내부적 커뮤니케이션은 예산사정기관인 기획재정부 관계자들과 예산요구기관인 각 부처의 예산담당 공무원 간의 커뮤니케이션이 핵심이다. 기획재정부와 예산요구기관 간에는 예산결정을 둘러싸고 쌍방향 커뮤니케이션이 이뤄진다. 거시적 예산결정으로서 정책적 내용이 기획재정부로부터 하급기관에 전달되고, 예산요구기관은 미시적 예산결정인 사업 및 예산 요구에 대한 정당성을 기획재정부에 적극 주장하게 된다(윤영진, 2014: 155).

개별사업에 대해서는 예산집행기관인 개별 부처가 기획재정부에 비해 훨씬 많은 정보를 가지고 있으므로 각 부처의 의견을 존중할 필요가 있다. 그러나 각 부처는 국가 전체보다는 부처 내의 이익에 더 많은 관심을 갖게 된다. 따라서 기획재정부에 의한 국가 전체 이익 관점에서의 상대적 중요성 비교가 필요하다. 개별 사업에 대한 부처의 전문성과 국가 전체적 관점에서 가치 배분 및 조정의 중요성이라는 양쪽 가치를 달성하기 위해 커뮤니케이션은 필수적이다. 이에 따라 본격적인 예산사정 작업에 들어가기 전에 국가재정운용계획 수립 및 각 부처별 지출한도액 설정과 관련해 국무위원들의 재원배분 관련 토론회가 열리고 있다.

기획재정부와 대통령의 커뮤니케이션을 보면, 예산요구서가 접수된 후 일차적으로 예산 요구 현황과 예산편성 방향에 대해 기획재정부장관이 대통령에게 보고한다. 그 후 기획재정부안이 어느 정보 확정되면 중간보고를 하고, 확정되는 시점에서 최종 보고를 한다. 대통령은 수시로 자신의 의견을 기획재정부에 전달해 반영한다. 기획재정부와 대통령의 커뮤니케이션 과정은 예산에 대통령의 국정철학과 정책 의지를 반영하는 과정이다(윤영진, 2014: 156).

② 외부적 커뮤니케이션

대표적인 외부적 커뮤니케이션은 시도지사 협의회와 당정 협의이다. 시도지사협의회는 각 지방자치단체의 주요 사업에 대한 중앙정부의 지원을 반영하고 조정하기 위한 모임이다. 예산편성 및 기금운용계획안을 마련할 때 광역지방자치단체장의 의견 수렴을 거친다.

당정 협의는 여당과 정부 간의 예산조정 과정이다. 정치적으로 민감한 사업을 중심으로 예산을 검토하며, 국회 예산심의에 대비하는 방안 등을 모색한다. 때로는 여당 의원들의 지역구 사업들을 예산에 반영하기도 한다(윤영진, 2014: 156).

외부적 커뮤니케이션으로 중요한 다른 하나는 납세자 주권에 바탕을 두고 예산편성 과정에 국민의 의견을 반영하는 일이다. 예산정책 토론회 또는 예산편성 공청회를 개최하는 것이 이에 속한다. 지방정부는 2011년 예산편성 과정에 주민을 직접 참여시키는 주민참여예산제도의 도입을 의무화했다.

5) 정부예산안의 확정과 국회 제출

(1) 재정정책자문회의의 개최

기획재정부장관은 재정 운용에 대한 의견 수렴을 위해 각 중앙관서와 지방자치단체의 공무원 및 민간 전문가 등으로 구성된 재정정책자문회의를 운영해야 한다. 그리고 국가재정운용계획을 수립할 때, 매 회계연도의 예산안을 편성할 때와 기금운용계획안을 마련할 때에는 미리 자문회의의 의견 수렴을 거쳐야 한다.[24]

현재 재정정책자문회의는 기획재정부장관, 각 부처 차관, 처・청의 부기관장, 시장・도지사, 여러 분야의 민간위원 등을 중심으로 구성되어 있다. 재정정책자문회의는 국가재정운용계획 수립, 예산편성 및 기금운용계획 작성 등에 대해 논의하도록 하고 있다.

(2) 국무회의 심의와 대통령의 승인

상기 절차를 거친 후 국무회의의 심의를 거쳐 대통령의 재가를 받는다. 이로써 정부예산안이 최종적으로 확정된다. 그런데 국회, 대법원, 헌법재판소, 감사원, 중앙선거관리위원회의 세출예산 요구액을 감액할 때에는 국무회의에서 당해 독립기관의 장의 의견을 구해야 하며, 감액에 대한 독립기관의 장의 의견을 국회에 제출해야 한다.[25]

24) 국가재정법 제10조.
25) 국가재정법 제40조.

(3) 국회 제출

헌법에는 확정된 정부예산안을 회계연도 개시 90일 전까지 국회에 제출하도록[26] 되어 있다. 그런데 2013년 「국가개정법」 개정에 의해 정부예산안을 회계연도 개시 120일 전까지 국회에 제출하도록 변경했다.[27] 기금운용계획안도 120일 전까지 국회에 제출해야 한다.[28] 이 밖에도 국가재정운용계획과 재정 관련 자료도 회계연도 개시 120일 전까지 국회에 제출하도록 되어 있다.[29] 이는 모두 국회의 예산심의 기간을 늘리기 위한 조치이다.

정부가 국회에 제출하는 예산안에는 예산총칙, 세입세출예산, 계속비, 명시이월비, 국고채무부담행위가 포함된다. 예산안 이외에 세입세출예산사업별 설명서, 예산정원표와 예산안 편성 기준단가, 성과계획서, 성인지 예산서, 조세지출예산서, 국가채무관리계획 등이 첨부된다.[30] 기금운용계획안은 운용총칙과 자금운용계획으로 구성되며,[31] 국회 제출 시에는 기금조성계획, 성과계획서, 기금과 회계 간 또는 기금 상호간 여유재원의 전입전출 명세서 등이 첨부된다.[32]

5. 지방정부의 예산편성 과정

1) 예산편성운영기준의 시달

행정안전부는 다음 해의 지방자치단체 예산편성운영기준을 정해서 전년도 7월 31일까지 지방정부에 시달한다. 지방자치단체 예산편성운영기준에는 국가정책 기본 방향과의 효율적인 연계 등을 위해 지방재정 운용 여건과 방향이 제시되며, 기준경비에 대한 종류를 제시하고 기준을 준수할 것을 규정하고 있다. 법률에 따라 지출해야 하는 법정경비와 행정안전부가 정한 기준경비를 제외한 경비에 대해서는

26) 헌법 제54조 2항.
27) 국가재정법 제33조.
28) 국가재정법 제68조.
29) 국가재정법 제7조, 9조의 2.
30) 국가재정법 제34조.
31) 국가재정법 제67조.
32) 국가재정법 제71조.

지방정부가 합리적으로 운영할 것을 요구하고 있다. 또한 투자사업비에 대해서는 중기지방재정계획에 반영해야 하고, 지방재정투자심사를 받도록 요구하고 있다(행정안전부, 2017c).

2) 지방자치단체의 예산편성지침 시달

지방정부는 행정안전부의 지방자치단체 재정편성운영기준에 의거해서 자치단체의 여건을 반영하는 사업 방침이나 기준을 추가해 자체적으로 예산편성지침을 만들어 8월 말까지 산하기관에 시달한다. 지방정부의 재정회계규칙에 기한이 정해져 있는데, 지방정부별로 다르다. 서울특별시의 경우 시재정 운영조례에 따라 8월 10일까지 편성지침을 시달하도록 정하고 있다. 지방자치단체 예산편성지침에는 재정운영 여건과 방향, 지방재정제도, 관련 법령에 규정된 경비, 국가예산편성기준 참고표 등이 수록되어 있다. 기초자치단체의 경우도 8월 말까지는 예산편성지침을 각 기관에 시달한다(신무섭, 2014: 217).

3) 실국의 예산 요구

각 사업부서는 부서장의 결재를 맡아 예산담당자에게 예산요구서를 9월 말까지 제출하도록 되어 있다. 광역자치단체는 9월 20일까지, 기초자치단체는 9월 말까지 예산요구서를 제출해 줄 것을 요구하고 있다. 세입예산에 대해서는 세정업무 담당 등과 협의하도록 규정되어 있다.

신규사업 및 투자사업은 행정안전부와 기획재정부에도 설명해야 하기 때문에 1월부터 이미 시작되었다고 볼 수 있다. 기준경비는 편성기준이 명백하기 때문에 규정과 기준을 따라야 한다. 기준경비 및 법적·의무적 경비를 요구하고 나머지 사업비를 어느 정도 요구할 것인가는 실국에서 정해야 한다(신무섭, 2014: 218).

4) 단체장의 예산사정

지방정부의 예산담당 부서는 실국의 예산 요구를 받아 10월부터 11월까지 종합

조정을 한다. 기획관리실장과 예산담당이 단체장의 의견을 반영해 예산 요구를 조정한다. 이 과정에서 실국장, 과장, 의회사무국장(처장) 등과 협의해야 하며, 세입예산의 증액이 필요한 경우에는 세정업무담당 등과 협의해야 한다. 2011년도부터 지방정부의 예산편성에 주민이 참여할 수 있도록 주민참여예산제도가 의무화되어 있다. 이에 따라 지방정부는 여론조사, 공청회 등을 통해 주민의 참여를 촉진하기도 한다.[33]

단체장의 예산사정은 수직적으로는 각 과별 사정, 기획관리실 사정을 거쳐 단체장의 사정으로 이어지게 된다. 과장 등 실무자가 예산을 조정할 때에는 법률 및 기준의 적용, 계산의 엄격성 등을 검토한다. 기획관리실장의 조정에서는 실국(室局)의 불평, 정책적 사항 등 실무자가 등한시하기 쉬운 부분들을 검토하며, 부단체장을 위원장으로 하는 예산조정위원회를 운영하는 지방정부도 있다. 단체장은 가용재원의 규모를 고려해 자체사업을 주로 조정한다.

단체장의 예산사정은 수평적으로는 세입 추정, 법적·의무적 경비의 조정, 자체사업비의 조정으로 구분된다. 세입의 추정은 자체수입, 중앙부처에서 잠정적으로 알려주는 국고보조금 금액, 지방교부세 등을 고려해 정하며, 대개 10월 말에 추계가 이뤄지면 이에 맞춰 세출도 조정한다.

단체장의 예산사정이 끝나면 예산담당 부서에서 예산안을 편성해 단체장의 결재를 받은 후 실국 예산운영 단위들에 소관 예산안의 결정 내용을 알려줘야 한다(신무섭, 2014: 218－219).

5) 집행부 예산안 제출

단체장의 사정이 끝나면 예산담당 부서에서 예산안을 작성해 의회에 제출한다. 그러나 의회의 예산심의 중에도 예산을 수정할 수 있고, 추가경정예산을 편성할 수도 있다. 집행부의 예산안이 의회에 제출되면 단체장이나 기획관리실장이 지방의회 의장단, 지방의회 예산결산위원회 등을 방문해 예산편성 결과를 설명하기도 한다(신무섭, 2014: 219).

---

33) 지방재정법 제39조.

제 3 절 예산심의

1. 예산심의의 의의와 기능

1) 예산심의의 의의

예산심의는 행정부가 작성한 예산안을 입법부가 심사하는 예산과정이다. 입법부의 예산심의는 역사적으로 형성된 제도이다. 시민혁명기 서구에서 왕권을 통제하기 위한 시민대표의 조세 감시가 그 기원이 된다. 즉, 입법부의 예산심의 기능은 재정민주주의를 실현하는 중요한 제도적 장치인 것이다. 현대에서 입법부의 예산심의는 국민의 대표기관인 입법부가 행정부의 재정활동에 참여하고 통제하는 것을 의미한다.

입법부의 예산심의 형태는 대통령중심제와 내각책임제 국가에 따라 차이가 있다. 대통령중심제 국가는 삼권분립이 엄격하게 지켜지기 때문에 입법부의 행정부에 대한 견제가 매우 강력하다. 따라서 의회의 예산심의 권한은 막강하며, 예산심의도 비교적 엄격하게 이뤄진다. 대표적인 나라는 미국이다. 미국의 연방의회는 예산에 관한 한 삭감, 증액, 폐지 등 예산심의에 관한 모든 행동을 거의 아무런 제한도 받지 않고 수행할 수 있다. 그러나 입법부의 권한이 막강할수록 총량적 재정규율이 제한을 받는 문제점이 드러날 수 있다(윤영진, 2014: 159).

내각책임제 하에서는 내각이 의회의 다수당의 위원회와 같은 성격을 갖기 때문에 의회의 예산심의 활동은 한정적일 수밖에 없다. 실제로 영국과 일본의 경우 정부예산안이 의회에서 수정된 일이 거의 없다. 이것은 내각이 편성한 예산안에 이미 의회 다수당의 견해가 많이 반영되어 있기 때문이다(윤영진, 2014: 159).

입법부의 예산심의 형태는 정부 형태 외에도 입법부의 구조적 특성, 입법부와 행정부의 관계, 예산의 성격 등에 따라 차이가 있다, 즉, 단원제와 양원제, 예산심의위원회의 구조, 입법부의 우위 혹은 행정부의 우위, 예산의 법률적 성격 등에 따라 예산심의 형태는 달라진다(윤영진, 2014: 160).

2) 예산심의의 기능

(1) 정책 형성

예산심의 기능으로서 정책형성은 두 가지로 나눠 살펴볼 수 있는데, 개별 사업 및 사업 수준에 대한 미시적 차원의 결정과 예산 총액에 대한 거시적 차원의 결정이다.

먼저 사업 및 사업 수준에 대한 결정을 살펴보자. 예산은 선택된 정책대안 또는 사업대안에 소요되는 비용을 계산해 화폐적 수치를 부여한 것이다. 예산을 심의해 배정한다는 것은 사업을 실시하겠다는 정책형성 의지가 부여된 것이며, 예산을 심의해 배정된 예산을 삭제한다는 것은 사업을 실시하지 않겠다는 정책형성 의지를 보여준다. 또한 심의과정에서 예산의 규모를 조정한다는 것은 사업 수준을 결정한다는 것과 동일하다. 중요한 사업에 대해서는 예산을 많이 배정하게 될 것이며, 우선순위가 낮은 사업에 대해서는 예산을 적게 배정하게 될 것이다.

다음으로 예산 총액의 결정은 거시적 차원에서의 예산결정이다. 거시적 차원의 예산결정은 단순한 예산규모의 결정뿐만 아니라 흑자예산 또는 적자예산과 관련된 세입과 세출의 관계에 대한 결정까지 포함한다. 예산 총액은 쪼개서 살펴보면 각 분야별 예산 규모의 단순 합계일 뿐이지만, 예산 총액을 하나로 본다면 의미가 달라진다. 예산 총액에 관한 결정은 정부 전체로서 기능의 범위와 수준을 고려하는 재정정책적 결정이 된다. 그리고 세입과 세출의 관계에 대한 결정도 거시경제적 제반 지표를 고려한 재정정책적 결정이다.

따라서 예산심의를 정책형성 기능을 수행하는 것으로 본다는 것은 국민의 부담이 되는 세입 및 세출규모를 결정하고, 각 분야별로 재원을 배분해 사업과 사업별 수준을 결정하는 것을 의미한다(윤영진, 2014: 160).

(2) 행정의 감독

행정의 감독 기능은 국민의 대표기관인 입법부이다. 입법부의 의도를 구현하고 행정부에 의한 재량권의 남용 여부를 감독하는 일종의 행정통제 기능이다. 이것은 삼권분립의 견제와 균형의 원리에 근거하고 있다. 입법부의 예산심의 과정은 정책 및 사업계획을 검토해 사업을 폐지, 축소 또는 확장하거나, 금액을 면밀하게 검토해 비효율적이고 낭비적인 예산 지출을 방지함으로써 행정을 감독하게 된다. 즉, 입법부는 공공자원의 희소성을 감안해 정부활동의 효율성과 효과성에 관심을 기울인다(윤영진, 2014: 161).

입법부는 행정 감독을 통해 납세자의 돈을 절약하고자 행정부로 하여금 필요한 정보를 충분히 제공하도록 요구한다. 최근에는 행정부에 대한 감시를 위해 산출 및 성과정보를 요구하는 경향이 있다. 또한 정보기술의 발전은 입법부보다 행정부의 데이터베이스를 이용할 수 있는 정보체제를 개발함으로써 행정 감독을 강화해 주고 있다.

그러나 입법부의 행정 감독을 제약하는 요소들이 있다. 우선 예산을 다루는 입법부의 위원회들이 다수 존재하고 분산되어 있어 감독의 통합적 접근이 어렵다는 점이다. 그리고 유권자들은 입법부가 행정부의 감시자로서 역할을 하는 것보다는 신규사업을 시행해 주기를 바란다는 점도 행정 감독을 제약한다(윤영진, 2014: 161).

3) 예산심의의 구체적 기준

예산심의 과정에서 구체적인 기준은 다음과 같다(윤영진, 2014:162). 정책형성 기능 면에서 사업의 우선순위와 타당성, 선거구민의 의견 반영 등을 검토하며, 행정 감독 기능 면에서는 재정구조의 결함 여부, 예산 낭비 여부, 행정부의 부정과 월권 여부 등을 중심으로 살펴보게 된다.

① 사업의 우선순위를 가리고 그 타당성을 적절하게 검토했는가?
② 소속 상임위의 의견과 출신 지역 유권자의 입장을 잘 반영했는가?
③ 세입예산이 세출예산을 잘 뒷받침하고 있는지 따졌는가?
④ 재정구조의 왜곡과 결함을 얼마나 잘 집어내고 분명하게 시정을 요구했는가?
⑤ 예산이 낭비된 부분을 찾아내고 책임을 추궁했는가?
⑥ 행정부의 비리, 부정, 월권을 제대로 감독했는가?

2. 중앙정부 예산의 심의

우리나라 예산심의 과정은 제1공화국부터 제6공화국까지 여러 차례 변화했다. 중요한 내용만 살펴보면 다음과 같다(윤영진, 2014: 167). ① 국회의 국정감사가 제1공화국에서부터 제3공화국까지 운영되었다. 그 후 제4, 5공화국에서는 폐지되었다가 제6공화국에서 다시 부활되었다. ② 법정 예산심의 기간은 제1공화국에서부터 제3공화국까지는 90일간이었으며, 제4공화국부터 2013년까지는 60일간이다. 2014년부터 정부예산안 제출기한을 회계연도 개시 120일 전으로 당김으로써 예산심의 기간이 90일 간이 되었다. ③ 예산심의 절차는 제2공화국 때는 민의원과 참의원 양원제를 채택했던 관계로, 그리고 제5공화국 초기에는 상임위원회의 예비심사를 폐지한 관계로 예산심의 절차가 지금과는 차이가 있었다. 현재 국회의 예산심의 절차는 다음과 같다.

1) 국정감사

국회의 국정 전반에 관해 소관 상임위원회별로 매년 정기회 집회일(9월 1일) 이전에 감사 시작일부터 30일 이내의 기간을 정하여 감사를 실시한다. 다만, 본회의 의결로 정기회 기간 중에 감사를 실시할 수 있다.[34] 시기적으로 보면 대통령의 시정연설보다 국정감사가 먼저 실시된다.

국정감사는 예산심의와 직접적으로 관련되는 것은 아니지만 이를 통해 예산에 반영할 정책자료를 획득하고 행정의 위법 부당한 사항을 미리 파악함으로써 예산심의 활동에 도움을 받을 수 있다. 행정부와 국회 간에 예산과 관련된 정보의 비대칭성을 감안할 때 국정감사는 예산심의 활동의 하나의 과정이라고 볼 수 있다(윤영진, 2014: 167).

국정감사제도는 국회의 권한이 위축되었던 제4, 제5공화국 시대에는 폐지되었다가 제6공화국 시대에 부활되었다. 국정감사제도는 우리나라의 특유한 제도이다. 국정감사제도는 행정부의 감시 견제 기능을 감안할 때 그 존재 의의가 충분히 있

34) 국정감사 및 조사에 관한 법률 제2조 1항.

지만 과다한 자료 요구와 행정 공백을 초래하는 점 등 운영상의 폐해도 지적되고 있다(윤영진, 2014: 167).

2) 시정연설

정부예산안이 국회에 제출되면 본회의에 보고되며 대통령의 시정연설이 있게 된다. 시정연설은 정치・경제・사회 등 국정 전반에 관한 대통령의 시각과 정책 의지가 담겨 있다. 여기에는 예산안 및 기금운용계획안에 대한 간단한 설명도 포함된다. 시정연설은 표현이 추상적이고 구속력이 있는 것은 아니다. 그러나 연간 국정 수행 개요가 담겨 있으므로 예산심의 과정에서 정부의 국정운영 방향에 대한 참고자료가 된다. 시정연설은 1988년 노태우 대통령이 처음으로 시작했다. 시정연설은 대통령이 연설하는 것이 원칙이지만, 대부분 취임 첫해에만 대통령이 직접하고 그 이후에는 국무총리가 대독하는 것이 관행처럼 되어 있었다. 박근혜 정부 이후로 대통령이 직접 시정연설을 했으며, 현 정부는 추가경정예산 전 시정연설까지 대통령이 직접 하고 있다.

3) 상임위원회의 예비심사

국회에서의 실질적인 예산심의는 상임위원회의 예비심사에서 시작된다. 예비심사는 소관 상임위원회별로 수행된다. 모든 국회위원은 상임위원회에 소속되며 임기는 2년이다. 상임위원은 각 원내 교섭단체의 대표위원의 요청으로 의장이 선임하도록 되어 있다. 현재 국회에는 국회운영, 법제사법, 정무, 기획재정 등 16개 상임위원회가 있다. 이 상임위원회에서 예산안과 기금운용계획안에 대한 예비심사가 이뤄진다. 상임위원회는 본래 예산심의를 위한 기구가 아니지만 우리나라는 특이하게 소관 부처의 예산에 대해 예비심사를 하고 있는 점이 특징이다. 상임위원회에서의 예비심사는 대체로 다음과 같은 순서로 진행된다(윤영진, 2014: 168－169).

(1) 예산안 제안설명

예비심사는 소관 부처 장관의 제안설명으로 시작된다. 장관은 소관 부처의 시정

방침 및 역점사업과 소관 부처 예산에 대한 개략적인 내용을 설명한다.

(2) 전문위원의 예산안 검토 보고

상임위원회 소속 전문위원이 소관 예산에 대한 검토 보고를 한다. 검토 보고는 소관 부처 예산안에 대한 개요, 주요 문제점, 사업별 또는 예산 성질별 삭감 의견 등이 포함되며, 의원들에게 정보와 관점을 제공해 준다.

(3) 대체토론

상임위원회 소속 의원들은 전문위원의 검토 보고를 듣고 예산안과 관련된 대체토론을 한다. 대체토론은 예산안 전체에 대한 문제점과 당부에 관한 일반적 토론을 말하며 질의 답변을 포함한다.

(4) 소위원회 심사와 계수조정

정책 질의가 끝나면 소위원회에서 부별 심사와 계수조정 작업에 들어간다. 소위원회는 상설로 운영되고 있으며, 계수조정 결과는 소위원회안으로 채택된다.

(5) 예비심사의 결과 보고

상임위원회 전체회의에서 예비심사 결과보고서를 채택하는데 소위원회안을 채택하는 경우가 많다. 채택된 심사보고서는 국회의장에게 보고된다. 의장은 정부예산안에 상임위원회 예비심사보고서를 첨부해서 이를 예산결산특별위원회에 회부한다.

상임위원회의 예산에 대한 예비심사는 국회의장이 회부한 범위 내에서만 심사할 수 있다고 보아야 하며, 의장은 안건의 심사기간을 정할 수 있고 상임위원회가 이유 없이 그 기간 내에 심사를 마치지 아니한 때에는 바로 예산결산특별위원회에 회부할 수 있다.

4) 예산결산특별위원회의 종합심사

(1) 예산결산특별위원회의 구성

예산결산특별위원회는 특별위원회로 운영되고 있다. 예산결산특별위원회는 국회법에 의해 강제적으로 구성되는 특별위원회이다.[35] 2000년부터 예산결산특별위원회는 상설화되었으며, 위원의 임기는 1년이다.

예산결산특별위원회는 국회 교섭단체 소속 의원 수의 비율과 상임위원회의 위원 수의 비율에 의해 교섭단체 대표의원의 요구로써 의장이 선임하며, 50인으로 구성된다. 그리고 위원장은 예산결산특별위원회의 위원 가운데 본회의에서 선거한다.

(2) 종합심사의 절차

국회의장이 상임위원회의 예비심사보고서를 첨부한 예산안을 예산결산특별위원회에 회부해 오면 종합심사에 들어간다. 예산결산특별위원회의 종합심사는 상임위원회의 예비심사가 모두 완료된 다음에 시작하는 것이 원칙이지만, 실제로는 상임위원회에서 약 3분의 2 이상의 심사가 완료되면 예산결산특별위원회의 심사가 개시된다. 상임위원회의 예비심사가 지연되는 수가 있기 때문에 정기국회 회기 내의 일정에 맞추기 위해서이다(강신택, 2000: 281).

예산결산특별위원회는 예산안과 결산을 심사하기 위한 특별위원회이다. 예산결산특별위원회는 국회의 교섭단체 소속 의원 수의 비율과 상임위원회의 위원 수의 비율에 따라 선임해 50인으로 구성된다. 예산결산특별위원회 위원은 교섭단체 대표의원의 요구에 따라 의장이 선임하며 위원장은 위원회에서 호선한다. 예산결산특별위원회는 예산안과 기금운용계획안에 대해 공청회를 개최해야 한다[36]고 규정하고 있다. 다만, 추가경정예산안과 기금운용계획변경안의 경우에는 위원회의 의결로 이를 생략할 수 있다.

예산결산특별위원회에서의 종합심사도 상임위의 예비심사 과정과 유사하게 진

35) 국회법 제45조.

36) 국회법 제84조의 3.

행된다. 그 진행 순서를 보면 다음과 같다(윤영진, 2014: 170－171).

① 예산안 제안설명

종합심사는 기획재정부장관의 제안설명으로 시작된다. 제안설명은 대통령의 시정연설보다 예산 내용에 관한 설명이 더 구체적이다. 예산안 제안설명은 최근의 경제 여건과 경제정책 및 재정운영의 방향, 다음 연도 예산안의 전체 모습과 부문별 주요 내용 순으로 진행된다.

② 전문위원의 예산안 검토 보고

예산결산특별위원회 소속 전문위원이 예산에 대한 검토 보고를 한다.

③ 종합 정책질의

예산결산특별위원회 소속 의원들이 관계 장관들을 상대로 종합 정책질의를 하고 관계 장관의 답변이 진행된다.

④ 부별심사와 계수조정

정책질의가 끝나면 부별심사 또는 분과위원회 심사와 계수조정 작업에 들어간다. 계수조정 작업은 예산안 조정 소위원회가 구성되어 행해진다. 소위원회는 보통 11~12인으로 구성된다. 소위원회에서는 부별 심의에서의 위원들의 질의 및 요구사항과 관계 장관의 답변을 토대로 조정작업이 이뤄진다.

2000년 국회법 개정 시에 그동안 비공개로 진행되던 소위원회 회의를 공개하도록 규정했다. 국회법은 “소위원회의 회의는 공개한다. 다만, 소위원회의 의결로 공개하지 아니할 수 있다.”[37]고 규정하고 있다. 그러나 실제 비공개로 운영되고 있다.

⑤ 전체회의의 의결

소위원회의 계수조정 작업이 끝나면 심사 결과는 예산결산특별위원회 전체회의에 보고되어 찬반 토론을 거쳐 소위원회안의 채택 여부를 결정한다. 전체회의에서는 소위원회안이 수정 없이 채택되는 것이 거의 관례로 되어 있다. 예결위의 심사가 끝난 후 국회의장은 이를 본회의에 부의한다.

37) 국회법 제57조 5항.

5) 본회의 의결

예산결산특별위원회에서 종합심사가 종결되면 예산안은 본회의에 상정된다. 본회의에서는 예산결산특별위원회 위원장의 심사 보고에 이어 의원들의 질의 및 토론을 거쳐 예산안을 최종적으로 의결 확정한다. 예산은 법률과 달리 대통령에 의한 공포를 효력 요건으로 하지 않으며, 정부에 의한 거부제도도 인정되지 않고 오직 국회의 심의 의결에 의해 확정된다.

지금까지 관례로 보면 본회의에서의 수정은 거의 없었다. 1970년도 예산 이후의 통계를 보면 모두 예산결산특별위원회안을 그대로 가결했으며, 다만 1992년도 예산만 다소 수정되었을 뿐이다(윤영진, 2014: 171－172).

국회는 예산안을 회계연도 개시 30일 전까지 의결해야 하며, 만일 새로운 회계연도 개시 전까지 예산안을 국회가 의결하지 못하는 경우에 정부는 전년도 예산에 준해서 준예산을 집행해야 한다.[38]

3. 지방정부 예산의 심의

시・도는 회계연도 개시 50일(11월 11일) 전까지, 시군은 회계연도 개시 40일(11일 21일) 전까지 예산안을 국회에 제출해야 한다. 시・도의회는 회계연도 개시 15일(12월 16일) 전까지, 그리고 시・군의회는 10일(12월 21일) 전까지 의결해야 한다. 지방의회의 예산심의 과정은 국회와 유사하다.

1) 단체장의 예산안 제안설명

본회의에서 단체장이 일반회계와 특별회계 세입세출예산안 제안설명을 한다. 집행부의 국장, 교육청의 교육감, 지방의회 의원이 모두 참여한 가운데 단체장은 시정방침과 중점 투자방향, 세입・세출예산 규모, 회계별 세출예산 및 사업을 설명한다.

38) 헌법 제54조.

2) 상임위원회의 예비심사

규모가 작은 지방의회는 본회의를 중심으로 회의가 운영되지만 상임위원회가 있는 경우에는 다음과 같은 절차를 밟는다. 위원장이 개회를 선언하고 의사일정을 상정하면 실국별 소관 예산안 제안설명, 전문위원의 검토 보고, 상임위원의 질의 답변, 계수조정, 표결 및 의결, 의장에게 보고, 의장의 예산결산특별위원회 회부 순으로 이뤄진다.

실국별 소관 예산안 설명은 실장이나 국장이 개략적인 설명을 하고 과장들이 좀 더 자세히 설명한다. 상임위원회 소관 실국별로 제안설명과 질의가 이뤄지고 계수조정에 들어간다. 계수조정은 비공개로 이뤄지며, 계수조정 후 상임위원회에서 표결로 처리한다(신무섭, 2014: 220).

3) 예산결산특별위원회의 종합심사

예산결산특별위원회는 부단체장의 제안설명, 전문위원의 검토 보고, 위원의 종합 질의, 실국장의 소관 예산에 대한 제안설명과 위원의 질의, 계수조정소위원회의 조정, 예산결산특별위원회의 의결, 본회의 보고 순으로 이뤄진다.

예산결산특별위원회의 종합심사에서 중요한 것은 계수조정 소위의 활동이다. 위원장과 간사 등이 참여하며 회의가 비공개이고 사실상 예산안은 이 소위에서 조정된다. 계수조정소위안이 예산결산특별위원회안이 된다. 예산결산특별위원회 위원장이 심사 결과를 의장에게 통보하면 의장은 결과를 본회의에 상정한다(신무섭, 2014: 221).

4) 본회의 의결

본회의에서 예산결산특별위원회 위원장이나 위원장이 지명한 위원이 종합심사 결과를 보고한다. 의원들이 질의 후 찬반 토론을 거쳐서 의결한다. 본회의에서 예산안이 의결되면 3일 이내에 자치단체장에게 이송한다. 광역자치단체장은 행정안전부장관에게, 기초자치단체장은 상급 자치단체장에게 의결된 예산을 지체 없이 보고하고 그 내용을 자치단체의 공보, 게시판, 신문 등을 통해 고시한다.

새로운 회계연도가 개시될 때까지 의회가 예산안을 의결하지 못하면, 중앙정부와 마찬가지로 준예산을 집행하도록 규정되어 있다(신무섭, 2014: 222).

제 4 절 예산집행

1. 통제를 위한 장치

행정부는 국회가 승인한 예산의 범위 내에서 각종 사업을 수행해 소기의 목표를 달성하고 정해진 재정 한계를 준수해야 할 책임이 있다. 예산통제의 방법으로 대표적인 것은 다음의 다섯 가지로 볼 수 있다(윤영진, 2014: 178－180).

1) 예산배정과 자금배정

기획재정부는 예산배정계획을 수립해 예산배정을 함으로써 예산집행을 분기별, 월별로 통제한다. 기획재정부는 자금배정계획을 수립해 실제 자금을 지출기관에 교부한다. 이러한 예산배정 및 자금배정제도는 회계연도의 기간 동안 수입과 지출의 합리적 배분을 도모하고 자금의 흐름과 사업의 진도를 일치시키려는 예산통제제도이다.

2) 회계기록 및 보고제도

각 중앙부서는 자체의 수입 및 지출을 회계처리해 기록할 뿐만 아니라, 각종 서식에 의거 기획재정부에 월별, 분기별, 결산보고를 하게 되어 있다. 복식부기 발생주의 회계제도가 도입되어 예산집행의 기록은 자동 오류 검증 기능이 강화되었다. 2007년 디지털 예산회계시스템이 구축되어 예산집행은 실시간으로 회계처리되어 기록되며, 일정한 서식에 의한 보고서를 작성할 수 있다.

각 중앙관서의 장은 예산집행 과정에서 재정보고서와 사업집행보고서 등을 정기적으로 기획재정부장관에게 제출해야 한다. 그리고 결산이 종료될 경우 결산보고서를 작성해 보고해야 한다.

3) 정원 및 보수의 통제

행정조직과 정원은 끊임없이 증가하는 추세에 있다. 기관운영비와 인건비는 계속적으로 증대한다. 따라서 예산의 능률적인 운영을 위해서는 정원과 보수를 통제해야 할 필요가 있다. 현재 우리나라에서는 공무원정원령과 공무원 보수규정에 따라 정원과 보수를 규정하고, 이의 변경이 요청될 때에는 해당 부서뿐만 아니라 행정안전부와 기획재정부와도 협의해야 한다.

4) 계약의 통제

국가계약법 등에 계약의 방법과 절차를 규정하고 일정액 이상의 계약에 대해서는 상급기관의 승인을 얻도록 규정함으로써 예산집행 과정에서 통제하고 있다. 2005년에는 지방계약법이 별도로 제정되어 지방정부 계약의 특성을 반영한 계약의 통제를 하고 있다.

5) 총사업비의 관리

투자사업의 경우 사업 추진과정에서 총사업비를 대폭 증액시키는 사례가 많기 때문에 이러한 폐습을 줄이고 재정투자의 생산성을 높이기 위해 기획재정부에서 총사업비를 관리하고 있다. 각 중앙관서의 장은 기획재정부장관이 정하는 완성에 2년 이상을 요하는 사업에 대해서는 그 사업규모, 총사업비 및 사업기간을 정해 미리 기획재정부장관과 협의해야 한다. 사업 규모, 총사업비 또는 사업기간을 변경하고자 할 때에도 마찬가지이다.[39]

총사업비가 일정 규모 이상 증가하는 등 대통령령이 정하는 요건에 해당하는 사

39) 국가재정법 제50조.

업 및 감사원이 요청하는 사업에 대해서는 사업의 타당성을 재조사하고, 그 결과를 국회에 보고해야 한다.

2. 신축성을 보장하기 위한 장치

예산편성이나 심의 시에 예견하지 못했던 사정의 변화가 일어날 수 있기 때문에 예산집행의 신축성을 유지할 제도적 장치가 필요하다. 예산집행의 신축성을 유지하기 위한 방법으로 대표적인 것은 다음에 다루고 있는 열한 가지로 볼 수 있다 (윤영진, 2014: 178-180).

1) 예산의 이용과 전용

잘못된 예측, 외부 환경의 변화, 집행 과정에서의 변화 등으로 인해 예산집행의 신축성을 기해야 할 필요가 있다. 추가경정예산을 편성해서 해결하기에는 절차적, 시기적 문제가 있거나 금액이 적은 경우에는 이용과 전용제도를 활용한다. 예산한정성의 원칙의 하나인 목적외 사용 금지의 원칙에 대한 예외라고 볼 수 있다.

(1) 예산의 이용

세출예산은 각 기관 장, 관, 항, 세항, 목 등의 예산과목으로 분류되어 있다. 예산과목 중에서 장 · 관 · 항은 입법과목이라 하며, 세항 · 목은 행정과목이라고 한다.

예산의 이용은 각 기관 장 · 관 · 항 간에 상호 융통하는 것을 말한다. 즉, 입법과목 간의 상호 융통을 말한다. 예산의 이용은 입법과목에 대한 조치인 까닭에 원칙적으로 허용되지 않는다. 그러나 예산집행상 필요에 의해서 미리 예산으로서 국회의 의결을 얻었을 때에는 기획재정부장관의 승인을 얻어 이용하거나 기획재정부장관이 위임하는 범위 안에서 자체적으로 이용할 수 있다. 예산을 자체적으로 이용한 때에는 각 중앙관서의 장은 기획재정부장관 및 감사원에 각각 통지해야 한다. 일반적으로 이용의 범위는 인건비, 공공요금, 기관운영비, 국공채 원리금 상환 등에 국한된다.[40]

(2) 예산의 전용

예산의 전용은 행정과목인 세항·목 간에 상호 융통하는 것을 말한다. 각 중앙관서의 장은 예산의 목적 범위 안에서 재원의 효율적 활용을 위해 대통령령이 정하는 바에 따라 기획재정부장관의 승인을 얻어 각 세항 또는 목의 금액을 전용할 수 있다. 이 경우 사업 간의 유사성이 있는지, 재해대책 재원 등으로 사용할 시급한 필요가 있는지, 기관 운영을 위한 경비의 충당을 위한 것인지 여부 등을 종합적으로 고려해야 한다. 또한 회계연도마다 기획재정부장관이 위임하는 범위 안에서 각 중앙관서의 장이 각 세항 또는 목의 금액을 자체적으로 전용할 수 있도록 하고 있다.[41]

2) 예산의 이체

예산의 이체란 정부조직 등에 관한 법령의 제정, 개정 또는 폐지로 인해 그 직무와 권한에 변동이 있을 때에 예산도 이에 따라 변경시키는 것을 말한다. 이체는 당해 중앙관서의 장의 요구에 의해 기획재정부장관이 하게 되며, 예산의 이용 또는 전용을 수반하는 경우가 많다. 기획재정부장관은 예산을 이체한 때에는 당해 중앙관서의 장 및 감사원에 통지해야 한다.[42]

3) 예산의 이월

각 회계연도의 경비는 그 회계연도의 세입으로써 지출해야 하는 것이 원칙이다. 그런데 예산의 이월이란 당해 회계연도 예산의 일정액을 다음 연도에 넘겨서 사용하는 것을 말한다. 회계연도 독립의 원칙의 예외를 인정하는 것으로서 시기적인 신축성을 유지해주는 제도이다.

각 중앙관서의 장이 세출예산을 이월하는 때에는 그 이월하는 과목별 금액은 다음 연도의 이월예산으로 배정된 것으로 본다.[43] 기획재정부장관은 세입징수 상황

40) 국가재정법 제47조.
41) 국가재정법 제46조.
42) 국가재정법 제47조 3항.

등을 감안해 필요하다고 인정할 때에는 세출예산의 이월 사용을 제한하기 위한 조치를 취할 수 있다.[44] 이월에는 명시이월과 사고이월이 있다.

(1) 명시이월

명시이월은 세출예산 중 경비의 성질상 연내에 그 지출을 끝내지 못할 것이 예측된 경비로서 그 취지를 세입·세출예산에 명시해 미리 국회의 승인을 얻어 다음 연도에 사용할 수 있는 것을 말한다.[45] 그런데 예산 성립 후에 발생한 사유도 명시이월의 이유가 되므로 본예산에서는 명시이월비가 아니었더라도 추가경정예산에서 명시이월비가 될 수 있다.

(2) 사고이월

사고이월은 예산 성립 후 연도 내에 지출원인행위를 하고 불가피한 사유로 지출하지 못한 경비와 지출원인행위를 하지 아니한 그 부대경비의 금액에 대한 이월을 말한다.[46] 불가피한 사유란 불의의 재해, 관급자재의 지급 지연 등 당초 예견할 수 없었던 사고로 인해 연도 내에 이행이 불가능하게 된 경우를 말하며, 연도 내에 이행하지 못할 것이 당초부터 예견된 경우는 불가피한 사유로 볼 수 없다. 그 밖에도 지출원인행위를 위해 입찰공고를 한 경비 중 입찰공고 후 지출원인행위까지 장기간이 소요되는 경우로서 대통령령이 정하는 경비, 공익사업의 시행에 필요한 손실보상비로서 대통령령이 정하는 경비, 경상적 성격의 경비로서 대통령령이 정하는 경비는 이월할 수 있다.

사고이월은 연도 내에 사업에 착수하고 사고로 인해 완료가 지연된 경우를 주된 대상으로 하나, 사고로 인해 사업에 착수할 수 없었던 경우도 포함된다. 이월은 계속비와는 달리 1년도에 국한되므로 한번 사고이월한 경비는 다시 다음 연도에 재차 이월할 수 없다.

---

43) 국가재정법 제48조 5항.
44) 국가재정법 제48조 7항.
45) 국가재정법 제24조.
46) 국가재정법 제48조 2항.

4) 예비비

예비비는 예측할 수 없는 예산 외의 지출 또는 예산 초과지출에 충당하기 위해 세입 · 세출예산에 계상한 금액을 말한다. 예비비는 예산한정성의 원칙의 예외로서 예산에 계상하지 않은 새로운 경비가 필요한 경우나 예산에 계상된 경비가 부족해 초과지출을 해야 하는 경우에 사용된다.

예비비를 지출해야 할 상황은 경미한 경우에 해당되며, 그것이 중요한 상황의 경우에는 추가경정예산을 편성해 사전에 국회의 승인을 얻어야 한다. 종전에는 일반회계의 경우 세출예산의 100분의 1 이상에 해당하는 금액을 예비비로 계상하도록 했으나 1989년 3월의 예산회계법 개정 시에 예비비 설정의 하한 규정을 폐지했다. 대신 일반회계 예산 총액의 100분의 1 이내의 금액을 계상할 수 있다는 상한 규정을 두고 있다.[47] 그리고 일반회계로부터 전입받은 특별회계는 필요한 경우에 일반회계 예비비를 전입받아 그 특별회계의 세출로 사용할 수 있다.[48] 또한 공무원의 보수 인상을 위한 인건비 충당을 위해서는 예비비의 사용 목적을 지정할 수 없다.

예비비와는 별도로 국회, 법원, 헌법재판소의 소관별 지출항목에는 예비금이란 항목이 있다. 예비금은 예측할 수 없는 지출에 충당하기 위해 국회법, 법원조직법, 헌법재판소법의 근거 규정에 의해 예산항목에 계상된 것이다. 예비금제도는 이들 독립기관에 대한 독립성을 보장하기 위해 별도로 예비비를 청구하지 않고도 내부에서 융통성 있게 사용할 수 있도록 한 제도이다.

예비비는 기획재정부장관이 관리하며, 각 중앙관서의 장은 예비비의 사용이 필요할 때에는 그 이유, 금액, 추산의 기초를 명백히 한 명세서를 작성해 기획재정부장관에게 제출해야 한다. 기획재정부장관은 이러한 요구를 심사한 후 필요하다고 인정한 때에는 이를 조정하고 예비비 사용명세서를 작성해 국무회의의 심의를 거쳐 대통령의 승인을 얻어야 한다.[49] 대통령의 승인을 얻으면 기획재정부장관은 이를 세출예산으로서 배정해야 한다.

---

47) 국가재정법 제22조.
48) 국가재정법 제51조 제4항.
49) 국가재정법 제52조.

각 중앙관서의 장은 예비비를 사용한 후 사용명세서를 작성해 기획재정부장관에게 제출해야 하며, 기획재정부장관은 정부의 예비비사용총괄표를 작성해 국무회의의 심의와 대통령의 승인을 받아야 한다. 동시에 기획재정부장관은 예비비 사용총괄명세서를 감사원에 제출하며, 다음 연도 5월 말까지 국회에 제출해 그 승인을 얻어야 한다.[50]

5) 계속비

계속비란 완성에 수년도를 요하는 공사나 제조 및 연구개발사업의 경우 경비의 총액과 연부액을 정해 미리 국회의 의결을 얻은 범위 안에서 수년에 걸쳐 지출할 수 있는 예산을 말한다. 대규모의 장기 계속사업은 총사업비와 그 연차지출계획을 미리 국회의 의결을 얻어 일관성 있게 추진하자는 것이 그 취지이다. 이것은 회계연도 독립의 원칙에 대한 예외로서 시기적인 신축성을 부여하는 제도이다.

계속비는 당해 연도로부터 5년 이내에 한해 지출할 수 있으나 필요하다고 인정할 때에는 국회의 의결을 거쳐 그 연한을 연장할 수 있다. 그리고 계속비의 연도별 연부액 중 당해 연도에 지출하지 못한 금액은 당해 계속비사업의 완성 연도까지 계속 이월해 사용할 수 있다.[51]

6) 국고채무부담행위

「국가재정법」에 따르면 법률에 따른 것과 세출예산 금액 또는 계속비의 총액의 범위 안의 것 외에 국가가 채무를 부담하는 행위를 할 때에는 미리 예산으로써 국회의 의결을 얻어야 한다.[52] 이 규정에 따라 국가가 채무를 부담하는 행위를 국고채무부담행위라고 한다. 이것은 국가가 금전급부 의무를 부담하는 행위로서 그 채무 이행의 책임은 다음 연도 이후에 부담되는 것이 원칙이다.

또한 재해 복구를 위해 필요한 때에는 회계연도마다 국회의 의결을 얻은 범위

---

50) 국가재정법 제52조.
51) 국가재정법 제48조 3항.
52) 국가재정법 제25조.

안에서 채무를 부담하는 행위를 할 수 있다. 이 경우 그 행위는 일반회계 예비비의 사용절차에 준해서 집행한다.[53]

국고채무부담행위는 대상 경비가 한정되어 있지 않으나 계속비는 공사나 제조 및 연구개발사업에 한정되어 있다는 차이가 있다.

7) 수입대체경비

수입대체경비란 용역 및 시설을 제공해 발생하는 수입과 관련되는 경비로서 기획재정부장관이 정하는 경비를 말한다. 수입대체경비가 될 수 있는 경비는 다음과 같다. 국가가 특별한 역무(役務) 또는 시설을 제공하고 그 제공을 받은 자로부터 비용을 징수하는 경우의 당해 경비, 수입의 범위 안에서 관련 경비의 총액을 지출할 수 있는 경우의 당해 경비이다. 사례로 대법원의 등기소 등기부 등·초본 발행경비, 외교통상부의 여권 발급경비 등을 들 수 있다.

수입대체경비는 국고통일주의에 대한 예외이다. 중앙관서의 장은 다른 법률에 특별한 규정이 있는 경우를 제외하고는 그 소관에 속하는 수입을 국고에 납부해야 하며, 이를 직접 사용하지 못한다.[54] 그러나 수입대체경비는 이에 대한 예외로서 수입이 확보되는 범위 안에서 직접 지출할 수 있다. 다만 수입이 예산을 초과하거나 예산을 초과할 것이 예상되는 경우에는 그 초과수입을 당해 초과수입에 직접 관련되는 경비 및 이에 수반되는 경비에 초과지출할 수 있다.

8) 추가경정예산

추가경정예산은 예산집행과 직접 관련된 제도는 아니지만 예산이 성립한 이후 상황의 변화로 인해 사업을 변경하거나 새로운 사업을 추진해야 하는 경우 편성하는 제도라는 점에서 예산집행의 신축성 유지와 관련된다. 경미한 예산 외의 지출 또는 초과지출을 해야 할 경우 예비비를 사용하거나 이용 및 전용을 이용한다. 그러나 중요한 상황의 경우에는 추가경정예산을 편성해야 하며, 사전에 국회의 승인

53) 국가재정법 제25조 2항.
54) 국고금관리법 제7조.

을 얻어야 한다.

9) 수입지출의 특례

수입의 특례에는 과년도 수입과 지출금의 반납이 있다. 지출의 특례에는 자금의 전도, 선금급, 개산급, 도급경비, 과년도 지출 등이 있다.

10) 총액계산 예산

예산집행의 신축성을 높이기 위해 일정 사업에 대해 총액계상 예산을 편성하고 있다. 세부 내용을 미리 확정하기 곤란한 사업의 경우에는 이를 총액으로 예산에 계상해서 편성하는 것이다. 총액계상 예산사업의 범위는 다음에 해당하는 사업으로서 기획재정부장관이 정하는 사업을 말한다. 도로보수사업, 도로안전 및 환경개선사업, 항만시설 유지보수사업, 수리시설 개보수사업, 수리부속지원사업, 문화재보수정비사업, 기타 대규모 투자 또는 보조사업 등이다.[55] 총액계상사업의 총규모는 매 회계연도 예산 순계를 기준으로 100분의 3을 초과할 수 없다.

각 중앙관서의 장은 총액계상사업에 대해서는 예산배정 전에 예산배분에 관한 세부사업 시행계획을 수립해 기획재정부장관과 협의해야 하며, 그 세부 집행실적을 회계연도 종료 후 3개월 이내에 기획재정부장관에게 제출해야 한다. 또한 각 중앙관서의 장은 총액계상사업의 세부사업 시행계획과 세부 집행실적을 국회예산결산특별위원회에 제출해야 한다.

11) 회계연도 개시 전 예산 배정

예산집행의 신축성을 높이기 위해 특정 경비에 대해서는 회계연도 개시 전에 예산배정을 할 수 있도록 하고 있다. 회계연도 개시 전에 예산을 배정할 수 있는 경비는 외국에서 지급하는 경비, 선박의 운영 및 수리 등에 소요되는 경비, 교통이나 통신이 불편한 지방에서 지급하는 경비, 각 관서에서 필요한 부식물의 매입경비,

55) 국가재정법 시행령 제12조.

범죄수사 등 특수활동에 소요되는 경비, 여비, 경제정책상 조기 집행을 필요로 하는 공공사업비, 재해복구사업에 소요되는 경비이다.[56]

3. 중앙정부의 예산집행

1) 예산배정

국회에서 의결된 예산의 집행은 예산배정에서 시작한다. 예산배정이란 확정된 예산을 각 중앙관서가 집행할 수 있도록 예산을 사용할 수 있는 권리를 부여하는 것이다. 기획재정부장관이 예산배정계획과 자금계획을 수립해 국무회의의 심의와 대통령의 승인을 얻은 후 예산집행이 이뤄진다. 각 중앙관서의 장은 예산이 확정된 후 사업운영계획 및 이에 따른 세입세출예산·계속비와 국고채무부담행위를 포함한 예산배정요구서를 기획재정부장관에게 제출해야 한다.[57] 기획재정부장관은 예산배정요구서에 따라 분기별 예산배정계획을 작성해 국무회의의 심의를 거친 후 대통령의 승인을 얻어야 한다. 그리고 예산배정에 관해 감사원에 통지해야 한다.[58]

중앙관서에 대한 예산배정이 끝나면 중앙관서의 장은 예산배정의 범위 내에서 예산지출 권한을 산하기관에 위임하는 절차를 이행한다. 이를 예산재배정이라 한다. 중앙관서의 장은 재무관에게 지출원인행위를 하게 할 때는 배정된 세출예산의 범위 안에서 재무관별로 세출예산 재배정계획서를 작성하고 이에 따라 세출예산을 재배정해야 한다. 산하 기관장은 재배정받은 예산의 범위 내에서 지출할 수 있다(윤영진, 2014: 189).

예산배정은 배정계획의 일정에 따라 정기배정과 수시배정으로 나눈다. 정기배정은 분기별 연간 예산배정계획에 의거해 정기적으로 예산을 배정하는 것이다. 일반적으로 매분기 개시 15~20일 전에 이뤄진다. 수시배정은 예산편성 시 사업계획이

---

56) 국가재정법 시행령 제16조 5항.
57) 국가재정법 제42조.
58) 국가재정법 제43조.

미확정된 경우나 사업 시행의 점검이 필요한 경우 정기배정에 관계없이 각 관서의 배정 요구를 받아 해당 사업의 추진 상황 및 문제점 등을 분석 검토한 후 예산을 배정하는 것이다. 매년 기획재정부장관이 연간배정계획 수립 시에 수시배정 대상 사업을 선정해 각 부처에 통보하고 있으며, 정기배정에서 제외되고 있다. 그 밖에도 예산배정에는 긴급배정, 조기배정, 당겨배정, 배정유보, 감액배정 등이 있다(윤영진, 2014: 189).

2) 지출사무

기획재정부장관은 중앙정부의 지출사무를 총괄하며, 각 중앙관서의 장은 각 소관부서의 지출원인행위와 지출에 관한 업무를 관리한다.[59] 이들 기관을 지출관리기관이라 한다.

재무관은 지출원인행위를 담당한다. 각 중앙관서의 장이 재무관을 맡게 되어 있으나, 소속 관서에 설치된 직위를 지정하여 소속 공무원에게 위임해서 지출원인행위를 하게 할 수 있다.[60]

지출관은 재무관으로부터 지출원인행위 관계 서류를 송부받고 지출을 명하는 명령기관이다. 지출원인행위에 따라 지출관이 지출을 하려는 경우에는 대통령령으로 정하는 바에 따라 채권자 또는 법령에서 정하는 바에 따라 국고금의 지급사무를 수탁하여 처리하는 자("채권자 등")의 계좌로 이체하여 지급하여야 한다. 다만, 정보통신의 장애나 그 밖의 불가피한 사유가 생겼을 경우에는 현금 등을 채권자에게 직접 지급할 수 있다.[61]

관서를 운영하는 데 드는 경비로서 그 성질상 일반 절차에 따라 지출할 경우 업무수행에 지장을 가져올 우려가 있는 경비를 관서운영경비라고 부른다. 관서운영경비는 관서운영경비출납공무원이 지출관으로부터 교부받아 지출하며, 정부구매카드를 사용해야 한다. 다만, 경비의 성질상 정부구매카드를 사용할 수 없는 경우에는 현금 지급이 가능하다.[62]

---

59) 국고금관리법 제19조.
60) 국고금관리법 제21조.
61) 국고금관리법 제22조.

출납기관은 지출관의 지출명령에 따라 현금의 지급을 행하는 집행기관이며, 한국은행, 관서운영경비 출납공무원 등이 있다.

재무관·지출관·출납공무원의 직무는 서로 겸할 수 없다. 다만 기금의 경우에는 대통령령이 정하는 바에 따라 지출관과 출납공무원의 직무를 겸할 수 있다.[63]

3) 수입사무

수입이란 조세, 기타의 세입을 법령에 따라 징수 또는 수납하는 것을 뜻한다. 징수는 수입 조치해야 할 금액을 조사·결정해 이를 납부할 자에게 통지하는 행위이다. 수납은 납부의무자가 납부하는 현금을 수령하는 행위이다.

수입은 수입의 조사 및 결정, 납입고지, 수납 등의 절차를 따른다. 수입징수관은 조사 결정과 납입고지의 사무를 담당하며, 출납공무원은 수납사무를 담당한다.

기획재정부장관은 수입에 관한 사무를 총괄하고, 각 중앙관서의 장은 소관 수입사무를 관리한다. 총괄책임자인 기획재정부장관과 중앙관서의 장의 관계는 대등하며, 기획재정부장관은 수입사무의 총괄관리책임을 질 뿐이다.

수입의 징수기관에는 중앙관서의 장외에 각 중앙관서의 장[64]으로부터 수입 징수사무를 위임받은 수입징수관이 있다. 수입징수관은 납세의무자 등이 신청하는 경우 납입고지서를 전자송달할 수 있으며, 전자송달 업무는 기획재정부장관이 정하는 금융기관 등이 대행할 수 있다.[65]

수입의 수납기관으로는 출납공무원, 한국은행 및 금고은행이 있다.[66]

수입징수관은 수입금출납공무원의 직무를 겸할 수 없다. 다만, 대통령령으로 정하는 특별한 사유가 있는 경우에는 직무를 겸할 수 있다.[67]

---

62) 국고금관리법 제24조.
63) 국고금관리법 제27조.
64) 특별회계 또는 기금의 출납사무를 취급하는 금융기관.
65) 국고금관리법 제11조.
66) 국고금관리법 제12조.
67) 국고금관리법 제13조.

4. 지방정부의 예산집행

1) 예산 배정

지방정부에서 예산집행의 모든 책임은 자치단체장에게 있으며, 단체장은 그 업무를 여러 보좌기관을 통해 처리한다. 예산이 성립하면 단체장은 예산을 배정한다. 예산이 배정되어야 그 범위 내에서 지출이 가능하다. 단체장의 지시를 받은 예산부서가 세입, 세출, 채무부담행위, 명시이월비를 포함한 예산배정계획서를 작성하고 이에 의거해 각 기관에 월별 또는 분기별 배정을 한다. 또한 단체장은 각 기관에 지출한도액을 통보한다. 배정계획서는 세정부서가 마련한 세입예산 월별 징수계획서와 예산부서에서 취합 조정한 세출예산 월별 지출계획서를 바탕으로 작성한다. 이러한 절차는 각 기관에서 다시 하도록 되어 있는데, 이를 예산재배정이라 한다(신무섭, 2014: 222).

2) 지출사무

지출의 원인이 되는 계약 및 그 밖의 행위를 지출원인행위라고 한다. 단체장이 지출원인행위를 하도록 되어 있으나 이 업무를 위임할 수 있다. 이 업무를 위임받은 공무원을 경리관이라고 한다. 지출원인행위는 법률·조례·규칙을 따라야 하고, 예산의 범위 내에서 해야 한다.

지출원인행위가 이뤄지면 그 관계 서류가 지출원에게 송부된다. 지출원은 지방자치단체의 금고에 지급명령을 한다. 지출원은 지급명령을 내리기 전에 그 경비의 지출이 배정된 예산금액과 지출한도액의 금액이 일치하는지 여부와 소속 연도의 세출과목인지 여부를 확인해야 한다.[68]

경리관과 지출원, 그리고 현금출납의 직무는 서로 겸할 수 없는 것이 원칙이다.[69]

---

68) 지방재정법 시행령 제87조.
69) 지방재정법 제75조.

3) 수입사무

지방자치단체의 장은 지방세와 그 밖의 세입을 법령과 조례 또는 규칙에 따라서 징수해야 한다.[70] 자치단체장은 징수 등의 업무를 위임해 처리한다.

징수기관은 세입의 징수원인, 금액에 대해 조사·결정한 후 납부의무자에게 납입고지를 한다.

세입의 수납은 출납공무원만이 할 수 있다. 수입금출납원이라고도 한다. 수입금출납원이 직접 수입을 수납한 경우에는 그 수납금을 당해 지방자치단체 금고에 지체 없이 납입해야 한다. 징수기관과 수납기관은 분리되어 있는 것이 원칙이다.[71]

제 5 절 결산

1. 중앙정부의 결산

결산은 1회계연도 내에서의 세입예산과 세출예산의 모든 수입과 지출을 확정적 계수로 표시하는 행위이다. 예산과 결산은 총액 및 내용이 원칙적으로 일치해야 하지만, 실제로 일치하는 경우는 거의 없다. 세입의 경우 예산은 추정액에 불과하므로 결산 시 실제 징수액과 차이가 생긴다. 세출의 경우 예산의 이월, 예비비 사용, 이용 및 전용, 불용액 등으로 인해 결산액과 차이가 생긴다. 그러나 결산은 예산주기의 마지막 과정으로서 예산집행에 대한 최종 승인을 국민의 대표기관인 국회로부터 받게 되는 재정민주주의의 실현이며, 예산의 집행실적을 보여주는 최종 보고서가 되고, 재정정보를 구축해 차기 예산편성에 대한 정보를 제공하는 중요한 기능을 수행한다.

결산을 하기 위해서는 회계연도에 속하는 세입과 세출의 출납사무를 완결해야 한다. 세입금의 수납과 세출금의 지출 및 지급은 해당 회계연도 말일까지 완결하

70) 지방재정법 제61조.
71) 지방재정법 제64조.

도록 되어 있다. 다만, 몇 가지 예외 상황의 경우에는 다음 연도 1월 15일까지 수납 및 지출이 가능하다.[72] 정부의 세입 · 세출에 관한 출납사무는 다음 연도 2월 10일까지 완결하도록 규정하고 있다.[73] 총세입부 및 총세출부도 같은 기한 내에 마감해야 한다. 총세입부 및 총세출부의 마감에 의해 결산금액이 확정되며, 그 후의 정정은 인정되지 않는다.

각 중앙관서의 장은 국가회계법에서 정하는 바에 따라 회계연도마다 작성한 결산보고서를 다음 연도 2월 말일까지 기획재정부장관에게 제출한다.[74] 국회, 대법원, 헌법재판소, 중앙선거관리위원회 등의 독립기관은 회계연도마다 예비금사용명세서를 작성해 다음 연도 2월 말까지 기획재정부장관에게 제출한다. 기획재정부장관은 회계연도마다 국가회계법에 따른 국가결산보고서를 작성해 국무회의 심의와 대통령의 승인을 얻어 다음 연도 4월 10일까지 감사원에 제출한다.[75]

감사원은 결산에 대한 검사 및 확인을 한다. 감사원은 결산의 검사 및 확인이 끝나면 결산검사보고서를 5월 20일까지 기획재정부장관에게 송부한다. 정부는 감사원의 검사를 거친 국가결산보고서를 다음 연도 5월 31일까지 국회에 제출한다.[76]

국회는 국가결산보고서가 제출되면 예산심의와 동일한 절차를 밟아 결산을 심의 의결한다. 결산도 예산과 마찬가지로 소관 상임위원회의 예비심사, 예산결산특별위원회의 종합심사, 본회의의 심의와 의결을 거쳐 행정부의 예산집행에 대한 책임을 검토한다.

2. 지방정부의 결산

2019년 현재 지방정부는 수입금의 수납과 지출금의 지급을 회계연도 종료까지 해야 한다. 지방자치단체의 회계연도의 출납폐쇄기한이 2015년부터 다음해 2월 말

72) 국고금관리법 시행령 제5조, 제6조.
73) 국고금관리법 제4조의 2.
74) 국가재정법 제58조.
75) 국가재정법 제59조.
76) 국가재정법 제61조.

에서 회계연도 12월 말로 변경되었기 때문이다.[77] 출납폐쇄기한이란 해당 회계연도 내에 지출할 수 있는 지출마감일을 뜻하는 것으로 2014회계연도까지는 2015년 2월 말까지 지출을 할 수 있으나, 2015년도부터는 2015년 12월 31일까지 모든 지출을 끝마쳐야 한다. 다만, 해당 회계연도의 예산에 포함된 경우로서 다음 각 호의 어느 하나에 해당하는 경우에는 다음 회계연도 1월 20일까지 수입 또는 지출 처리를 할 수 있다. ① 회계연도 말에 계약 이행이 완료되어 회계연도 내에 지출하기가 곤란한 경우, ② 국가나 다른 지방자치단체 등으로부터 자금이 교부되지 아니하여 회계연도 내에 지출하기가 곤란한 경우, ③ 그 밖에 해당 회계연도 내에 지출 또는 수입 처리하기가 곤란한 경우로서 대통령령으로 정하는 경우이다.[78]

해당 회계연도에 속하는 세입·세출의 출납에 관한 사무는 다음 회계연도 2월 10일까지 마쳐야 한다. 「지방재정법」의 출납폐쇄기한 변경에 따라 지방자치단체의 결산서 작성 시기도 다음 연도 5월 19일에서 3월 20일로 60일 정도 앞당겨졌다.

결산서의 작성의 종류도 기존 7종에서 통합결산서 4종으로 변경됐으며, 지방자치단체에서는 성과 중심 재정 운영 및 결산정보 활용 제고 등을 위해 결산서를 통합해 작성하게 됐다. 기존 7종 서식은 ① 세입세출결산서, ② 기금결산, ③ 채권현재액, ④ 채무현재액, ⑤ 공유재산현재액, ⑥ 물품현재액 보고서, ⑦(재무결산)재무보고서이다. 변경 4종 서식은 ① 결산개요, ② 세입세출결산(기존의 세입세출, 기금, 채권, 채무, 공유재산, 물품보고서), ③ 재무제표(기존의 재무보고서), ④ 성과보고서(신규)이며, 성과보고서는 2016회계연도 결산부터 적용해 오고 있다.

지방자치단체장은 결산서를 의회에 송부할 때 검사위원회의 검사의견서를 첨부해야 한다.[79] 검사위원회는 의회가 구성한다. 의원, 전직공무원, 회계사, 세무사 등으로 구성되는데, 광역자치단체는 5인 이상 10인 이하, 기초자치단체는 3인 이상 5인 이하로 구성된다. 의원은 검사위원회의 1/3 이상을 점할 수 없다.[80] 검사위원회는 세입·세출, 계속비, 명시이월비, 사고이월비, 채권·채무, 재산·기금, 금고 등의 결산을 검토하여 검사의견서를 단체장에게 제출한다.[81]

77) 지방회계법 제7조.
78) 지방회계법 제7조.
79) 지방회계법 제14조.
80) 지방자치법 시행령 제83조.

결산의 승인은 지방의회의 권한이다. 지방자치단체장은 지방의회에 결산 승인을 요청한 날부터 5일 이내에 결산서를 행정안전부장관에게 제출해야 한다.[82]

요 약

1. 예산과정은 예산편성, 예산심의, 예산집행, 결산의 4단계로 이뤄진다. 이러한 과정이나 단계는 일정한 기간 동안 반복되는 특성이 있다. 이렇게 예산과정의 단계들이 반복되는 일정한 주기를 예산주기라고 부른다.
2. 예산편성은 다음 회계연도의 세입과 세출을 예측해서 계산하는 과정을 말한다. 이를 통해 정부의 사업과 계획에 사용될 재원을 추계하고, 각종 정책 및 사업에 지원할 지출규모를 계산한다.
3. 중기재정계획은 중앙정부의 경우 국가재정운용계획이라고 부르며, 지방정부의 경우 중기지방재정계획이라고 부른다. 이를 작성함으로써, 재정의 예측가능성을 제고하고, 전략적 재원배분 기능을 강화하며, 재정적 연계성을 확보하게 한다.
4. 중기재정계획에 따라 예산한도액을 배정하고, 이에 따라 한도액 내에서 부서별로 예산을 배정하는 것을 총액배분자율편성예산제도라고 한다.
5. 세입 및 세출예측의 기법은 크게 계량적 방법과 비계량적 방법으로 구분할 수 있다. 비계량적 방법으로는 직관, 전문가들에 의한 판단, 브레인스토밍 기법, 델파이 기법 등의 방법이 있으며, 계량적 방법으로는 회귀분석, 비용편익분석 등이 가장 많이 활용된다.
6. 중앙정부의 예산편성 과정은 ① 중기사업계획서의 제출, ② 예산편성지침과 기금운용계획 작성지침의 통보, ③ 예산요구서의 작성과 제출, ④ 기획재정부의 예산사정, ⑤ 정부예산안의 확정과 국회 제출로 이뤄진다.
7. 지방정부의 예산편성 과정은 ① 예산편성기준의 시달, ② 지방자치단체의 예산편성지침 시달, ③ 실국의 예산 요구, ④ 단체장의 예산사정, ⑤ 집행부 예산안 제출로 이뤄진다.
8. 예산심의는 행정부가 작성한 예산안을 입법부가 심사하는 정치과정으로 국민의 대표기관인 입법부가 행정부의 재정활동에 참여하고 통제하는 의미가 있다.
9. 중앙정부 예산의 심의과정은 ① 국정감사, ② 시정연설, ③ 상임위원회의 예비심사, ④ 예

81) 지방자치법 시행령 제84조.
82) 지방회계법 제14조 5항.

산결산특별위원회의 종합심사, ⑤ 본회의 의결로 이뤄진다.

10. 지방정부 예산의 심의과정은 ① 단체장의 예산안 제안설명, ② 상임위원회의 예비심사, ③ 예산결산특별위원회의 종합심사, ④ 본회의 의결로 이뤄진다.
11. 예산집행 과정에서 통제를 위한 장치로서 ① 예산배정과 자금배정, ② 회계기록 및 보고제도, ③ 정원 및 보수의 통제, ④ 계약의 통제, ⑤ 총사업비의 관리 등이 있다.
12. 예산집행 과정에서 신축성을 보장하기 위한 장치로서 예산의 이용과 전용, 이체, 이월, 예비비, 계속비, 국고채무부담행위, 수입대체경비, 추가경정예산, 수입지출의 특례, 총액계산 예산, 회계연도 개시 전 예산배정 등이 있다.
13. 결산도 예산과 마찬가지로 소관 상임위원회의 예비심사, 예산결산특별위원회의 종합심사, 본회의의 심의와 의결을 거쳐 행정부의 예산집행에 대한 책임을 검토한다.
14. 지방정부 결산의 승인은 지방의회의 권한이다. 지방자치단체장은 지방의회에 결산 승인을 요청한 날부터 5일 이내에 결산서를 행정안전부장관에게 제출해야 한다.

Chapter 06 연습 문제

주관식

1. 예산과정의 단계들이 반복되는 일정한 주기를 무엇이라고 하는가?
2. 지출의 원인이 되는 계약 및 그 밖의 행위를 무엇이라고 하는가?
3. 완성에 수년도를 요하는 공사나 제조 및 연구개발사업의 경우 경비의 총액과 연부액을 정해 미리 국회의 의결을 얻은 범위 안에서 수년에 걸쳐 지출할 수 있는 예산을 무엇이라고 하는가?
4. 지방자치단체의 발전계획과 수요를 중・장기적으로 전망해서 반영한 다년도 예산을 무엇이라고 하는가?
5. 예산의 이용과 전용의 의미 및 둘 사이의 공통점과 차이점에 대해 간단히 서술하시오.

객관식

01. 다음 중 우리나라의 예산주기는?

① 약 1분기 ② 약 1반기 ③ 약 1년
④ 약 2년 ⑤ 약 3년

02. 다음 중 중기지방재정계획에 포함되지 않는 것은?

① 재정운용의 기본방향과 목표
② 중장기 재정 여건과 재정규모 전망
③ 조세부담률 및 국민부담률 전망
④ 분야별 재원배분계획
⑤ 예산과 기금별 운용방향

03. 다음 중 예산총액배분자율편성제도의 도입 배경이 아닌 것은?

① 각 부처의 지나친 예산 요구
② 각 부처별 사업과 국가의 종합적인 계획과의 불일치
③ 1회계연도에 국한된 단기성
④ 중앙예산기관의 업무 부담 가중
⑤ 각 부처의 자율성 약화

04. 다음 세입 및 세출의 기법 중에서 다른 네 가지와 성격이 다른 하나는?

① 회귀분석
② 전문가들에 의한 판단
③ 델파이 기법
④ 브레인스토밍
⑤ 시나리오 작성

05. 다음 예산집행 과정에서 통제를 위한 장치에 해당하는 것은?

① 예비비
② 예산 배정과 자금 배정
③ 계속비
④ 국고채무부담행위
⑤ 수입대체경비

정답 및 해설

[주관식]

1. 예산과정의 단계들이 반복되는 일정한 주기를 예산주기 또는 예산순기라고 한다.
2. 지출의 원인이 되는 계약 및 그 밖의 행위를 지출원인행위라고 한다.
3. 완성에 수년도를 요하는 공사나 제조 및 연구개발사업의 경우 경비의 총액과 연부액을 정해 미리 국회의 의결을 얻은 범위 안에서 수년에 걸쳐 지출할 수 있는 예산은 계속비이다.
4. 지방자치단체의 발전계획과 수요를 중 · 장기적으로 전망해 반영한 다년도 예산은 중기지방재정계획이다.
5. 세출예산은 각 기관 장, 관, 항, 세항, 목 등의 예산과목으로 분류되어 있다. 예산과목 중에서 장 · 관 · 항은 입법과목이라 하며, 세항 · 목은 행정과목이라고 한다. 예산의 이용은 각 기관 장 · 관 · 항 간에 상호 융통하

는 것을 말한다. 즉, 입법과목 간의 상호 융통을 말한다. 예산의 전용은 행정과목인 세항 · 목 간에 상호 융통하는 것을 말한다.

이용과 전용의 공통점은 예산한정성의 원칙의 하나인 목적외 사용 금지의 원칙에 대한 예외라는 것이다. 이용과 전용의 차이점은 다음과 같다. 예산의 이용은 원칙적으로 허용되지 않는다. 이용의 범위는 인건비, 공공요금, 기관운영비, 국공채 원리금 상환 등에 국한된다. 반면, 예산의 전용은 회계연도마다 기획재정부장관이 위임하는 범위 안에서 각 중앙관서의 장이 각 세항 또는 목의 금액을 자체적으로 전용할 수 있다. 전용의 범위에는 특별한 제한이 없다.

[객관식]

1. ⑤ 우리나라의 예산주기는 약 3년이다. 올해 집행되고 있는 예산의 편성과 심의는 전년도에 이뤄지며, 확정된 예산의 집행은 당해 연도인 올해에 이뤄지며, 결산 및 회계검사는 다음 연도에 이뤄지기 때문이다.

2. ③ 조세부담률 및 국민부담률 전망은 중기지방재정계획의 내용이 아니라 국가재정운용계획에 포함되는 내용이다.

3. ⑤ 중앙예산기관의 입장에서는 각 부처의 예산 요구를 삭감하는 역할을 주로 하게 되는데, 각 부처의 전문성을 이해하지 못하는 상태에서 일률적인 삭감이 이뤄짐에 따라 각 부처의 자율성을 저해하는 문제가 발생했다.

4. ① 세입 및 세출예측의 기법은 크게 계량적 방법과 비계량적 방법으로 구분할 수 있다. 비계량적 방법으로는 직관, 전문가들에 의한 판단, 델파이 기법, 브레인스토밍 기법 등의 방법이 있으며, 계량적 방법으로는 회귀분석, 비용편익분석, 추세분석 방법이 가장 많이 활용된다.

5. ② 예산집행 과정에서 통제를 위한 장치로서 ① 예산배정과 자금배정, ② 회계기록 및 보고제도, ③ 정원 및 보수의 통제, ④ 계약의 통제, ⑤ 총사업비의 관리 등이 있다.

Chapter 07

재정정보관리시스템

개 관

1990년 중반 이후 IT 기술을 기반으로 한국의 전자정부는 선도적인 지위를 가지고 있다. 그리고 이러한 전자정부 기술을 기반으로 2000년대 이후에는 예산회계정보 시스템도 잘 구축하고 있다. 내부관리와 관련해서 예산과 결산, 세입과 지출, 계약과 집행과정 그리고 성과관리에 이르기까지 모든 과정을 재정정보시스템으로 관리하고 있다. 그리고 이 중 국민적 관심이 있는 통계자료를 웹사이트를 통해 국민에게 공개하고 있다. 다만 각 주체에 따라 중앙정부, 지방정부, 국가공기업, 지방공기업, 지방교육 등으로 관련 재정정보시스템이 분산되어 있는 문제점은 있다. 통합은 어렵더라도 연계할 수 있는 플랫폼의 기능을 확보해야 한다. 특히 복잡하고 다양한 재정 관련 통계자료를 국민이 알기 쉽고 의미가 있는 지표로 전환하는 노력도 필요하다.

Chapter 07

재정정보관리시스템

제 1 절 한국 재정정보관리시스템의 연혁과 발전 과정

정부 주도형 경제개발의 과정이 끝나고 1997년 외환위기를 극복하고 나서 재정 운영 과정에 전면적인 개편이 시도되었다. 2004년부터 추진된 재정개혁을 '3+1 재정개혁'이라고 명명하고 있다. 국가재정계획, 총액배분 자율편성, 성과관리 체계의 도입을 통해 절차의 개혁이 이뤄졌고, 이를 IT 기반으로 지원하기 위해 재정정보시스템이 구축되었다. 이러한 재정정보시스템을 기반으로 국민에게 공개하기 위한 재정정보공개시스템이 구축되었다. 한국의 재정개혁은 이러한 개혁이 동시에 추진되면서 상호 연계된 특징을 가지고 있다.

하나하나는 매우 세련된 그리고 완결성을 가지고 있는 시스템이지만, 각 시스템이 연계되지 못하고 개별적으로 발전되고 있는 쟁점이 야기되고 있다. 그것은 시스템의 문제라기보다는 정부 기능이 연계되지 못한 데에 기인한다. 이에 중앙정부의 dbrain system, 지방정부의 e 호조, 교육 관련 재정의 edufine 그리고 공공기관의 알리오(Alio) system으로 개별적으로 발전되는 이유이다. 그리고 국민에게 공개되는 시스템도 별개로 전개되고 있다.

현행 우리나라의 재정정부시스템 구조 그리고 이에 따른 재정정보공개시스템의 특징을 살펴보고 향후 과제를 정리한다.

그림 7-1 2000년대 재정정책의 변화 : 3+1 개혁의 의미

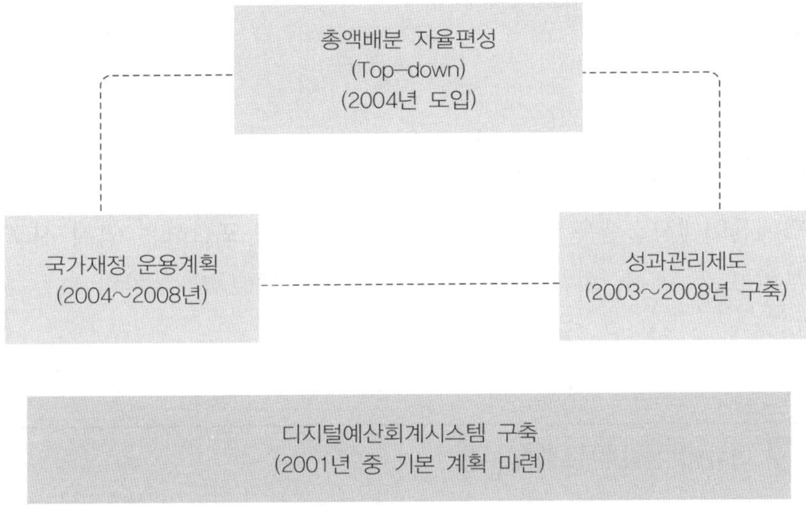

표 7-1 재정정보시스템과 분산체계

	중앙정부			지방정부
	중앙재정	교육	공공기관	
담당 부처	기획재정부	교육부	기획재정부	행정안전부
근거법	「국가재정법」 「국가회계법」	「지방재정법」 (사실상 미비)	「공공기관 운영에 관한 법률」	「지방재정법」 「지방회계법」
시스템 관리	한국재정정보원	교육부	기획재정부	한국지역정보개발원
전문지원기관	조세재정연구원 국가회계 통계센터	교육정보 개발원	조세재정연구원 공공기관 운영센터	한국지방재정공제회 지방회계통계센터
내부관리 시스템	dbrain	edufine	Alio	e호조
정보 공개	열린재정 www.openfiscaldata.go.kr	교육재정정보 시스템	Alio www.alio.go.kr	지방재정 365

제 2 절 한국 재정정보관리시스템의 특징과 장점

1) 중앙재정

(1) 재정정보관리시스템의 구성과 특징

디지털예산회계시스템은 공공부문의 재정시스템을 포괄하는 연계 시스템이다. 중앙부처 모든 예산, 회계, 사업을 총괄한다. 그리고 각 부처의 모든 사업이 연계된다.

그림 7-2 디지털예산회계시스템의 구성

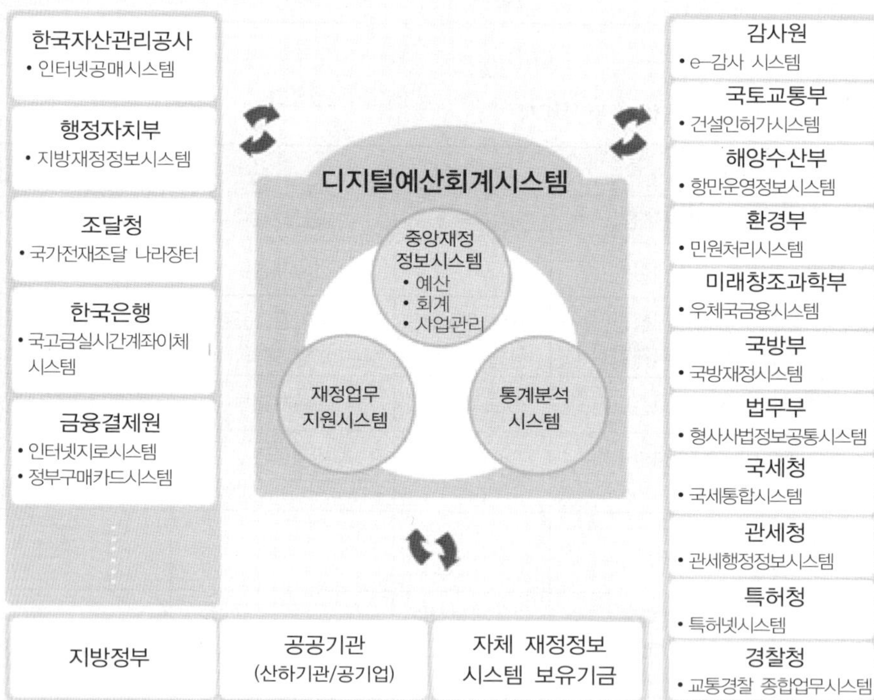

그리고 국가재정 운용계획, 예산편성, 집행, 결산과 성과평가 등 국가재정의 전체 생애주기가 관리되고 있다.

그림 7-3 국가재정의 전체 생애주기를 관리하는 통합재정정보시스템

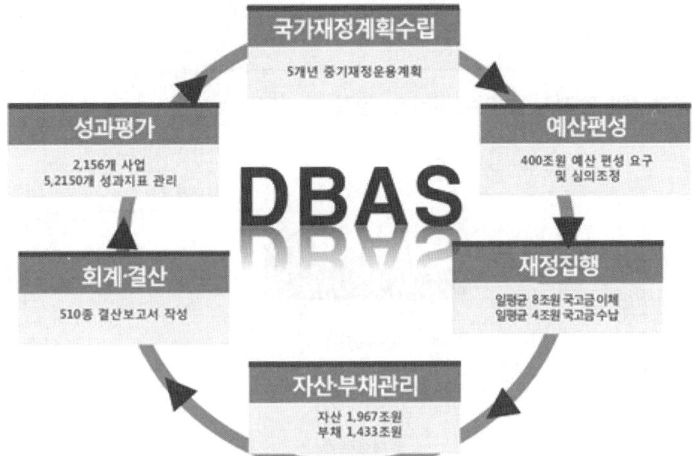

1) DBAS (Digital Budget & Accounting System)
2) dBrain은 digital을 의미하는 'D'와 Brain이 조합된 형태

(기준 : 2016)

재정자금 집행과 동시에 발생한 거래를 실시간으로 계정별 거래 유형을 통해 자동으로 분류(자동분개) 처리한 후, 해당 프로그램별로 원가를 계산해 성과관리에 활용한다. 복식부기 · 발생주의 회계제도는 2007년부터 2008년까지 시험 운영을 거쳐, 2009년부터 본격적으로 운영되고 있다.

그림 7-4 회계시스템

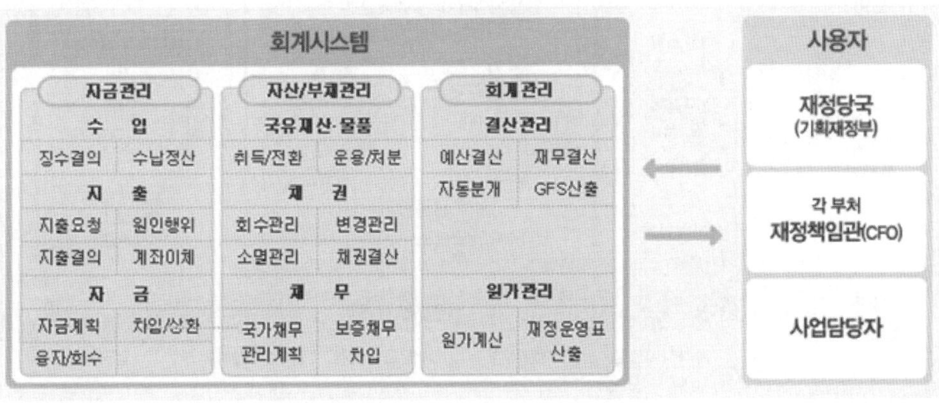

한국은행, 시중은행과 연계해 국고금의 전자자금 이체서비스를 제공한다. 이를 통해 모든 사업 집행이 실시간으로 관리된다.

그림 7-5 국고금의 전자자금 이체서비스 절차

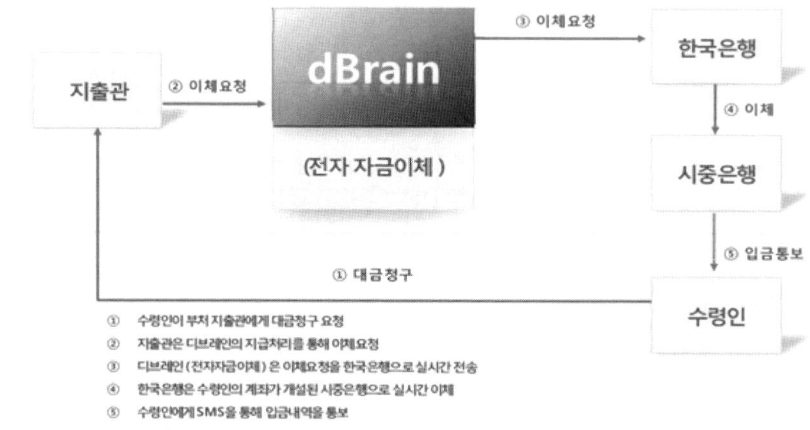

* EFT(Electronic Funds Transfer)

그림 7-6 재정정보공개시스템 구성

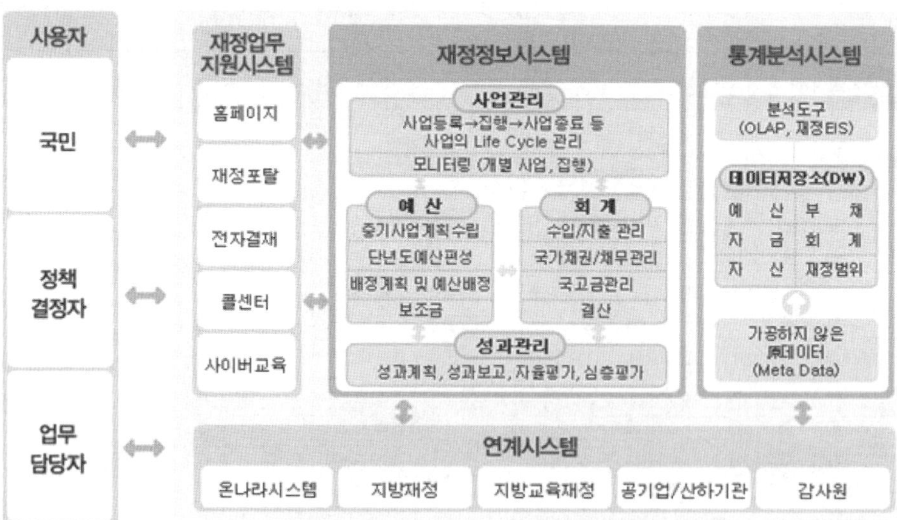

그림 7-7 열린재정 웹 사이트

(2) 재정정보공개시스템의 특징

디지털시스템을 통해 최종적으로 다양한 통계자료를 정리하고 있다. 고품질 재정정보를 투명하게 제공하는 통계분석시스템을 가지고 있다. 분야별·부처별·기능별 등 여러 측면에서 통계분석을 수행해 과거 실적, 현황, 예측 등 다양하고 정확한 통계분석 자료를 제공해 정부의 정책결정이 올바르게 이뤄질 수 있도록 지원하고, 국민에게도 상세한 정보를 투명하게 제공한다.

그리고 열린재정(www.openfiscaldata.go.kr)의 사이트를 통해 다양한 정보를 제공하고 있다.

2) 지방재정

(1) 재정정보관리시스템의 구성과 특징

행정정보시스템과 재정정보시스템으로 구분되어 개발되어 있다.

'지방행정종합정보공개시스템(내고장알리미: Local Administration Integrated Information System)'은 국가기관 및 지방자치단체 홈페이지에 공개 중인 다양한

그림 7-8 지방행정종합정보공개시스템의 구성

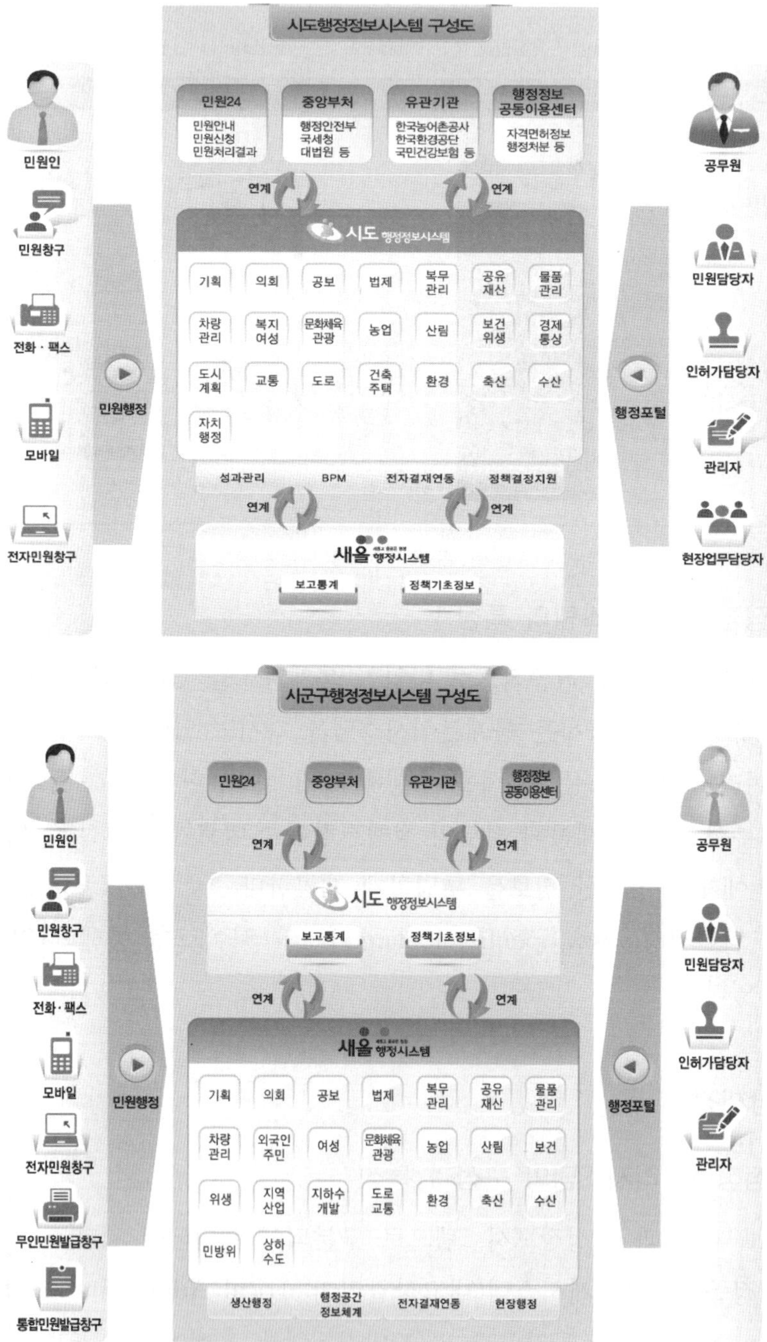

행정통계 정보를 수집, 도표 및 그래프 등을 이용해서 지방자치단체별, 지표별 비교·분석할 수 있도록 행정통계 정보를 제공하는 공개시스템이다(http://www.laiis.go.kr(2007.1.10 서비스 개시). 행정정보시스템은 시도행정정보시스템과 시군구행정정보시스템으로 구분되어 있다.

지방행정종합정보공개시스템은 지방행정 통계정보와 관련해서 7개 분야 28개 부문 217개 지표가 관리되고 있다.

표 7-2 지방행정종합정보공개시스템 업무 현황

분야(7개)	부문(28개)	지표 수(217종)
① 일반현황	인구/세대,외국인 등 4개	인구, 출산률, 외국인 수 등 22종
② 희망복지	기초생활, 취약계층 등 4개	국민기초생활수급자 수 등 19종
③ 투명행정	기구정원, 예산·재정 등 5개	공무원수, 재정자립도 등 45종
④ 교육문화	학교/학생, 취업/진학 등 4개	초·중·고등학교 수, 취업률 등 28종
⑤ 주민안전	소방구조, 교통안전 등 4개	허위·장난신고 비율 등 37종
⑥ 튼튼경제	산업경제, 토지·주택 등 4개	실업률, 취등록세 등 47종
⑦ 환경관리	상수도, 하수도관리 등 3개	상하수도 요금, 쓰레기배출량 등 19종

그림 7-9 지방행정종합정보공개시스템 개념도

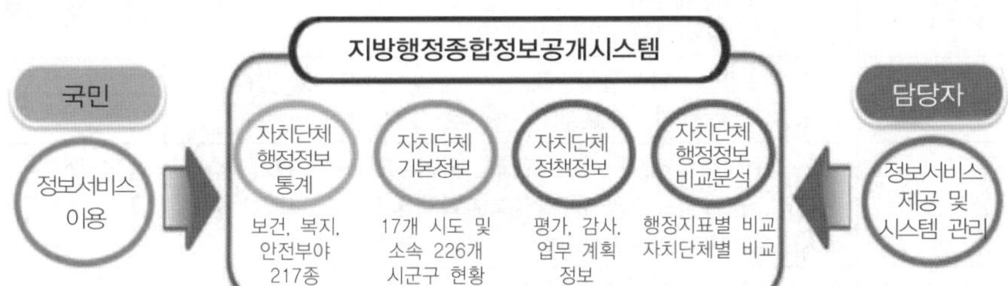

한편 지방재정정보화 관련 정보시스템(재정분석시스템, 재정통합 DB구축시스템, 지방재정365)을 통합 운영·관리하는 'e 호조'라는 별칭의 지방재정정보관리시스템이 개발되었다.

이는 시도·시군구의 지방재정(예산, 지출, 결산 등 15개 분야) 업무 및 통계관리를 위한 표준화된 지방재정관리시스템의 안정적 운영관리 수행을 통해 지방재정 업무의 효율성을 제고한다. 이를 통해 시군구↔시도↔중앙행정기관 간 유관 업무

표 7-3 지방재정관리시스템 업무 현황(15개 업무)

No	업무 영역	주요 기능	유관 기관/시스템
1	재정계획관리	사업관리, 중기재정계획관리, 투·융자심사관리, 업무지침, 기타심사관리	
2	예산관리	예산기준정보관리, 예산편성관리, 예산(재)배정관리, 예산변경관리, 예산결산, 예산개요, 재정공시, 재정연감, 재정분석, 사전위기관리	기획재정부(dBrain)
3	지출관리	지출품의관리, 지출원인행위관리, 지출결의관리, 지급명령관리, 일상경비관리, 전자자금이체관리, (e-뱅킹), 지출결산관리, 조기집행관리, 복지급여 연계	금융기관 e-뱅킹 시스템
4	자금관리	자금계획관리, 자금배정관리, 자금수지관리, 자금운용관리, 자금조달관리, 자금마감관리	
5	수입관리	보조금관리, 교부세관리, 채권관리, 기금수입관리, 수입대체경비관리	기획재정부(dBrain)
6	계약관리	계약요청관리, 입찰및낙찰관리, 계약대장관리, 대금지급, 검사(수)관리, 결산관리, 공사하자관리, 계약심사관리	조달청(G2B)
7	자산관리	고장자산관리, 결산관리, 공통관리	행정안전부 (시도행정정보시스템, 새올행정시스템)
8	부채관리	지방채관리, 기타채무관리, 채무현황및채무통계, 세입세출외현금관리, 부채결산, 기준정보관리	기획재정부(dBrain)
9	재무결산관리	기준정보관리, 회계결의관리, 장부관리, 마감 및 결산관리, 이월관리, 개시재무제표관리, 결산조사서식관리	조달청(G2B)
10	원가관리	원가기준정보관리, 원가대상관리, 사업수익관리, 원가귀속자산관리, 원가정보관리, 공기업특별회계원가관리, 재정운영보고서조회, 원가정보분석조회	행정안전부 (시도행정정보시스템, 새올행정시스템)
11	상시모니터링	예산 분야, 지출 분야, 계약 분야, 자금 분야, 부채 분야, 모니터링	
12	통합재정통계	통합재정수지 기준정보, IMF GFS 통합재정통계, 예산통계자료 구축, 결산통계자료 구축, 예산결산 현황, 통합재정수지 자료관리, 분석 결과 서식	행정안전부 (시도행정정보시스템, 새올행정시스템)
13	재무통계분석	광역통계분석, 중앙통계분석	기획재정부(dBrain)
14	기준정보	코드 및 운영관리	
15	사업관리카드	재정계획 내역관리, 예산관리 내역관리, 수입관리 내역관리, 자금관리 내역관리, 지출관리 내역관리, 계약관리 내역관리	

시스템과 정보 연계를 통해 국가 및 지방자치단체의 재정분석을 하고, 통계관리 등을 통해 정책 수립을 지원한다.

(2) 재정정보공개시스템의 특징

'지방재정365'라는 웹 사이트를 통해 지방재정 관련 정보를 제공한다. 243개 자치단체별 정보도 제공되지만, 이를 통합한 통계자료로 제공되고 있다.

그림 7-10 지방재정365 웹 사이트

3) 교육재정

(1) 통합재정관리시스템

과거 지방교육재정알리미(eduinfo)와 지방교육 행재정통합시스템(edufine)으로 구분되어 있었으나 중복되는 시스템의 내용을 통합하기 위해 eduinfo로 통합되었다.

그림 7-11 eduinfo

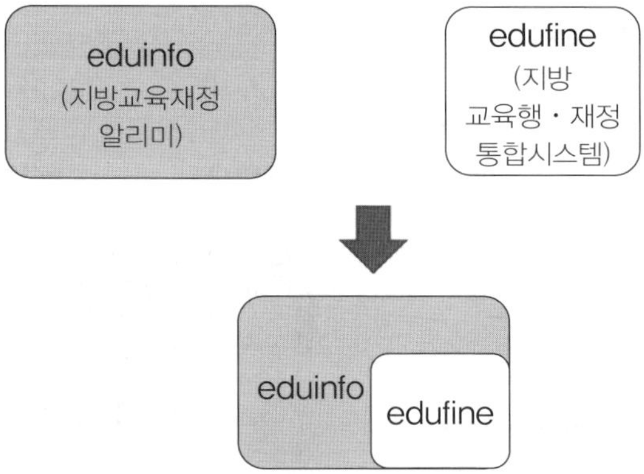

(2) 재정정보관리시스템의 구성과 특징

Eduinfo에서는 지방교육청 관련 지방교육재정에 관한 정보가 통합관리되고 있다.

4) 공공기관 재정정보공개시스템의 특징

현재 중앙정부에 338개의 공공기관이 있다. 각 공공기관은 각자 웹 사이트가 있고, 이를 통해 다양한 정보를 공개하고 있다. 그러나 한국 소유권 집중(centralized ownership)의 정책을 집행하고 있다. 이에 기획재정부 공공정책국의 주관으로 통합재정정보관리시스템(www.alio.go.kr)을 가지고 있다.

이는 338개 공공기관을 통합한 사이트이다. 이를 통해 공공기관 전체의 예산, 회계 관련 정보가 공개된다. 심지어 조달이나 채용에 관해서도 통합해서 정보를 제공한다. 이에 관한 자료의 정확성을 확인하기 위해 한국조세재정연구원의 공공기관 연구센터가 검증 기능을 수행한다.

그림 7-12 지방교육재정알리미의 구성

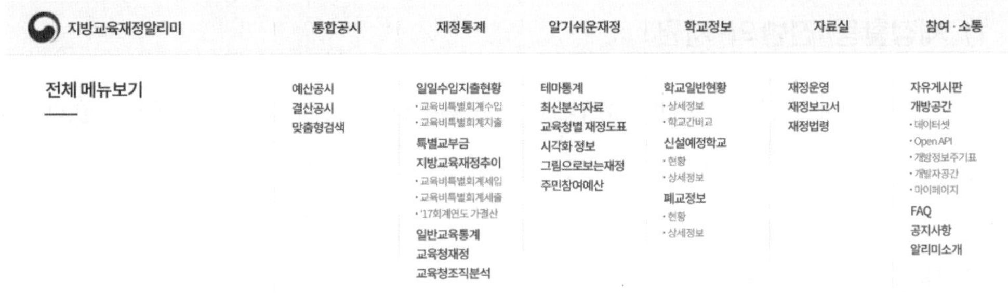

그림 7-13 알리오 시스템의 구성

제 3 절 한국 재정정보관리시스템의 성과와 쟁점

1. 주요 기능

1) 재정활동 전반의 지원

중앙정부의 예산편성, 집행, 자금관리, 국유재산/물품관리, 채권/채무, 회계결산까지 모두 하나의 시스템에서 처리할 수 있도록 구성되어 있다.

2) 재정혁신 뒷받침

국가재정 운용계획 수립, 예산총액배분 자율편성제도, 성과관리예산제도 등 재정혁신을 지원하기 위해 프로그램 예산체계를 기반으로 구축되었으며, 자금과 자산·부채를 상호 연계 관리하고 국가재정의 재무정보를 정확히 산출할 수 있도록 복식부기·발생주의 회계제도를 반영해 재정위험관리 기반을 마련한다.

3) 재정의 실시간 관리

재정자금 출납의 모든 과정을 전자화하고 이를 기반으로 재정 운영 현황을 실시간으로 파악할 수 있도록 구성되어 있다.

4) 재정통계 분석정보 산출

분야별·부처별·기능별 등 여러 측면에서 통계분석을 수행함으로써 과거 실적, 현황, 예측 등 다양하고 정확한 통계분석 자료를 제공하고, 정부의 정책결정이 올바르게 이뤄질 수 있도록 지원하고 국민들에게도 상세한 재정정보를 투명하게 제공한다.

그림 7-14 성과 중심의 재정 환류를 지원하는 통합재정정보시스템

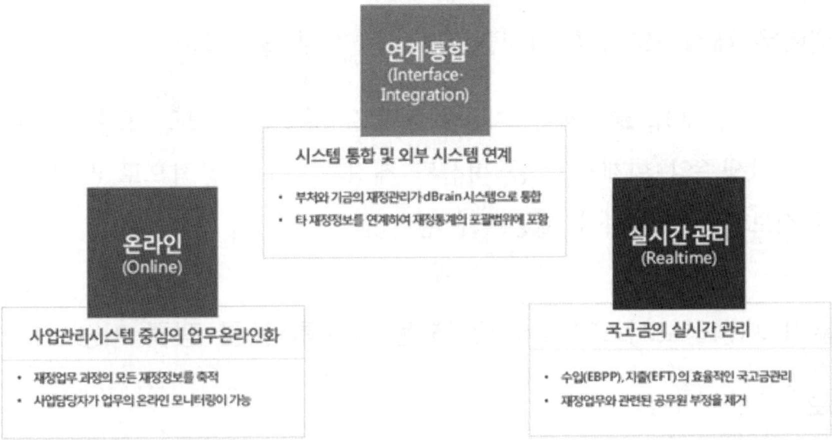

2. 성과

1) 공공부문 재정활동의 정확한 현황을 쉽게 파악

정부가 장기적인 안목에서 어떤 사업에 얼마의 예산을 책정하고 지금까지 얼마를 사용했으며, 실제로 예산을 얼마나 절약 또는 낭비했는지 꼼꼼히 살펴볼 수 있다.

2) 재정 낭비 요인의 제거

필요한 예산을 마련할 때 기존 사업이 제대로 이뤄졌는지를 따져볼 수 있다. 이를 통해 우리나라 전체 재정활동에 대한 정보가 정확하게 관리될 수 있다. 국민이 알아야 할 정보, 알고 싶은 정보가 투명하게 제공된다.

3) 재정 관련 정책의 합리적인 결정을 지원

우리나라 수입과 지출에 따라 경제가 얼마나 성장할지 등 각종 경제 상황에 대한 시뮬레이션 자료가 제공된다. 국가가 지고 있는 빚이 많지 않은지, 국민이 부담해야 할 이자가 늘어나고 있지 않은지 등의 위험지표를 통해 국가재정에 대한 위

험관리가 가능해진다.

4) 새로운 재정제도가 뿌리내릴 수 있는 기반을 제공

국가재정 운용계획, 총액배분 자율편성제도, 성과관리제도, 프로그램 예산제도, 복식부기 · 발생주의 회계제도 등 혁신된 재정제도가 성공적으로 시행될 수 있도록 앞선 정보기술 인프라를 제공하게 된다.

5) 통합 재정정보시스템에서 제공되는 정보를 통한 정책 기능 강화

(1) 국민

예산규모, 집행실적, 성과평가 결과 등 재정활동에 대한 정보를 투명하고 쉽게 파악할 수 있어서 재정에 대한 국민감시 및 참여의 길이 넓어진다. 궁극적으로 사업성과가 좋아지고, 낭비가 줄어들면서 국민의 세금을 절약할 수 있게 된다.

(2) 국회

정책과 성과관리 단위인 프로그램 중심으로 예산과 결산이 집행되므로, 예산과 결산의 심의가 쉬워진다. 이를 통해 정부정책 활동별로 수행부서, 수행사업 내용, 예산과 성과분석이 용이해진다.

(3) 각 부처

국가재정 운용계획 수립, 예산편성 및 재정집행, 결산을 효율적이고 쉽게 수행할 수 있다. 사업의 생애주기(life cycle)가 관리되기 때문에 사업의 추진 경과 관리가 가능해져 부처담당자의 책임감이 높아지고 사업의 성과를 높일 수 있다.

(4) 재정 당국

사업의 예비타당성, 집행, 성과정보 등을 바탕으로 예산을 합리적으로 편성할 수 있다. 재정활동의 평가 · 분석 · 예측 능력을 높일 수 있고, 재정 위험을 좀 더 체계적으로 관리할 수 있다.

3. 쟁점

1) 시스템의 분리체제

현재 국민의 입장에서 보면 재정정보공개시스템은 중앙정부, 지방정부, 지방교육, 공공기관의 시스템이 각각으로 공개되고 있다.

첫째, 정보가 연계되지 못하는 한계가 있다. 중앙과 지방이 연계된 통합재정이 관리되지 못한다. 특히 지방교육재정이 중앙재정의 연장에 있어 지방재정의 이해에 혼란을 유발한다.

둘째, 접속도 어렵다. 각각의 사이트를 가지고 있고, 접속도 각각의 통로로 접속되기 때문에 접근을 어렵게 하는 요인이 된다.

국민의 입장에서 접속의 통로를 단일화한 플랫폼이 필요하다. 웹 사이트를 통합하고 통계자료를 통합하는 것은 쉽지 않다. 다만 연계는 필요하다.

2) 재정관리 체계의 복잡성

현재 우리의 재정은 매우 복잡하게 설계되어 있다. 일반회계, 특별회계, 기금으로 분리되어 있다. 본예산 이외에 추가경정예산이 있어 이를 통합한 자료여야 재정을 정확하게 이해할 수 있다.

재정정보화가 잘 진행되어 있더라도 재정의 간소화가 이뤄지지 않으면 결국은 복잡한 재정의 복잡한 시스템이 된다. 시스템의 발전 이전에 재정개혁이 필요한 이유이다.

3) 통합관리체계의 부족

정부기구와 법률체계 그리고 관리체계가 분리되어 있다. 국가재정법과 지방재정법으로 구분되어 있다. 그리고 복식부기와 발생주의 회계관리 방식을 규율하는 국가회계법과 지방회계법으로 분리되어 있다.

이를 지원하기 위한 전문기관도 중앙은 한국조세재정연구원의 국가회계통계센터가 있고, 지방은 한국재정공제회의 지방회계통계센터로 분리되어 있다.

이러한 분리체계는 분리시스템을 고착화할 우려가 있다. 상호 협력하는 소통 체계가 필요하다. 연계 협력을 위한 출발은 추진기구와 관리체계의 연계에서 시작할 수 있다.

제 4 절 한국 재정정보관리시스템의 발전 과제

1. 통합과 연계

기획재정부가 중앙재정을 총괄하고 행정안전부가 지방재정을 총괄하는 체계에서 두 개의 시스템을 통합하는 것은 어려워 보인다. 지방교육재정 역시 중앙재정도 아니고 지방재정도 아닌 상황에서 통합하기는 어려워 보인다.

그러나 국민은 통합자료를 확인하고 싶어 한다. 그리고 이러한 재정구조가 어떻게 연계되는지도 알고 싶어 한다. 국고보조금과 지방교부세를 통해 중앙과 지방은 긴밀하게 연계되어 있다. 지방교육교부금(내국세의 20.27%)을 통해 중앙재정과 지방교육재정도 연계되어 있다. 지방세의 일정 비율을 지방교육으로 지원하기 때문에 지방재정과 지방교육재정도 밀접하게 연계되어 있다. 이들을 연계해서 통계자료를 생산할 필요도 있다.

여기에서 정확하게 지정해야 할 개념은 통합과 연계이다.

첫째, 시스템 통합은 현재로서는 어렵다고 하더라도 시스템의 연계는 필요하다. 일정한 플랫폼을 마련해서 시스템이 연계되어 있다는 것을 보여줄 필요도 있다.

둘째, 시스템과 달리 통계자료의 경우에는 중앙재정과 지방재정을 통합한 자료의 생산이 필요하다. 예산총계와 예산순계의 구분을 통해 국가적 차원의 통계가 필요하다. 아직은 재정의 관점에서 완전한 지방자치가 이뤄지지 않고 있기 때문이다.

그림 7-15 (가칭) 국가재정알리미 종합포털 구축

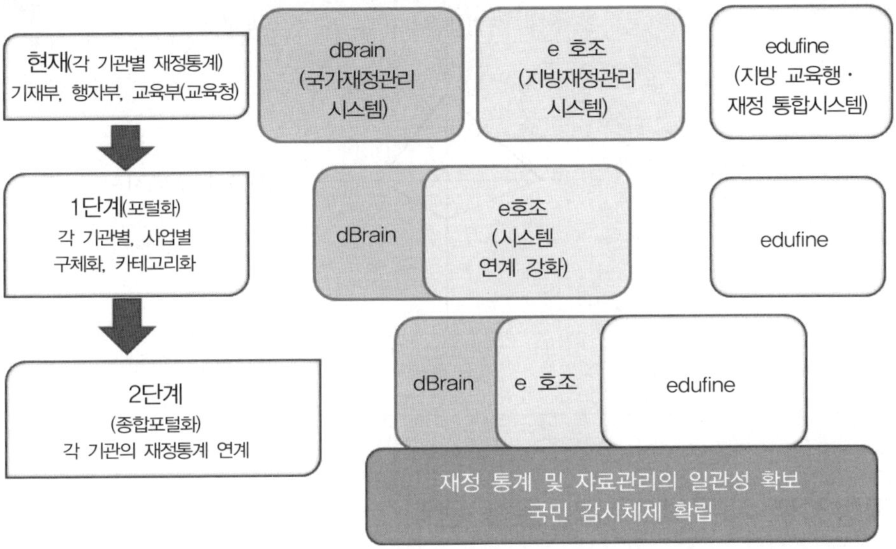

2. 지표관리와 투명성

좋은 자료를 통해 좋은 정보를 생산할 수 있어야 한다. 재정정보 공개는 1차 자료(raw data)의 통계자료의 제공 수준이다. 이를 분석하고 의미를 전달하는 노력이 부가되어야 한다. 예컨대 채무 비율만 제공되고 있지만, 재정건전화를 평가하는 지표의 관리도 병행될 필요가 있다.

표 7-4 새로운 재정건전성 관리를 위한 통합지표 제안

	재정분석 지표	재무분석 지표
stock	지방채무 잔액지수	차입부채 대비 재정자금 비율(재정상태)
flow	통합재정수지	총비용 대비 경상비용 비율(재정운영)

그림 7-2 재정건전화의 stock과 flow의 관계에 따른 4분면 분석 제안

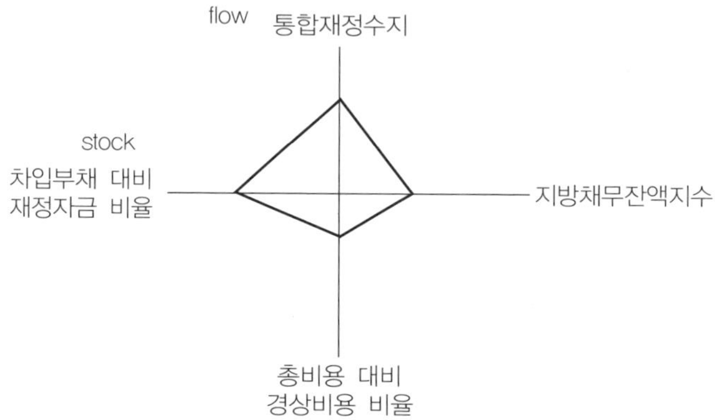

3. 지방정부 재무보고서의 통합 관리

243개 지방정부가 개별적으로 재무보고서를 발표하고 있다. 이를 통합해서 관리할 필요가 있다.

지방정부의 자산과 부채의 관계 그리고 이들에 영향을 미치는 요인 등을 분석하기 위한 통합정보 체계가 필요하다. 정부는 개별 지방정부의 재무보고서가 개별 지방정부의 소유라는 이유로 이를 통합하는 노력을 하지 못하고 있다. 그러나 소비자의 입장에서는 매우 중요한 자료이다.

이를 통합자료로 제공함으로써 연구의 활성화를 기할 필요가 있다.

요 약

1. 재정정보관리시스템은 내부관리시스템으로 중앙정부는 디브레인(dbrain), 지방정부는 이호조(e 호조), 지방교육은 edufine으로 각각 구축되어 있다. 다만 공기업 관련 사이트는 개별 공기업의 자료가 통합되어 관리되는 공개시스템이다.

2. 중앙정부와 지방정부의 재정관리시스템은 계획, 예산, 집행, 성과관리에 이르기까지 모든 생애주기관리(life cycle management)가 가능하도록 되어 있다.
3. 그리고 중요한 재정 통계자료는 열린재정, 지방재정 365, 알리오, 클린아이 등의 웹사이트를 통해 국민에게 공개된다.
4. 하나하나의 시스템은 완결성을 가지고 있는 매우 뛰어난 장치이지만, 국민의 입장에서 상호 연계되는 플랫폼이 없어 연계성이 부족하다.

Chapter 07

연습 문제

주 관

1. 우리나라 재정정보관리시스템의 특징과 장점은 무엇인가?
2. 우리나라 재정정보관리시스템 운영의 성과는 무엇인가?

객 관

01. 회계시스템의 구성에서 회계관리에 해당되는 항목은 무엇인가?

① 징수 결의 ② 지출원인행위
③ 계좌이체 ④ 원가관리

02. 기획재정부가 전체 공공기관의 자료를 통합해서 관련 정보를 관리할 수 있는 이론적 근거는 무엇인가?

① 소유권 집중(centralized ownership)
② 페이고(PAYGO)
③ 재정규율(fiscal discipline)
④ 내부 거버넌스 강화

03. 우리나라 재정은 3 + 1의 형식으로 동시에 추진되었다. 이에 해당되지 않는 사항은 무엇인가?

① 국가재정 운용계획 ② 총액배분 자율편성제도
③ 성과관리제도 ④ 품목별 예산 과목제도

정답 및 해설

1. ③ 회계관리는 결산관리와 원가관리로 구성된다. 자금관리에 수입, 지출, 자금관리가 포함된다.
2. ① 소유권 집중은 공공기관의 정책적 관리는 관련 부처에서 하지만, 인사·조직·재정관리·경영평가 등 운영관리는 특정 기관이 통합해서 관리한다는 것을 의미한다.
3. ④ 품목별 예산과목 분류체계 대신에 프로그램 과목체계가 도입되었다.

Chapter 08

예산개혁

개 관

천연자원이 부족하고 면적이 작은 한국의 경제 발전은 수출이라고 하는 개방경제를 통해 가능했다. 이럴 경우 국가신임도를 유지하는 것은 매우 중요하고, 이 중 재정건전성 확보는 결정적인 변수가 된다. 이에 1962년 경제개발 5개년계획을 수립하고 집행하면서 재정건전성은 재정 당국자의 중요한 과제였다. 그러나 SOC 투자의 확대, 복지재정의 확대 등으로 인해 재정건전화가 위협받고 있다. 적정 수준을 유지하기 위한 노력이 필요하다.

재정은 국가경제에서 매우 중요한 부문으로 재정정책은 경제시스템의 효율성과 형평성, 경제의 안정적 성장을 목표로 하며 이를 위해 재정건전성을 유지하는 것이 필요하다. 재정건전성이 유지되지 못하면 이로 인해 경제의 불안과 위기가 발생할 수 있다. 재정규율은 재정건전성을 위한 원칙에 대해 정부가 국민들에게 직접적으로 확약하고 이를 위배할 경우 법적 및 정치적 책임을 지도록 하는 제도를 말한다. 국가채무 수준에 대한 한도, 재정적자에 대한 한도, 지출 수준에 대한 한도 등의 재정준칙이 있다.

Chapter 08 예산개혁

제 1 절 재정건전화

1. 재정건전화의 의미와 중요성

재정정책의 목적은 머스그레이브(Richard A. Musgrave)가 제안한 대로 전통적으로 정치경제의 효율성과 형평성 제고, 경제의 구조적 문제 완화, 경제 성장 및 안정화로 이해되어 왔다.

1970년대 이후 지속적인 재정적자에 따라 재정 자체의 지속가능성과 경제 전체의 활력 유지에 문제가 일어났고, 상기의 재정의 역할 수행에 대해 회의적인 시각이 광범위하게 퍼지기 시작했다. 많은 국가에서 재정정책은 단기 안정화를 달성하는 데 성공했으나 장기목표인 국가채무의 지속가능성을 유지하는 데 실패했기 때문이다.

이에 재정규모의 지속적 확대와 적자예산의 편성에 따른 국가채무의 지속적 증대가 오히려 문제시되기 시작했고, 재정건전성이라는 새로운 정책목표가 제시되었다. 재정적자의 지속은 재정 자체의 지속가능성 문제와 경제 전체의 동력 유지에 중요한 문제를 일으키는 것으로 받아들여진다. 더구나 대외의존도가 큰 소규모 국가의 경우 재정건전성이 지속적으로 악화되면 외환위기가 발생할 가능성이 높아지고 장기적으로 경제 성장이 위축, 국가채무가 증대하면 국가신인도 하락, 자본 유출, 통화가치 급락 등 금융 불안이 발생할 가능성도 있으며, 금리가 상승해서 민간투자를 구축하고 장기적으로 채무 상환과 이자 지급을 위한 세율 인상의 필요가 생겨 잠재성장률이 급격히 하락하는 문제가 발생한다.

반면 민주주의 정치경제 체제에서는 재정수지가 지속적으로 악화되는 현상이 관찰된다. 민주주의 정치제도의 특성상 득표를 의식해야 하는 정치인들은 적자 편향적(deficit bias) 재정운용을 선호할 유인이 있다. 선거를 앞둔 정치인들의 포퓰리즘식 공약으로 재정지출이 확대되나 국민들은 이후 세금을 더 내야 한다는 인식이 부족하고, 재정안정화에 대한 사회적 합의가 어려워 재정난이 지속되며, 행정부가 바뀌는 경우 전 정권이 재정건전성을 확보할 유인이 없는 문제로 파악된다.

현재 우리나라도 국가채무가 GDP 대비 약 40% 수준에 머물러 있으나 우리나라는 복지제도의 확대, 공기업 부채 증가라는 정책적 환경의 변화와 고령화와 잠재성장률 저하라는 경제적 환경의 변화로 재정 여건이 악화되고 재정건전성이 약화될 것으로 전망된다. 이런 상황에서 재정건전성 확보를 위한 정책적 준비가 필요하다.

전직 예산실장이나 경제기획원장관을 지낸 고위공무원의 모임인 경우회와 예우회에서 2014년 『한국의 재정 60년』을 발간했다. 정치권력이 정돈되지 못한 혼돈 속에서 한국 관료들이 장기적 관점에서 국가 발전을 위해 노력한 재정정책과 재정관리의 의미 있는 노력들을 보여주는 회고록이다. 건국부터 1970년대 개발기, 80년대 발전기의 과정을 소개한 이 책의 부제가 '건전재정의 길'이라는 것이 흥미롭다. 재정당국은 재정지출을 통해 공공재를 공급하고, 시장이 성숙하지 못한 상황에서 경제 발전을 유도하는 역할을 했음에도 불구하고 재정건전화를 늘상 염두에 두고 있었던 것이다. 지금 우리의 재정이 국가신뢰도를 제고하는 요인이 되는 것은 그나마 성장기 경제관료들이 '세입 내 세출'의 원칙을 통해 지출을 확대하되 방만지출을 경계하는 노력이 있었기 때문이다.

한편 이러한 정부의 노력과 별개로 1999년 경실련에서는 예산감시위원회를 조직해서 예산 낭비를 감시하는 운동을 전개했다. 거시적 관점에서 국가채무를 관리하는 것만으로는 재정건전화가 이뤄지지 않는다고 생각하고 전문가와 시민단체가 낭비적 지출을 감시하는 운동을 전개한 것이다. 이후 정부는 각 부처에 예산낭비

감시센터를 설치했고, 한편으로 기획재정부에서도 이를 총괄하는 부서를 두어 제도화하려는 노력을 했다. 나아가 지방재정법에서는 주민참여 예산제도를 보장하는 법제화를 이루기도 했다.

2. 현행 재정건전화의 수준

1) 재정지출 규모

한국의 GDP 대비 재정지출 규모는 31% 수준이다. OECD 국가군에 비해 높지 않은 편이다. 이는 상대적으로 향후 재정지출을 확대할 수 있는 여지가 있다는 것을 의미한다.

표 8-1 OECD 국가군의 GDP 대비 재정지출 규모

	2009	2010	2011	2012	2013	2014	2015	2016	2016	2018
호주	37.1	36.6	35.6	36.0	35.6	35.7	35.7	36.4	36.1	35.7
오스트리아	54.5	53.1	51.1	51.5	51.3	52.7	51.6	51.1	50.5	50.1
벨기에	54.1	53.3	54.4	55.8	55.7	55.1	53.9	53.2	52.6	52.1
캐나다	43.5	43.2	41.7	41.0	40.3	39.0	40.4	41.1	41.1	41.0
체코	43.6	43.0	43.0	44.5	42.6	42.2	42.0	40.4	40.6	40.2
덴마크	56.5	56.7	56.4	58.0	55.8	55.3	54.8	55.4	55.1	54.5
에스트니아	46.0	40.5	37.4	39.3	38.5	38.5	40.3	40.0	40.1	39.7
핀란드	54.8	54.8	54.4	56.2	57.5	58.1	57.7	57.5	57.1	56.7
프랑스	56.8	56.5	55.9	56.8	57.0	57.3	57.0	56.5	56.2	56.0
독일	47.6	47.4	44.8	44.3	44.6	44.3	44.0	44.3	44.3	44.3
그리스	54.1	52.4	54.3	55.4	62.4	50.6	55.5	52.3	52.2	51.6
헝가리	50.6	49.5	49.7	48.6	49.3	49.0	50.0	49.9	49.8	49.8
아이슬란드	48.4	49.3	45.7	45.4	43.9	45.3	42.9	41.4	40.5	40.0
아일랜드	47.1	65.3	46.0	41.8	39.8	37.8	29.5	28.0	27.0	26.3
이스라엘	42.2	41.1	40.5	41.4	41.0	40.7	39.7	39.3	39.7	39.8
이탈리아	51.2	49.9	49.4	50.8	50.8	50.9	50.4	49.5	49.0	48.8
일본	41.9	40.7	41.8	41.8	42.4	42.0	41.3	41.0	40.9	39.8
대한민국	34.9	31.1	32.4	32.7	31.8	32.0	32.4	31.9	31.6	31.5

라트비아	43.7	44.8	39.1	37.1	37.0	37.5	37.1	37.1	37.4	36.9
룩셈부르크	46.1	44.4	42.7	44.3	43.5	42.4	42.2	42.4	41.5	40.9
네덜란드	48.2	48.2	47.0	47.1	46.3	46.2	45.1	44.7	43.9	43.9
뉴질랜드	41.8	47.8	44.8	43.6	42.8	42.0	42.1	41.0	40.0	39.2
노르웨이	46.1	45.0	43.8	42.9	44.0	45.9	48.8	51.0	52.1	52.6
폴란드	44.9	45.7	43.8	42.7	42.4	42.1	41.5	41.7	42.4	42.5
포르투갈	50.2	51.8	50.0	48.3	49.9	51.8	48.4	46.2	45.9	45.7
슬로바키아	44.1	42.1	40.8	40.6	41.4	42.0	45.6	43.6	43.0	42.1
슬로베니아	48.2	49.3	50.0	48.6	60.3	50.0	47.8	45.5	44.4	42.9
스페인	45.8	45.6	45.8	48.1	45.6	44.9	43.8	42.8	41.8	40.7
스웨덴	53.1	51.3	50.7	51.7	52.4	51.5	50.3	50.3	49.9	49.3
스위스	33.1	32.9	32.9	33.3	34.1	33.8	33.9	34.3	34.6	34.7
영국	48.5	48.2	46.6	46.5	44.9	43.7	43.1	41.3	40.9	40.5
미국	43.2	43.2	42.0	40.2	38.9	38.2	37.9	38.0	37.8	37.3
유로지역 (16개국)	50.7	50.6	49.2	49.8	49.8	49.4	48.6	48.1	47.7	47.4
유로지역 (15개국)	50.7	50.6	49.2	49.8	49.8	49.4	48.6	48.1	47.7	47.4
OECD 평균	44.4	44.0	43.1	42.6	42.0	41.4	41.1	40.8	40.5	40.1

2) 조세부담률

한국의 조세부담률은 20%를 넘지 않고 있다. OECD 국가군의 평균에 비해 낮은 편이다. 물론 강제적 부담인 연금이나 국민건강보험의 부담을 합한 국민부담률의 기준으로 보면 약간 증가하지만, 여전히 OECD 국가군에 비해 높지 않다.

우리의 경우 향후 재정을 확대할 수 있는 여지가 있다는 것을 의미한다.

표 8-2 OECD 주요 국가의 조세부담률 및 국민부담률

(단위 :%)

		2012	2013	2014	2015	2016
대한민국	조세부담률	18.7	17.9	18.0	18.5	19.4
	국민부담률	24.8	24.3	24.6	25.2	26.3
미국	조세부담률	18.6	19.5	19.7	20.0	19.8
	국민부담률	24.1	25.7	25.9	26.2	26.0

영국	조세부담률	26.5	26.5	26.2	26.4	26.9
	국민부담률	32.8	32.6	32.2	32.5	33.2
프랑스	조세부담률	27.8	28.5	28.4	38.5	28.5
	국민부담률	44.3	45.2	45.3	45.2	45.3
독일	조세부담률	22.5	22.9	22.9	23.1	23.4
	국민부담률	36.4	36.8	36.8	37.1	37.6
일본	조세부담률	16.5	17.1	18.3	18.6	-
	국민부담률	28.2	28.9	30.3	30.7	-
스웨덴	조세부담률	32.4	32.9	32.7	33.6	34.1
	국민부담률	42.6	42.9	42.6	43.3	44.1
노르웨이	조세부담률	32.2	30.4	28.9	27.8	27.4
	국민부담률	41.5	39.9	38.9	38.3	38.0
핀란드	조세부담률	30.0	31.0	31.2	31.2	31.3
	국민부담률	42.7	43.6	43.8	43.9	44.1
덴마크	조세부담률	45.4	45.8	48.5	45.8	45.9
	국민부담률	45.5	45.9	48.6	45.9	45.9
OECD 평균	조세부담률	24.4	24.6	24.9	25.0	-
	국민부담률	33.3	33.6	33.9	34.0	34.3

자료: OECD. Finance Stastactis.

3) 채무 비율

GDP 대비 채무 비율을 보면 40% 수준을 유지하고 있다. 이는 일본의 GDP 대비 채무 비율인 200%에 비하면 현저히 낮다. 이러한 재정건전화는 국가의 신임도 유지에 매우 중요한 요소이다.

다만 외환위기의 시기, 글로벌 금융위기의 시기 등 위기 시에는 채무 비율이 증가했다가 감소하지 않고, 지속적으로 증가하는 모습을 보이고 있다. 지금은 심각한 수준이 아니지만, 향후 저출산 고령화시대에 발생할 수 있는 재정수요를 고려할 때 미리 주의해야 하는 이유이다.

그림 8-1 우리나라 GDP 대비 채무 비율 및 추계

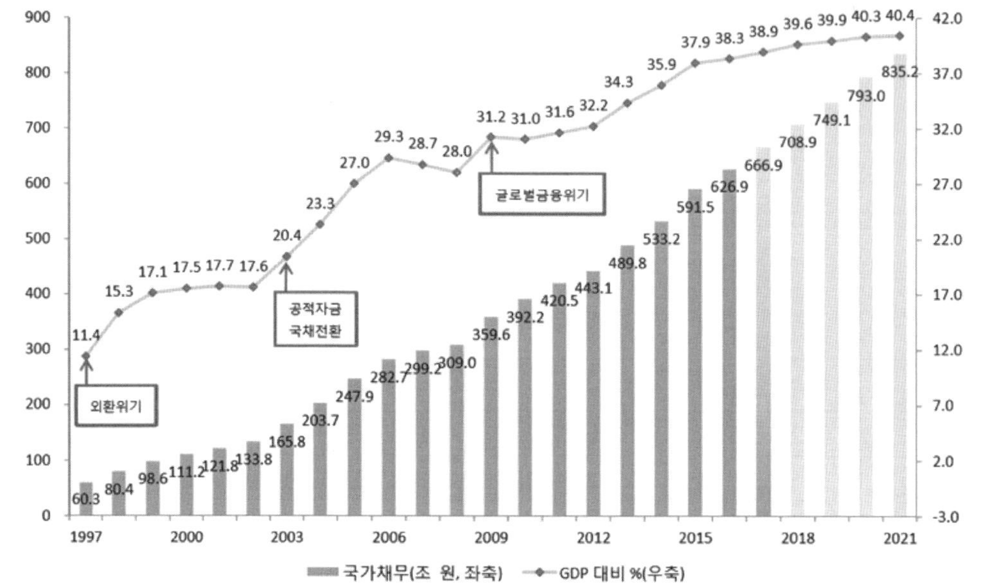

4) 통합재정수지와 관리재정수지

(1) 개념

통합재정수지는 당해 연도 정부의 흑자 또는 적자 규모를 의미한다. 반면 관리재정수지는 사회보장성기금수지 및 공적자금 상환 원금을 제외한 정부의 흑자 또는 적자 규모를 의미한다. 이는 재정의 경제적 효과를 파악하는 것으로 재정건전성 관리를 위해 통합재정수지와 관리대상수지 자료를 작성한다.

① 통합재정수지

당해 연도의 일반회계, 특별회계, 기금을 모두 포괄한 수지로서 회계－기금 간 내부거래 및 차입, 채무 상환 등 보전거래를 제외한 순수한 재정수입에서 순수한 재정지출을 차감한 수치이다.

통합재정수지 ＝ 세입(경상수입＋자본수입)－세출 및 순융자

② 관리재정수지

재정건전성 여부를 명확히 판단하기 위해 통합재정수지에서 사회보장성기금수지를 제외한 수치이다.

> 관리재정수지 = 통합재정수지 − 사회보장성기금수지(사회보장성기금 수입 − 사회보장성기금 지출)
> * 사회보장성기금: 국민연금, 사학연금, 고용보험, 산재보험

그림 8-2 통합재정수지 추이

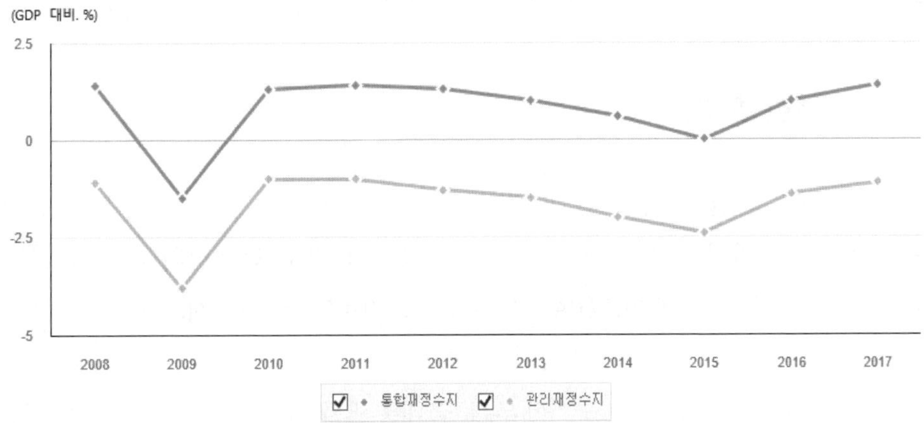

(2) 통합재정수지 추이 분석

1993년 흑자를 기록한 후 안정세를 유지했으나, 외환위기 직후(1998~1999) 경제 회복을 위한 적극적 재정정책에 따라 재정적자로 반전했다.

그리고 2000년 이후 경제 회복을 통한 세입 증가, 국민연금 등 사회보장성기금 흑자 증가에 따라 균형기조를 회복하고 있다. 다만, 2002년은 경기 호조로 인한 재정수지의 일시적으로 증가했으며, 지출교부세 등 지출 증가 규모가 적게 나타나 전년에 비해 통합재정수지가 큰 폭으로 증가했다.

2007년은 수입 측면에서 조세수입 증가에 따른 총수입 증가와, 지출 측면에서

공적자금 원금 상환 완료에 따른 지출수요 감소로 지출이 소폭 증가에 그쳐, 통합재정수지는 큰 폭의 흑자를 실현했다.

2008년에는 총수입이 전년 대비 소폭 증가한 반면 추경예산 편성, 지방교부금 증가 등에 따라 총지출이 대폭 증가해 통합재정수지 흑자가 2007년보다는 감소했으나, 11.9조 원으로 여전히 상당한 수준이다.

2009년 전 세계적인 경제위기를 극복하기 위한 추경 편성 등의 영향으로 17.6조 원 적자로 전환했으나, 2010년 이후 경기 회복에 따른 조세수입 증가 등의 영향으로 흑자로 전환했다

우리나라의 통합재정수지는 GDP의 0.01%로 전년 대비 0.6% 감소했으나, 주요 선진국과 비교하면 상대적으로 건전한 수준이다.

3. 재정건전화를 위한 노력

재정건전화를 위한 이러한 긴 노정의 연장에서 2016년에 정부는 「재정건전화법」을 발의했다. 재정 관련 기본법인 국가재정법에 비해 특별법의 의미를 가지고 있는 동법은 재정규율, 페이고(PAYGO) 원칙, 거버넌스 재설계, 장기 재정 전망 예측 등 매우 적극적인 규정들을 포함하고 있다.

첫째, 재정규율과 관련해서 국가채무를 국내총생산 대비 45% 이내로 관리하고, 재정관리수지를 적자를 국내총생산의 3% 이하로 관리한다.

둘째, 페이고 원칙은 지출이 수입을 수반하도록 하는 것으로 의무지출을 위한 정책을 추진하기 위해 새로운 입법을 하고자 할 때, 이에 상응하는 세입 증가나 법정 지출 감소 등 재원조달 방안이 동시에 입법화되도록 의무화한다. 이를 위해 동법안은 정부, 국회의원 등이 재정지출 또는 조세감면을 수반하는 법률안을 제출하고자 하는 때에는 법률이 시행되는 연도부터 5회계연도의 재정수입·지출의 증감액에 관한 추계자료와 이에 상응하는 기존 사업 축소 또는 폐지 등의 구조조정 방안 등 구체적인 재원조달 방안을 그 법률안에 첨부하도록 하고 있다.

셋째, 기획재정부장관이 위원장이 되고 전문가와 각 부 장관이 참여하는 재정전략협의회를 두어 재정건전성 제고를 위한 정책에 관한 사항을 심의·의결하도록

한다.

넷째, 기획재정부가 각 부처에서 수행하는 연금, 건강보험 등 사회보장의 장기 재정 전망에 대해 추계자료를 제출받고 이를 관리하도록 한다.

4. 향후 과제

기획재정부의 매우 강력한 정책 의지를 반영하고 있음에도 불구하고 국회 제출 이후에 추진력과 동력을 상실하고 있다. 소규모 개방체제인 한국의 경제체제에서 재정건전화는 이상적으로 중요하다고 모두가 동의하고 있음에도 불구하고 국회에서 논의조차 금기시되는 이유는 무엇인가. 재정건전화가 구현되는 현실적 조건과 전략에 대해 관심을 가져야 할 이유이다.

가장 우려되는 것은 국회와 행정부의 관계이다. 재정건전화는 재정정책에서 하나의 제약요인이 된다. 특정 모수를 매개로 삼아 재정지출의 한도를 설정하는 경우 이는 사업 결정의 한도를 설정하는 효과가 있다. 국회가 이것을 받아들이지 못한 것이다. 민주주의가 숙성하면서 국가권력이 행정부에서 국회로 이전되는 현상이 발생하고 있다. 이러한 권력이동의 과정에서 국회는 자칫 「재정건전화법」이 자승자박의 족쇄가 될 것을 우려하는 것이다. 이제 국민이 여기에 판정을 내려야 한다. 국회가 국회의 권력으로 자신을 자제시키지 못할 때, 국민주권주의에 근거한 국가 의지를 확인하는 과정이 필요하다.

그리고 현재의 법안에 우려되는 조항이 있기도 하다.

첫째는 전쟁이나 대규모 재해가 발생한 경우, 경기침체·대량실업·남북관계의 변화·경제협력과 같은 대내·외 여건에 중대한 변화가 발생했거나 발생할 우려가 있는 경우에는 예외로 하는 규정이 그것이다. 똑같은 조항이 「국가재정법」에도 있다. 「국가재정법」 제5장의 제목이 '재정건전화'이고 여기에 유사한 조항들이 있으며, 특히 추가경정예산의 편성이나 세계잉여금 처리를 통제하면서 예외적인 조항으로 똑같은 조항을 두고 있다. 그러나 2008년 이명박 정부 초기에 추경을 편성하면서 추경의 요건과 관련해서 논쟁의 배경이 되었다. 경기침체나 대량실업을 판단할 기준이 모호하기 때문이다.

둘째는 지방자치단체와 지방교육청의 재정건전화도 통합 관리하려는 의지를 보이고 있으나 실효성이 우려된다. 지방자치의 관점에서 자치를 훼손하지 않으면서 재정건전화를 유지할 수 있는 중앙재정 당국의 지혜가 가능할지 의문이기 때문이다.

이러한 관점들을 정리하다 보면, 재정건전화가 너무나 당연한 주제인 듯하지만, '누가 어떤 방식으로 할 것인지'의 전략적 관점에서 보면 쉬운 주제가 아니라는 것을 알 수 있다. 위기를 정확하게 경고하는 데이터나 논리적 근거가 부족한 경우에는 자칫 양치기 소년의 거짓말이 반복되는 효과를 유발해 위기 불감증을 낳을 수 있다. 전문가들이 나서서 정확한 자료에 근거해 현실을 진단하고 미래를 예측하는 병행되어야 하는 이유이다. 이런 관점에서 향후 재정지출과 관련해서 과학적 예측 능력의 제고가 필요하다. 특히 연금재정, 보험재정에서의 위기는 현재가 아니라 미래에 발생한다. 인구구조, 세입 기반 변화, 지출수요를 정교한 모델에 근거해 국책연구원, 국회 예산정책처, 감사연구원 등 전문 연구기관에서 각자 예측하고 이에 근거한 치열한 토론이 전개되어야 한다.

제 2 절 재정준칙

1. 재정준칙의 의의

재정건전성 유지를 위한 조치로 재량을 제약하기 위한 재정준칙(fiscal rules)이 선진국을 비롯해서 적극적으로 도입되고 있다. 재정준칙이란 재정정책의 모수에 대한 공식화된 제한으로서 재정 관련 의사결정에 재정의 지속가능성을 적극적으로 고려하도록 하는 인센티브의 역할을 한다.

재정준칙이 기존의 재정제도에 비해 가지고 있는 장점은 재정제도(fiscal institution)나 재정적 재량에 의한 관리에 비해 단순하고 이해하기 쉬우며, 이에 따라 의회나 시민들에 의한 통제의 가능성이 훨씬 크다는 점이다. 또한 법적 규범력을 부여해 행정부가 자기구속적 위치에 서게 함으로써 재정건전성에 대한 확약

(committment)를 부여해 재정 확대에 대한 요구를 하는 정치적 이해관계자의 영향을 차단할 수 있는 장점도 있다. 이러한 간단하면서도 확고한 보장은 재정 지속가능성을 저해하는 다수의 세력을 중화시키고 정권이 바뀌더라도 재정건전성 정책의 기조가 유지될 수 있는 장점도 있다.

재정준칙의 개념 구성요소로 IMF(1998)는 법적 토대, 총량적 재정목표, 제재 조치를 제시해 재정준칙을 총량적 재정지표에 대해 구체적인 목표 수치를 동반한 재정운용 목표를 법제화한 재정운용정책으로 정의했다. 이에 따르면 재정준칙의 세 가지 구성요소로 첫째, 헌법, 법률, 규제정책, 가이드라인, 국제협약 등 법적 토대, 둘째, 재정수지, 국가채무, 지출총액 등의 총량적 재정 목표, 셋째, 재정준칙을 준수하지 못했을 경우 가해지는 사법적, 금전적, 신용적 제재 등의 제재 조치이다.

재정준칙은 중장기 재정운용에 적용되는 원칙으로서 국민적 합의에 따라 재정운용의 명확한 원칙을 세우고 세출 확대에 대한 정치적 영향이 개입될 여지를 차단하는 데 기여할 수 있다. 경제 내에 재정준칙은 경제활동에 규칙으로서 주요 경제주체들은 재정정책이 신뢰성이 있고 확고할 때 활발한 경제활동을 할 수 있게 된다. 이런 점에서 재정준칙은 거시경제 내에 불확실성을 줄이고 왜곡을 막아 소비, 투자, 저축 등 주요 거시경제활동이 원활히 이뤄지는 데 기여할 수 있다.

2. 재정준칙의 분류 및 유형

첫째, 강한 준칙(hard rule) 대 약한 준칙(soft rule)이라는 기준은 재정목표의 구속력이 없는 약한 준칙과 정부가 재정목표를 달성할 수 있도록 권한을 부여하는 강한 준칙으로 구분하는 것이다. 강한 준칙의 특징은 중장기 재정계획의 구속력, 예산결정 과정에서 재무장관의 강한 권한을 갖는 특징이 있다. 강한 준칙은 매년 수정 없이 영구적으로 적용되며 단일정당 정부나 특수 목적의 연합체에서 선호된다. 현재 한국의 국가재정 운용계획은 매년 예산안과 함께 재정목표가 수정되는 매우 약한 준칙의 일종으로 파악되며 이런 경우 정치적 목표에 따라 변경이 쉬운 단점이 있다.

둘째, 재정준칙의 제정 및 집행주체에 따른 유형론으로서 주로 행정부가 재정준칙의 목표를 제정하고 집행하는가 아니면 독립적인 기구 또는 의회에서 재정준칙의 구체적인 목표를 제정하는가의 문제이다. 좀 더 객관적인 재정목표를 달성하기 위해 독립된 기구나 의회, 또는 의회의 부속기구가 재정 추계와 재정목표를 제시하는 것이 바람직할 것이다.

셋째, 재정준칙이 목표로 삼고 있는 재정변수에 따른 유형론에 의하면 재정준칙의 목표 재정변수는 각각 국가채무의 총량, 정부 차입 또는 재정적자의 한도, 재정지출의 한도, 균형재정의 요구로 구분할 수 있다.

표 8-5 목표 재정변수에 따른 재정준칙 유형론

	내용
국가채무	총부채, 순부채 등 국가채무 수준에 상한선 설정, 과도한 적자 누적 방지
정부차입	적자재정 집행수단을 제약하는 방식, 중앙은행으로부터의 차입 제한
재정지출	재정지출 규모를 직접 통제, 경기 상승으로 세수입 증가 시 지출도 동시에 확대되는 상황을 방지
균형재정 원칙	재정지출이 재정수입의 한계 하에서 이뤄지도록 제한

유의할 점은 이 네 가지 재정 목표변수는 개념적으로 분명하게 구분되는 유형론이지만 현실에서는 하나의 범주에 속하지 않는 복합적인 재정준칙도 존재한다는 점이다. 예를 들어 미국의 페이고(PAYGO) 원칙은 재정지출에 제한을 가하기 때문에 지출제한제도의 범주에 속하지만 다른 지출제한제도와 운영방식이 매우 상이하고 재정지출의 총량에 대한 직접적인 제한도 되지 않기 때문에 하나의 범주에 해당하지 않는다. 따라서 이런 경우는 제도의 특수성을 고려하고 복합적인 성격을 띤 기타의 제도로 파악하고 분석해야 할 것이다.

3. 채무제한제도

채무준칙은 공공 부문의 GDP 대비 채무 비율의 상한선을 정해 국가채무에 대한 안정적인 관리를 꾀하는 제도이다. EU에서 마스트리히트 조약은 EMU에 참여하기 위한 조건으로 GDP 대비 60%의 일반정부 채무 비율을 상한으로 제한했다.

미국 연방정부의 경우도 연방정부 채무한도(debt limit)를 법으로 규정해 이를 상향 조정하기 위해서는 의회의 법개정 절차를 거쳐야 한다.

채무제한제도의 한계로 첫째, 국가채무 수준의 이론적 및 경험적 타당성이 없다는 문제가 있다. 한 국가의 국가채무가 GDP 대비 60%라는 수치 이하여야 한다는 조건이 어떤 의미를 지니며 경제학 이론과 경험분석 결과에 따라 정당성이 인정되지 않는다는 문제가 있다.

둘째, 국가채무 수준을 제한한다는 것은 국가채무를 감소시키려는 노력이 아닌 결과만을 통제하는 것인데, 이것이 적절하지 못할 수 있다는 점이다. 어떤 국가가 현재 국가채무 수준이 낮더라고 국가채무에 대한 관리를 적절하게 하지 않고 있다고 한다면 오히려 더 큰 문제라고 할 수도 있다.

셋째, 국가채무를 정의할 때 실질적인 국가의 경제적 부담인 국가부채를 제외할 경우 재정건전성과 상관관계가 낮을 수 있다는 문제가 있다. 예컨대 마스트리히트 조약의 경우 국가채무를 줄이기 위해 민영화를 통해 나온 수입을 사용하는 것을 허용하고, 공공부문이나 민간부문에 대한 정부의 보증채무를 제외하며, 연금 및 건강보험과 관련된 부채의 경우 준수 대상에서 제외하고 있다. 이러한 부채의 경우 한 국가의 재정의 부담이 될 것이 명확한 상황임에도 이를 제외해서 채무준칙의 준수가 실질적인 재정건전성을 유지하고 있다는 확신을 줄 수 없다.

이러한 이유로 국가채무준칙은 재정준칙의 기초적인 제도이지만 다른 재정준칙의 보조적인 수단으로 활용되고 있다.

4. 지출제한제도

지출제한(expenditure ceiling)은 재정지출 제한을 통해 정부나 독립된 제3의 주체가 예산편성 초기에 지출 수준의 상한선을 발표하고, 이 수준을 초과하지 않도록 하는 명시적 규정을 만들고 행정부가 이를 준수하도록 하는 제도를 말한다.

지출제한은 예산 전체를 대상으로 한다는 점에서 하향식(top－down) 예산편성에서 부처에 제시되고 예산총액을 구성할 때 사용되는 부처 단위의 지출제한과 구별되며, 재정지출의 실제액에 대한 사후적(ex post) 제한이라는 점에서 예산편성을 규율하는 규칙보다 포괄적이다. 형식적으로 예산뿐 아니라 정부의 통합재정 전체를 규율한다는 점에서 예산법제와 다르며, 대부분의 경우 중기재정계획과 연동되어 운용되는 특징이 있다.

지출제한제도는 다른 재정준칙 유형에 비해 장점이 크다고 알려져 있다.

첫째, 과세기준이나 세율을 조정함으로써 경제적인 환경 변화에 대응하는 것은 단기간에 실행 가능한 옵션이 아니다. 또한 경제주기의 변화에 세입을 통한 자동안정화를 적극적으로 활용할 필요가 있기 때문에 세입 변동을 허용하는 것이 필요할 수도 있다. 이런 점을 고려할 때 재정수지준칙에서 재정의 지속적 균형을 유지하기 위해 적극적으로 세입을 관리하는 것은 경기순응적(procyclical) 재정정책을 생산할 가능성이 높은 반면 지출제한준칙은 이러한 문제가 존재하지 않는다.

둘째, 재정 확대의 주요 원인은 세금감면에 대한 요구보다 과도한 지출 증가에 대한 요구에 따른 경우가 많다. 이럴 경우 재정 확대를 통제하기 위해 세입보다 재정지출에 대해 구속을 하는 것이 더욱 효과적일 것이다. 이 경우 정부의 재정 영향에 대한 과소평가 경향인 재정환상이 통제되고 재정 의사결정이 합리화될 수 있을 것이다.

셋째, 세입을 통제해 재정수지를 통제할 경우 세금 수준이 이미 높기 때문에, 이에 따른 부작용이 더 클 수 있다. 세금을 높여 세입을 증가시키고 이에 따라 재정수지준칙을 지키도록 하는 것은 거시경제에 좋지 않은 영향을 미칠 가능성이 크다. 이에 반해 지출제한은 좀 더 근본적인 재정 규모의 제한이라고 할 수 있고 가시적인 부작용이 적다고 할 수 있다.

지출제한제도의 한계로 지적되는 단점으로 첫째, 채무제한제도나 재정적자 제한제도에 비해 행정부의 재정의 신축적 운용이 제한된다. 이런 문제를 극복하기 위해 대부분의 나라의 경우 지출한도준칙은 일년이 아니라 다년간에 대해 적용하고 있다. 또한 네덜란드의 경우 특정 예산항목에 대해 지출한도를 적용하고, 미국의 경우 지출과 수입을 연계시키는 제도를 도입했다. 추가적으로 지출을 발생시키는 경우 반드시 추가적 재원 마련이 수반되도록 하는 페이고 제도가 전형적인 예이다.

둘째, 지출제한제도도 공기업을 통한 지출 증가, 예산 외 공공기관, 채무보증, 조세지출, 창조적 회계 조작 등의 상황에 대해 통제할 수 없다. 이런 점에서 재정준칙으로서의 지출통제제도는 완결된 제도라기보다는 재정책임성 확보를 위한 종합적인 제도적 장치가 마련될 때 성공할 수 있다고 할 수 있다.

5. 페이고제도

페이고(PAYGO)제도란 미국 연방정부에서 1990년 도입된 제도로, 의무지출의 증가 또는 세입 감소를 내용으로 하는 새로운 입법을 할 때는 반드시 이에 대응되는 세입 증가나 다른 법정지출 감소 등 재원조달 방안이 동시에 입법되도록 의무화함으로써 재정수지에 미치는 영향이 상쇄되도록 하는 제도이다. 과거 미국의 의무지출의 통제의 유용성이 인정되어 온 제도이다.

미국은 1980년대 지속적인 재정적자 증가에 더해 90년대 초반 경기침체로 인해 재정적자가 다시 증가했으며, 이에 따라 1980년대 초에 GDP 대비 45%에 불과했던 부채 규모가 1990년대 초에는 75% 수준으로 증가했고, 이에 따라 부시(George H. W. Bush) 행정부와 의회는 「예산집행법(Budget Enforcement Act 1990)」을 통해 재량지출에 대해 적용되는 지출상한 제한제도로, 의무지출을 제한하는 페이고 준칙을 도입했으며 이는 2002년 9월까지 유지되었다. 이후 부시 행정부의 감세와 국방비 지출, 사회보장비 지출 증가에 따라 재정적자와 국가부채가 지속적으로 증가했고, 이에 대해 2010년 2월 오바마(Barack H. Obama) 대통령과 의회는 재량지출에 대해 규율하지 않고 의무지출에만 페이고제도를 적용하는 페이고 법안을 다시 제도화했다.

우리나라는 최근 재정 수반 법률에 대한 페이고 원칙 등 재정준칙을 도입할 수 있도록 「국가재정법」을 개정하자는 논의가 활발하게 진행되고 있다. 페이고제도를 조세지출에 적용해 2014년 조세지출 기본계획에 부처가 비과세감면 신설을 건의하려면 이에 상응하는 기존 비과세감면을 축소하도록 한 바 있다.

페이고제도의 기반으로서 법률안의 비용 추계가 필요한데, 이와 관련해서 국회는 2014년 2월 「국회법」을 개정해서 국회의원 법안 발의 시 비용추계서의 첨부를 의무화하고, 비용추계서 작성주체를 국회예산정책처로 일원화해서 의안 수정안 및 위원회안의 비용추계서를 첨부하도록 했다.

요 약

1. 2006년 「국가재정법」은 건전재정을 지향하는 목표를 가지고 있었다. 이에 참여, 공개, 성과 등을 강조했다. 특히 세계잉여금으로 추경을 편성하는 관행을 방지하고자 노력도 재정건전성 확보의 중요한 요소였다.
2. 최근 재정건전성을 확보하는 장치로 재정준칙(fiscal rule) 장치가 도입되고 있다. 재정 관련 특정 모수 자체를 통제하는 것이다. 예컨대 '국가채무를 국내총생산의 100분의 45 이하로 유지해야 한다.' '관리재정수지의 적자를 국내 총생산의 100분의 3 이하로 유지해야 한다'는 방식의 규정이 그러하다.
3. 재정건전성의 연장에서 페이고(PAYGO) 원칙도 확산되고 있다. 이는 미국에서 의무적 경비를 유발하는 법률이 도입될 때는 반드시 재원을 확보하라는 규정이다. 예컨대 "정부는 재정지출 또는 조세감면을 수반하는 법률안을 제출하고자 하는 때에는 법률이 시행되는 연도부터 5회계연도의 재정수입·지출의 증감액에 관한 추계자료와 이에 상응하는 기존 사업 축소 또는 폐지 등의 구조조정 방안 등 구체적인 재원조달 방안을 그 법률안에 첨부해야 한다."는 방식의 규정이 그러하다.
4. 재정준칙은 재정의 건전성을 위한 원칙에 대해 정부가 국민들에게 직접적으로 확약하고 이를 위배할 경우 법적 및 정치적 책임을 지도록 하는 제도를 말한다. 국가채무 수준에 대한 한도, 재정적자에 대한 한도, 지출 수준에 대한 한도 등의 재정준칙이 있다. 미국 연방정부의 경우 의무지출의 증가가 예산되는 법률안을 제출할 경우 향후 증가 예상분만큼 다른 의무지출 감소를 위한 의무지출 프로그램의 구조조정을 통해 의무지출 감소를 해야 한다는 페이고제도도 있다. 우리나라는 현재 재정건전성에 영향을 미치는 채무 수준이 급격하게 증가하고 있는 상황으로서 재정건전성을 유지하는 제도로서 재정준칙을 고려할 필요가 있다.

Chapter 08

연습 문제

주관식

1. 재정건전성의 의의를 논의하고 우리나라의 현황을 설명하시오.
2. 주요 재정준칙의 의의와 유형, 특징을 설명하시오.

객관식

01. 다음 중 재정규율(fiscal discipline) 방식의 규정에 해당되는 내용은 무엇인가?

① 국가채무를 국내총생산의 100분의 45 이하로 유지해야 한다.
② 예산과정에서 주민 참여를 보장해야 한다.
③ 예산의 결과에 대해 성과관리를 해야 한다.
④ 예산은 국가적 우선순위를 반영해야 한다.

02. 다음 중 재정건전성과 밀접한 관련이 있는 내용은?

① 세계잉여금을 위기대응기금(Rainy Fund)으로 적립한다.
② 특정 사업에 집중 지원하기 위한 기금제도를 활용한다.
③ 명시이월과 사고이월의 활용을 통해 불용을 통제한다.
④ 준예산제도의 활성화를 통해 차입에 의한 재원조달이 가능하다.

03. 다음의 제도가 의미하는 내용은 무엇인가?

정부는 재정지출 또는 조세감면을 수반하는 법률안을 제출하고자 하는 때에는 법률이 시행되는 연도부터 5회계연도의 재정수입·지출의 증감액에 관한 추계자료와 이에 상응하는 기존 사업 축소 또는 폐지 등의 구조조정 방안 등 구체적인 재원조달 방안을 그 법률안에 첨부해야 한다.

① incrementalism ② threshold effect
③ fiscal discipline ④ PAYGO

04. 재정준칙의 구성요소가 아닌 것은?

① GDP 대비 채무 수준
② 1인당 GDP
③ 법률 규정
④ 위배 시 제재조치 규정

05. 재정준칙에 대한 설명으로 맞지 않은 것은?

① 재정준칙은 채무 수준, 수지 수준 등 다양한 기준이 있다.
② 주권국가뿐 아니라 국가연합 수준에서 재정준칙을 도입했다.
③ 반드시 법률 규정이 있어야 한다.
④ 복수의 재정준칙을 적용하는 경우가 많다.

06. 페이고(PAYGO)제도에 대한 설명으로 맞는 것은?

① 페이고제도는 미국 외에 다수의 선진국에 제도화되었다.
② 페이고제도는 중장기 재정 추계가 필요하다.
③ 복지지출 등 의무지출 법안에 따른 추가적인 재정수요 발생을 막는다.
④ 우리나라에 도입 논의가 있다.

정답 및 해설

1. ① 재정규율은 재정 관련 특정 변수, 예컨대 부채, 재정관리수지 등의 일정 비율을 관리하는 것이다. 구체적인 수치를 근거로 통제하는 것이다.
2. ① 세계잉여금을 추경으로 편성하는 것은 낭비를 초래한다. 따라서 추가경정예산의 재원으로 활용하는 것이 아니라, 위기 시에 대비해서 적립하자는 것이 Rainy Fund이다.
3. ④ 지출을 수반하려면 다른 지출을 줄이거나 관련 세출의 세입을 확보해야 한다는 것이 페이고 원칙이다.
4. ②
5. ③
6. ①

Chapter 09

기획과 예산

개 관

이 장에서는 예산편성과 관련되는 기획에 대해 살펴본다. 예산편성은 기획과정이기도 하다. 1절에서는 기획의 의의와 과정에 대해 살펴본다. 기획은 의도한 방향으로 사회변화를 유도하기 위한 체계적인 행동대안의 제안 및 결정이다. 기획은 자료수집과 기본 구상, 상황의 분석, 기본전제와 목표 및 세부목표의 설정 대안의 형성과 분석 최종안의 선택과 실행계획, 집행과 평가 등으로 이뤄진다. 2절에서는 기획과 예산의 차이점과 기획과 예산이 괴리되는 원인에 대해 서술한다. 기획과 예산은 의미는 유사하지만, 그 접근과 시계, 목적에서 차이를 보인다. 기획과 예산이 괴리되는 원인은 환경적, 구조적, 행태적 측면에서 살펴볼 수 있다. 3절에서는 기획과 예산을 연계시키기 위한 방법과 대표적인 기획과 예산의 연계 기법인 사업별 예산제도에 대해 알아본다.

Chapter 09 기획과 예산

제 1 절 기획의 의의와 과정

1. 기획의 의의

기획은 특정 목표를 달성하기 위해 이용가능한 최상의 대안을 선택하기 위한 조직적·의식적 계속적 노력이다(Waterston, 1979: 26). 현재의 입장에서 다가올 미래를 준비하고 선택하는 행동을 말한다.

개인 수준에서 기획이란 앞으로 무엇을 할 것인가에 관한 문제 해결을 위한 사고과정을 뜻한다. 기업이나 행정기관에 설치되어 있는 기획기구에서 기획이란 특정정책이나 시책을 실현하기 위해 행동대안을 체계적으로 선택하는 행위와 절차를 뜻한다. 정부수준에서 기획은 의도한 방향으로 사회변화를 유도하기 위한 체계적인 행동대안의 제안 및 결정을 뜻한다.

기획론은 실질기획이론(theory in planning)과 과정기획이론(theory of planning)으로 구분된다(신무섭, 2014: 287). 실질기획이론은 기획 대상에 관한 이론을 뜻한다. 경제기획, 사회기획, 도시기획 등에는 경제학, 사회학, 도시경제 등이 이용될 수 있다. 이것을 실질이론이라고 한다. 실질기획이론가는 기획대상에 대한 깊은 지식을 가지고 있는 경제학, 교육학 등 관련 분야의 전문가를 말한다. 과정기획이론은 기획활동에 관한 이론을 뜻한다. 기획활동에 포함되는 가치, 목표, 조직, 절차 등에 관한 이론이 과정이론에 포함된다. 과정이론은 다시 연구의 초점에 따라 과정적 · 규범적 이론과 실증적 · 경험적 이론으로 구분된다. 과정적 · 규범적 이론은 기획이 어떻게 이뤄져야 하는가에 연구의 초점을 두며, 반면 실증적 · 경험적 이론은 기획이 실제 어떻게 이뤄지는가에 연구의 초점을 둔다. 과정기획이론가는 기획의 절차, 기획기법, 기획의 설계 등 기획 자체에 대한 정교한 지식을 가지고 있는 전문가를 말한다.

기획은 시계(時界), 대상 및 분야, 이용빈도, 지역수준, 고정성 정도 등에 따라서 다양하게 분류되고 있다. ① 계획기간에 따라 장기, 중기, 단기계획, ② 기획의 대상 및 분야에 따라 경제계획, 사회계획, 방위계획, ③ 이용빈도에 따라 단일사용계획, 상설계획, ④ 지역수준에 따라 도시계획, 지역계획, 국토계획, ⑤ 고정성 정도에 따라 고정식 계획, 이동식계획, ⑥ 종합성 정도에 따라서 사업별 계획, 종합계획 등으로 분류된다(강신택 · 유훈, 1981: 209－216).

2. 기획의 과정

발전 및 부문계획에 대한 기획과정은 자료수집과 기본구상, 상황의 분석, 기본전제와 목표 및 세부목표의 설정 대안의 형성과 분석, 최종안의 선택과 실행계획, 집행과 평가 등으로 이뤄진다.

1) 자료수집과 기본구상

기획의 첫 번째 단계는 자료수집과 기본구상이다. 기본자료를 수집하고 기획의 범위와 단계를 결정하기 위한 진단적 연구를 수행하며, 기획으로 인해 편익을 보게 될 집단과 기획의 범위를 결정한다. 초기 단계의 자료수집은 외국의 경험, 전문가의 견해, 기존의 문헌 등에 대해 수행된다. 이후 차차 그동안 축적되었던 자료와 분석 결과들을 종합적으로 검토한다.

분석된 자료를 바탕으로 사회적 욕구와 추세, 이에 영향을 미치는 여러 요인을 종합적으로 검토해 기획의 범위와 단계를 정한다. 현재의 여건을 기초로 삼아 정치지도자의 지향이나 외국의 경험 등을 고려해 기획의 기본방향, 대상범위, 기간, 단계, 우선순위 등을 대략적으로 결정한다. 기획에 의해 수혜를 받게 될 집단, 지역, 계층은 어떠한 성질을 가지고 있으며, 그 숫자는 몇 개인가? 이들의 욕구를 충족시켜 주려면 시설 및 투자규모는 얼마여야 하는가에 관한 검토가 있어야 한다. 이를 고려해야 기획의 범위, 규모, 기간 등이 어느 정도 정해질 수 있으므로 기획에 대한 구상을 할 수 있다(신무섭, 2014: 294–295).

2) 상황의 분석

기획의 다음 단계는 사회의 추세 및 대상 욕구를 분석하고, 바람직한 미래상과 관련된 요인들을 확인하며, 요인들 간의 관계를 파악하고, 문제점 및 장애요인의 극복방안 등을 고려하는 것이다. 이 단계에서 가장 중요한 것은 상황의 분석이다. 상황분석이 정밀하게 이뤄져야 목표와 수단이 정의될 수 있기 때문이다. 상황을 분석하기 위해서는 여러 가지 이론과 모형을 응용하며, 동시에 미래예측도 하게 된다. 상황분석을 기획기관에서 직접 담당할 수도 있고, 외부의 연구기관과 전문가에게 위임할 수도 있다.

상황분석이 끝나면, 규범적으로 목표를 정의하고, 계획의 성과를 알기 쉽게 기술하며, 계획 수행에 필요한 행정적·입법적 조치를 검토한다(신무섭, 2014: 295).

3) 기본전제와 목표 및 세부목표의 설정

상황분석이 끝나면, 분석 결과를 정리해서 기획의 기본전제를 기술한다. 원자재 가격, 국제금리, 세계성장, 기술진보 등 국내외 여건에 대한 전망과 전제를 기술한다. 전제들은 가능한 한 기획에 영향을 주는 모든 요인을 포함해야 한다. 통제 가능한 요인과 통제 불가능한 요인이 있으므로 항상 불확정성이 있다(신무섭, 2014: 295).

다음에는 기획의 기본전제 하에서 기획의 목표와 세부목표를 설정하게 되는데, 이때 목표는 목표–수단 연계를 고려해서, 미래의 비전(vision)을 제시하기 위한 표방된 목표와 실질 목표 간에 일관성이 있어야 하며, 구체성과 결과 지향성이 있어야 한다(김신복, 1983: 108-110).

목표 및 세부목표의 정의 단계는 사실상 미래 상태를 기술함으로써 기획을 구조화하는 단계이다. 이 과정에서 기획에 영향을 받는 이해관계자들 사이에서 갈등이 야기될 수 있다. 또한 이들 집단과 기획을 성공적으로 이끌어 가려는 행정기관 사이에서도 갈등이 있을 수 있다. 따라서 갈등을 해소할 수 있도록 기획 분야, 수준, 정부와 수혜자 등을 고려해서 세부목표를 설정해야 한다(신무섭, 2014: 296).

4) 대안의 형성과 분석

대안 형성은 설정된 목표를 달성하기 위한 방안을 구성하는 것이다. 대안이 형성된 이후에는 각 대안들을 비교 분석할 필요가 있다. 여러 종류의 대안 중에서 최종안이 선택될 수 있도록 가능한 객관적인 분석이 필요하다. 대안의 분석을 위해서 계량적 방법과 비계량적 방법이 모두 활용된다. 비용편익분석, 체제분석, 델파이, AHP 등이 주요 기법으로 활용되고 있다.

5) 최종안의 선택과 실행계획

최종안의 선택은 기관장이 한다. 앞 단계에서 수행한 작업들을 마무리지어 행정공무원이나 연구기관이 최종안을 제시하거나 각 대안의 장·단점을 제시할 수 있지만 이는 참고사항일 뿐이다. 원칙적으로 최종안을 결정하는 것은 장관, 지사 등 기관장의 몫이다. 따라서 상황의 분석, 대안의 형성 등에서부터 정치적 고려를 하는 것이 필요하다.

최종안이 선택되면, 계획을 분야별로 나눠 계획의 목표, 계획의 수단, 계획의 시행지역 및 대상, 계획의 우선순위, 계획의 평가기준 등을 구체화하고, 계획 집행에 요구되는 행정적·입법적·기술적 조치들을 계획해야 한다. 이 단계에서 기획과 예산은 구체적으로 연계된다(신무섭, 2014: 295-296).

6) 집행과 평가

기획은 계속적 · 연속적 과정이므로 집행과 동시에 평가가 이뤄진다. 이 평가의 결과는 다음 해 혹은 다른 기획을 위한 중요한 참고자료가 된다.

제 2 절 기획과 예산의 관계

1. 기획과 예산의 차이

예산과 기획의 관계는 동전의 양면과 같다. 기획 없이는 예산을 편성 운영할 수 없고, 예산의 현실적 제약이나 재원을 무시하고는 기획을 수립하고 집행할 수 없다(Premchand, 1983: 187－190).

기획은 그 수준이 높을수록 공공부문만이 아닌 민간부문도 대상범위로 하지만, 예산은 공공부문에 한정된다. 기획은 5년, 10년 등 장기간으로 운영되는 경우가 많으나, 예산은 대개 1년을 기간으로 단기적으로 운영되는 경우가 많다. 예산은 정해진 회계연도에 한해 운영되지만 기획은 기간이 더 길다.

기획은 주로 개념적 접근을 하지만, 예산은 실용적 접근을 한다. 기획은 경제적 · 사회적 부문에 대한 미래상을 설계하고, 그러한 미래상이 달성되도록 개념적 틀을 형성한다. 기획은 입법부의 심의대상이 아니다. 그러나 예산은 입법부의 심의대상이며, 정부 각 부처의 자금 사용 및 계약을 통제하는 역할을 수행한다(신무섭, 2014: 299).

2. 기획과 예산의 괴리

기획과 예산은 괴리되는 경우가 많다. 연차계획은 사업과 세부사업 사이에 재원이 어떻게 배분되어야 한다는 대략적인 방법과 우선순위를 제시하고 있지만, 예산은 좀 더 구체적으로 조세 및 각종 수입, 기금의 종류와 이용가능성, 사업과 세부사업의 비용 추정과 행정적 타당성, 재정통제 등에 관심을 가지고 있다. 기획과 예산과의 괴리요인을 환경적, 구조적, 행태적 측면에서 살펴보면 다음과 같다(신무섭, 2014: 300-305).

1) 환경적 요인

발전도상 국가는 가난하기 때문에 예산과 기획이 합리적으로 운영되지 않는다(Caiden & Wildavsky, 1974). 발전도상 국가는 행정능력, 예측능력, 정치적 불안, 의사전달, 재정능력이 모두 저급하다. 따라서 발전기획을 수립하기 어렵다. 그러나 외국의 원조를 받기 위해서거나, 정치적 이유에서 기획이 이용된다. 정치, 경제, 사회의 불확실성이 높은 환경에서 기획과 예산은 지극히 형식적으로 운영된다. 따라서 예산과 기획은 괴리될 수밖에 없다.

2) 구조적 요인

계획의 추상성, 재원 부족, 예산과정에서의 왜곡, 예산제도의 결함, 예산기구와 기획기구와의 관계에 따라 예산과 기획이 괴리되는 경우가 있다(유훈, 2007: 395-398).

첫째, 발전계획이나 부문계획은 그 목표가 추상적이고 재원배분계획도 거시적이지만, 예산은 구체적이며 정확해야 하므로 괴리가 발생한다. 또한 발전 목표를 둘러싸고 갈등이 첨예화되어 있을 때, 기획가는 의식적으로 모든 사람을 충족시킬 수 있는 방안, 모호한 목표나 언어 등을 사용하는 전략을 구사하기도 한다.

둘째, 사업 우선순위가 변경되거나 극심한 인플레이션, 세수의 부족 등이 발생한 경우 예산과 기획은 괴리된다. 많은 행정기관이 서로 사업을 하겠다고 경쟁하는데 재원이 부족하다고 사업을 제한하면 경쟁은 격심해지고 갈등은 격화된다. 이때 재원이 부족하더라도 사업을 인정하고 예산에 일단 반영한 후에 예산집행 단계에서 재원 부족을 이유로 기획대로 예산을 집행하지 않는 경우가 있다. 이를 통해 사후적으로 사업의 우선순위를 조정하는 것으로 갈등을 해결하기도 한다.

셋째, 기획의 수립에는 재량권이 많고 이해당사자도 큰 관심이 없지만, 예산의 편성 및 집행은 현실적인 문제이기에 괴리가 발생한다. 기획을 수립할 때 큰 관심이 없던 이해집단이 예산을 편성하고 심의할 때는 큰 관심을 보일 수 있다. 각종 이익집단, 의원, 관료의 영향력에 의해 예산과 기획이 불일치할 수 있다.

넷째, 예산제도에 문제가 있어 기획과 예산이 괴리되기도 한다. 각종 특별회계와 기금은 기획의 의도와 다른 용도로 예산이 사용되게 한다. 본래 특별회계와 기금은 예산운영에 능률성을 높이기 위해 만들어졌지만, 이에 대한 부처 단위의 재량권이 넓어 방만하게 운용될 수 있다. 특별회계와 기금이 산만하게 증대되면 중앙정부는 통제가 어렵고 이에 따라 기획과 예산을 일치시키기 어렵다.

다섯째, 기획, 세입, 세출을 담당하는 기구 간의 연계가 부족할 경우 기획과 예산의 괴리가 발생한다. 기획은 그 수준이 높은 발전계획, 부문계획일수록 많은 재원을 필요로 한다. 기획기구는 총량지표만 개발하고 대부분 과다한 지출을 요구하면서도 자원배분의 문제는 예산기구에 그 책임을 전가하는 경우가 많다. 예산기구는 기획기구가 제시한 기획을 비현실적인 것으로 경시하고 예산에 기획을 종속시키려 한다.

3) 행태적 요인

기획은 장래의 일이므로 기획작성자는 기획 결과에 대해 책임이 적다. 그에 비해 예산은 곧 집행되므로 예산을 편성하는 직원은 그에 대한 책임이 따른다. 따라서 기획과 예산 사이에는 괴리가 발생한다. 기획에 비해 예산이 좀 더 현실적이고 명확하다.

제 3 절 기획과 예산의 연계

1. 기획과 예산의 연계

기획과 예산을 서로 연계시키는 것은 쉽지 않다. 괴리요인 가운데 환경적 요인은 조작이 어려우며, 구조적 요인이 개선되었다고 해도 의도한 바대로 기능을 하지 않는 경우가 많으며, 행태적 요인의 변화는 오랜 시간을 요한다(신무섭, 2014: 306). 기획과 예산이 일치되기 위해서는 사회적 변화에 적절히 대응할 수 있는 행정의 신축성이 요구되며, 동시에 정치지도자의 일관성 있는 목표의식이 필수적이다. 기획과 예산의 연계를 위한 요건을 살펴보면 다음과 같다(신무섭, 2014: 307－310).

1) 정치지도자들의 정책의지

기획과 예산의 일치 여부는 행정수반을 비롯한 정치지도자들의 정책의지에 달려 있다. 기획은 추상적이고 모호한 용어로 목표를 기술해 놓고 있는데, 이를 구체화하고 달성하는 데 정치지도자 간의 합의가 선행되어야 한다.

2) 입법부의 기획에 대한 이해 증진

예산은 입법부의 승인이 필요하지만, 기획은 입법부의 승인이 없어도 작성된다. 따라서 입법부는 예산에 포함되어 있는 기획 및 사업을 무시하는 경우가 많다. 자신의 정치 경력에 도움이 되는 특정 이해집단이나 지역구민의 이익을 반영하기 위해 기획에 반영되어 있는 사업을 무시하고 특정 사업을 대신 끼워넣으려는 경향이 강하다. 입법부도 기획과정에 직접 참여하게 함으로써 입법부의 기획에 대한 이해를 증진시키면 이러한 경향은 완화되게 될 것이다.

3) 기획기관과 예산기관과의 연계 강화

기획기구와 예산기구의 조화를 증진시키기 위해 기획의 목표와 정책을 명확히 설정해야 한다. 또한 양 기구 직원들에게 양 기구의 조화가 매우 중요하다는 인식을 갖도록 훈련시켜야 할 것이다. 마지막으로 양 기구가 합의를 도출할 수 있는 의사전달 통로를 개발해야 한다.

4) 분권화

중앙정부 수준이나 지역 수준의 계획목표를 명백히 하고, 그것을 달성하는 사업계획과 세부사업은 그 계획을 집행할 조직 단위에 위임해서 기획과 예산을 일치시킬 수 있다. 중앙정부 수준에서 사업계획과 세부계획에 대한 승인 절차가 있어야 하며, 세부적인 품목별 예산보다는 총괄예산으로 예산을 승인해 주고, 예산배정에서 통제 지향을 불식해야 한다.

5) 연차계획의 수립과 기관장의 지지

중장기계획을 예산과 일치시키기 위해서는 중장기계획의 하위계획으로 연차계획을 세워 연동화해야 한다. 연차계획이 예산보다 선행되어 수립되어야 하며, 기관장이 각별한 관심과 지지를 보여야 할 것이다.

6) 예산제도의 개선

각종 특별회계와 기금이 예산에 모두 포함되어야 하며, 예산이 확정되기 이전에 먼저 기획의 사업들이 검토되어 예산요구서에 이들 사업이 우선적으로 포함되어야 한다. 목표와 사업 위주로 작성된 기획이 예산에 구체화될 수 있도록 예산의 구조를 조직 및 품목별 중심에서 사업별 중심으로 개선해야 한다.

7) 분석능력의 증진과 유인체계의 확립

목표를 구체화하고 그 목표를 달성하기 위한 사업 선정과 집행에 요구되는 분석기법을 담당 직원들이 숙달해야 한다. 이를 위한 교육훈련 체계가 수립되어야 하며, 유능한 공무원에게 임용 및 승진을 통한 보상을 줄 수 있는 유인체계를 확립해야 한다.

2. 사업예산제도

1) 개념

기획과 예산을 일치시키기 위한 대표적인 예산제도가 사업예산제도이다. 사업예산제도는 정책과 예산의 연계 및 재정성과 제고를 위해 기존의 품목 중심이 아니라 성과관리가 용이하도록 정책사업을 중심으로 설정한 예산체계를 의미한다. 여기서 정책사업이란 정부 기능을 수행하기 위한 세부목표로서 동일한 정책목표를 달성하기 위한 단위사업의 묶음이다.

사업예산제도는 예산계획·편성·집행에 이르는 예산체계를 사업 단위로 구조화하고, 이를 사업목표와 연결함으로써 성과를 관리하고자 하는 예산기법이다. 따라서 제도 운영에서 예산의 성과목표를 가능한 정량적으로 표시하고, 목표 달성을 위해 유연하고 효율적으로 예산을 집행하며, 그 결과 성과목표를 어느 정도 달성했는가를 측정하고, 그 성과측정 결과를 다음 연도 계획과 예산에 반영하는 데 초점이 있다(임동완, 2010).

2) 특징

기존의 품목별 예산제도는 개별사업(세세항)과 비목(목-세목) 중심으로 편성 및 집행 관리하는 예산관리 방식으로서, 투입재원의 통제에는 효과적인 반면 정책 우선순위에 입각한 전략적 재원배분과 효율적 성과관리에는 한계가 있었다. 사업예산제도는 정책과 성과 중심으로 재정운용을 선진화하고 성과목표에 근거한 사업 중심의 예산편성 및 성과목표 달성에 필요한 합리적 재원배분에 목적을 두고 있다(임동완, 2010).

사업예산제도는 정책사업과 예산을 연결해서 성과관리가 용이하도록 예산을 편성하고자 하는 개념에 기초해 예산과목 체계를 형성하고 있다. 정부의 기능을 분야와 부문으로 구분하고, 이를 토대로 사업 단위(정책 · 단위 · 세부사업)를 설정한다. 사업단위 아래에 품목(편성목, 통계목)을 두게 된다. 이와 더불어 인력운영비, 기본경비 등 행정운영경비와 내부거래지출, 보전지출로 구성된다(임동완, 2010).

3) 개선

사업예산제도의 형식적인 완성도 제도에 초점을 맞추기보다는 제도가 갖는 장점이 예산과정에 녹아들어 실질적인 변화를 가져오기 위해서는 다음과 같은 점이 보완되어야 한다(임동완, 2010).

첫째, 사업예산제도의 중요한 목적 중의 하나인 성과평가를 위해서는 사업에 대한 좀 더 적절한 정의가 내려져야 한다. 이에 따라 예산요구서에서부터 편성, 사정 및 집행에 일관되게 행하는 새로운 예산방식으로서 사업예산이 도입되어야 할 것이다.

둘째, 사업을 통해 달성할 조직목표를 소수의 KPI(Key Performance Indicator)로 나타내고, 이를 예산과정에 걸쳐 사업원가와 함께 벤치마크로 활용해야 한다. 이는 복식부기 · 발생주의 개념에 대한 이해와 원가계산기준 등의 정비가 전제되어야 할 것이다.

셋째, 사업원가와 KPI 등은 회계에서 제공되는 실적치와 비교해야 한다. 또한 이러한 차이분석은 정례화되어야 한다. 복식부기 · 발생주의에 기초한 재무보고는 이러한 차이분석이 가능하도록 성과보고서에 의미 있는 차이분석용 정보를 담아내야 한다.

마지막으로 기관장은 물론, 예산 및 회계 관련 전문가들을 중심으로 한 제도 보완 및 성과관리 문화 정착이 필요하다.

요 약

1. 정부수준에서 기획은 의도한 방향으로 사회변화를 유도하기 위한 체계적인 행동대안의 제안 및 결정을 뜻한다.
2. 기획은 시계, 대상 및 분야, 이용빈도, 지역수준, 고정성 정도 등에 따라서 다양하게 분류되고 있다.
3. 기획의 과정은 자료수집과 기본구상, 상황의 분석, 기본전제와 목표 및 세부목표의 설정, 대안의 형성과 분석, 최종안의 선택과 실행계획, 집행과 평가 등으로 이뤄진다.
4. 기획은 사업과 세부사업들 사이에 재원이 어떻게 배분되어야 한다는 대략적인 방법과 우선순위를 제시하고 있지만, 예산은 좀 더 구체적으로 조세 및 각종 수입, 기금의 종류와 이용가능성, 사업과 세부사업의 비용 추정과 행정적 타당성, 재정통제 등에 관심을 가지고 있다.
5. 기획과 예산과의 괴리요인은 환경적, 구조적, 행태적 측면에서 살펴볼 수 있다.
6. 기획과 예산의 연계를 위해서는 정치지도자들의 정책의지, 입법부의 기획에 대한 이해 증진, 기획기관과 예산기관과의 연계 강화, 분권화, 연차계획의 수립과 기관장의 지지, 예산제도의 개선, 분석능력의 증진과 유인체계의 확립 등이 필요하다.
7. 기획과 예산을 일치시키기 위한 대표적인 예산제도가 사업예산제도이다. 사업예산제도는 정책과 예산의 연계 및 재정성과 제고를 위해 기존의 품목 중심이 아니라 성과관리가 용이하도록 정책사업을 중심으로 설정한 예산체계를 의미한다.

Chapter 09

연습 문제

주관식

1. 기획 대상에 대한 깊은 지식을 가지고 있는 경제학, 교육학 등 관련 분야의 전문가를 무엇이라고 하는가?
2. 정부 기능을 수행하기 위한 세부목표로서 동일한 정책목표를 달성하기 위한 단위사업의 묶음을 무엇이라고 하는가?
3. 예산계획・편성・집행에 이르는 예산체계를 사업 단위로 구조화하고, 이를 사업목표와 연결함으로써 성과를 관리하고자 하는 예산기법을 무엇이라고 하는가?

객관식

01. 다음 중 실질기획이론에 대한 설명은?

① 과정적・규범적 이론
② 실증적 경험적 이론
③ 기획활동에 관한 이론
④ 기획 자체에 대한 정교한 지식
⑤ 기획 대상에 대한 깊은 지식

02. 다음 중 예산보다는 기획에 해당하는 내용은?

① 조세 및 각종 수입
② 기금의 종류와 이용가능성
③ 세부사업들의 우선순위
④ 사업과 세부사업의 비용 추정
⑤ 재정통제

03. 다음 중 기획과 예산의 차이를 잘못 설명한 것은?

① 예산은 공공부문에 한정된다.
② 기획은 5년, 10년 등 장기간으로 운영되는 경우가 많다.
③ 예산은 정해진 회계연도에 한해 운영된다.
④ 기획은 주로 개념적 접근을 한다.
⑤ 기획은 입법부의 심의대상이다.

04. 다음 중에서 기획과 예산의 연계를 위한 방안이 아닌 것은?

① 행정부의 기획에 대한 이해 증진
② 정치지도자들의 정책 의지
③ 기획기관과 예산기관과의 연계 강화
④ 분권화
⑤ 연차계획의 수립과 기관장의 지지

05. 다음 중에서 사업예산제도의 특징이 아닌 것은?

① 정책과 성과 중심
② 투입 재원의 통제에 효과적
③ 전략적 재원배분
④ 사업 중심의 예산편성
⑤ 기획과 예산의 일치

정답 및 해설

[주관식]

1. 기획대상에 대한 깊은 지식을 가지고 있는 경제학, 교육학 등 관련 분야의 전문가를 실질기획이론가라고 한다.
2. 정부 기능을 수행하기 위한 세부목표로서 동일한 정책목표를 달성하기 위한 단위사업의 묶음을 정책사업이라고 한다.

3. 예산계획 · 편성 · 집행에 이르는 예산체계를 사업단위로 구조화하고, 이를 사업목표와 연결함으로써 성과를 관리하고자 하는 예산기법을 사업예산제도라고 한다.

[객관식]

1. ⑤ 실질기획이론은 기획 대상에 관한 이론을 뜻한다. 경제기획, 사회기획, 도시기획 등에는 경제학, 사회학, 도시경제 등이 이용될 수 있다. 이것을 실질이론이라고 한다. 기획 대상에 대한 깊은 지식을 가지고 있는 경제학, 교육학 등 관련 분야의 전문가를 말한다. 과정기획이론은 기획활동에 관한 이론을 뜻한다. 기획활동에 포함되는 가치, 목표, 조직, 절차 등에 관한 이론이 과정이론에 포함되는데, 연구의 초점에 따라 과정적 · 규범적 이론과 실증적 · 경험적 이론으로 구분된다. 과정적 · 규범적 이론은 기획이 어떻게 이뤄져야 하는가에 연구의 초점을 두며, 실증적 · 경험적 이론은 기획이 실제 어떻게 이뤄지는가에 연구의 초점을 둔다. 기획의 절차, 기획기법, 기획의 설계 등 기획 자체에 대한 정교한 지식을 가지고 있는 전문가를 말한다.
2. ③ 기획은 사업과 세부사업들 사이에 재원이 어떻게 배분되어야 한다는 대략적인 방법과 우선순위를 제시하고 있지만, 예산은 좀 더 구체적으로 조세 및 각종 수입, 기금의 종류와 이용가능성, 사업과 세부사업의 비용 추정과 행정적 타당성, 재정통제 등에 관심을 가지고 있다.
3. ⑤ 기획은 입법부의 심의대상이 아니다. 그러나 예산은 입법부의 심의대상이며, 정부 각 부처의 자금 사용 및 계약을 통제하는 역할을 수행한다.
4. ① 기획과 예산의 연계를 위해서는 정치지도자들의 정책의지, 입법부의 기획에 대한 이해 증진, 기획기관과 예산기관과의 연계 강화, 분권화, 연차계획의 수립과 기관장의 지지, 예산제도의 개선, 분석능력의 증진과 유인체계의 확립 등이 필요하다.
5. ② 기존의 품목별 예산제도는 개별사업(세세항)과 비목(목-세목) 중심으로 편성 및 집행 관리하는 예산관리방식으로서, 투입 재원의 통제에는 효과적인 반면 정책 우선순위에 입각한 전략적 재원배분과 효율적 성과관리에는 한계가 있었다. 사업예산제도는 정책과 성과 중심으로 재정운용을 선진화하고 성과목표에 근거한 사업 중심의 예산편성 및 성과목표 달성에 필요한 합리적 재원배분에 목적을 두고 있다.

Part

02

재정관리론

Chapter 10

재정사업평가

개 관

이 장에서는 재정사업평가에 대해 다룬다. 재정사업평가는 재정이 수반되는 모든 사업에 대해 그 효과성뿐만 아니라 집행과정, 인과관계 등을 파악하기 위한 활동이며, 정책 및 사업의 책무성을 제고하고 정책결정에 필요한 정보를 제공하는 것을 목적으로 하며, 현재 중앙정부와 지방정부 모두 재정사업평가제도를 운영하고 있다. 중앙정부의 재정사업평가는 재정성과목표관리제도, 핵심사업평가제도(통합재정사업평가제도), 그리고 재정사업 심층평가제도 등으로 구성되는데, 이들 개별 제도에 대한 이해와 함께 제도 간 특징을 비교해서 살펴볼 필요가 있다. 이와 함께 중앙정부를 중심으로 이뤄졌던 재정사업자율평가제도가 현재 지방자치단체에서도 운영되고 있다는 점에서 지방자치단체 차원에서의 재정사업평가제도의 운용방식에 대해서도 살펴보는 것은 의미가 있다고 할 것이다.

Chapter 10 재정사업평가

제 1 절 재정사업평가의 의의

재정사업평가의 개념을 이해하기 위해서는 이 용어를 구성하고 있는 재정사업과 사업평가를 각각 구분해서 살펴볼 필요가 있다. 먼저 재정사업에 대해 살펴보면 「국가재정법」 등 법령과 학계 등에서 이 용어를 사용하고 있지만 그 정의는 명백하지 않다. 문자적 해석으로 재정사업을 재정, 즉 예산이나 기금을 수반하는 사업이라고 본다면 정부를 비롯한 각급 국가기관 등이 수행하는 사업들 대부분이 재정을 수반하고 있기 때문에 사실상 국가기관 등이 수행하는 거의 모든 사업이 곧 재정사업이라고 할 수 있다.

「국가재정법」 제8조와 제34조 및 「국가회계법」 제14조에 따라 정부가 국회에 보고하는 성과계획서와 성과보고서는 인건비 및 기관 운영 등에 필요한 기본경비와 정부 내부거래를 제외한 나머지 대부분의 사업을 대상으로 하고 있다.

정부는 이들 재정사업을 일반재정사업, 연구개발사업(R&D사업), 정보화사업으로 구분하는 한편, 일반재정사업을 다시 「국가재정법 시행령」 제3조에 규정된 재정사업 자율평가 대상사업을 중심으로 23개 유형으로 세분하고 있어서 이를 토대로 재정사업의 전체적인 윤곽을 파악할 수 있다.

그런데 정부에서 성과관리의 대상으로 삼고 있는 재정사업 간에는 국가적 중요성 또는 국민적 관심의 크기에 차이가 있다. 대규모 재정사업이나 또는 재정규모가 다소 작더라도 국가 목표를 달성하기 위해 중요한 사업에 대해서는 더 많은 관심이 필요하다. 이 때문에 「국가재정법」 제8조 제6항은 기획재정부장관으로 하여금 주요 재정사업을 평가하고 그 결과를 재정운용에 반영하도록 규정하고 있다. 한편 정부가 성과계획이나 성과보고에서 제외하고 있는 인건비나 기관운영비 등도 평가가 필요하다면 굳이 재정사업에서 제외할 필요가 없을 것이다.

다음으로 사업평가는 좁은 의미로 이해할 때 특정사업의 효과성 및 효율성을 측정하는 것이다. 이 경우 사업평가는 정부가 설정한 목표를 얼마나 달성했는지 성과지표를 통해서 파악하는 관리적 측면에 중점을 둔다. 정부에서 「국가재정법」과 「국가회계법」에 따라 실시하고 있는 재정사업 성과관리는 이러한 성격이 짙다. 이와 달리 사업평가를 넓게 이해할 경우 사업평가는 협의의 사업평가에서 다뤄지는 사업의 효과성과 능률성 이외에도 사업의 집행과정 및 성과와 같은 좀 더 폭넓은 내용을 포함한다. 즉, 개별사업이 초기에 의도한 효과를 어느 정도 달성했는지 검증하는 한편 해당 사업이 당초에 설계된 대로 집행되었는지의 여부 그리고 효과가 발생하기까지의 인과경로 등을 파악하는 데 사업평가의 초점을 둔다. 즉, 협의의 사업평가는 사업의 성패 여부 측정에 집중하는 데 비해 광의의 사업평가는 사업의 성패 여부뿐만 아니라 그러한 결과가 초래된 원인 규명에도 관심을 가지고 있다고 할 수 있다.

이들 두 가지 용어에 대한 해석을 전제로 재정사업평가를 넓게 이해한다면 재정이 수반되는 모든 사업에 대해 그 효과성뿐만 아니라 집행과정, 인과관계 등을 파악하기 위한 활동을 재정사업평가라고 할 수 있다.

이러한 재정사업평가의 목적은 크게 두 가지를 들 수 있다. 먼저 정책 및 사업의 책무성을 제고하는 것이다. 국민이 낸 세금을 재원으로 정책 및 사업을 시행하고 있는 정부는 궁극적으로 그 결과에 대해 국민에게 책임을 져야 한다. 특히 오늘날은 정부가 국민생활의 거의 모든 영역에 영향을 미칠 만큼 다양한 활동에 개입하고 있으므로 자신의 여러 활동에 대한 정당성을 증명할 필요가 있다. 따라서 객관적인 자료와 합리적인 설명을 통해 예산 사용의 결과를 정당화하기 위한 재정사업평가는 정책의 책무성(accountability)을 제고하기 위해 필수불가결한 과정이다.

이와 함께 정책 결정에 필요한 정보의 제공이다. 광의의 재정사업평가는 정부가 정책 및 사업과 관련된 의사결정을 하는 데 필요한 정보를 제공하는 기능을 수행한다. 정부의 정책 및 사업을 담당하고 있는 의사결정자들은 사업의 시행 및 중단, 확대 및 축소, 사업의 구조 개선 등에 대한 여러 결정을 내려야 한다.

재정사업평가를 통해 얻은 정보는 정책결정자들이 필요로 하는 다음과 같은 질문에 대한 답을 제공함으로써 바람직한 의사결정을 돕게 된다.

① 문제가 되고 있는 정책 및 사업에 대한 사회적 요구가 존재하는가?

② 문제가 되고 있는 정책 및 사업의 목표는 추구할 가치가 있는가?

③ 문제가 되고 있는 정책 및 사업이 의도했던 목표를 성공적으로 달성했는가?

④ 정책 및 사업이 성공적이었다면 그 이유는 무엇인가?

⑤ 정책 및 사업이 성공적이었다면 해당 정책 및 사업은 비용을 능가하는 편익을 가져왔는가?

⑥ 정책 및 사업이 성공적이지 않다면 그 이유는 무엇인가?

제 2 절 재정사업 평가제도의 유형

1. 정부업무평가

「정부업무평가 기본법」 제2조 제2호는 정부업무평가를 국정운영의 능률성 · 효과성 · 책임성을 확보하기 위해 중앙행정기관, 지방자치단체, 중앙행정기관 또는 지방자치단체의 소속기관, 공공기관이 수행하는 정책 등을 평가하는 것으로 규정하고 있다. 또한 같은 법 제3조 제2항은 중앙행정기관의 장 및 그 소속기관에 대한 평가는 이 법의 규정에 따라 통합해서 실시되어야 한다고 규정하고 있다. 따라서 정부의 재정사업 평가제도를 체계적으로 이해하기 위해서는 정부업무평가를 먼저 살펴볼 필요가 있다.

그림 10-1 정부업무평가 체계

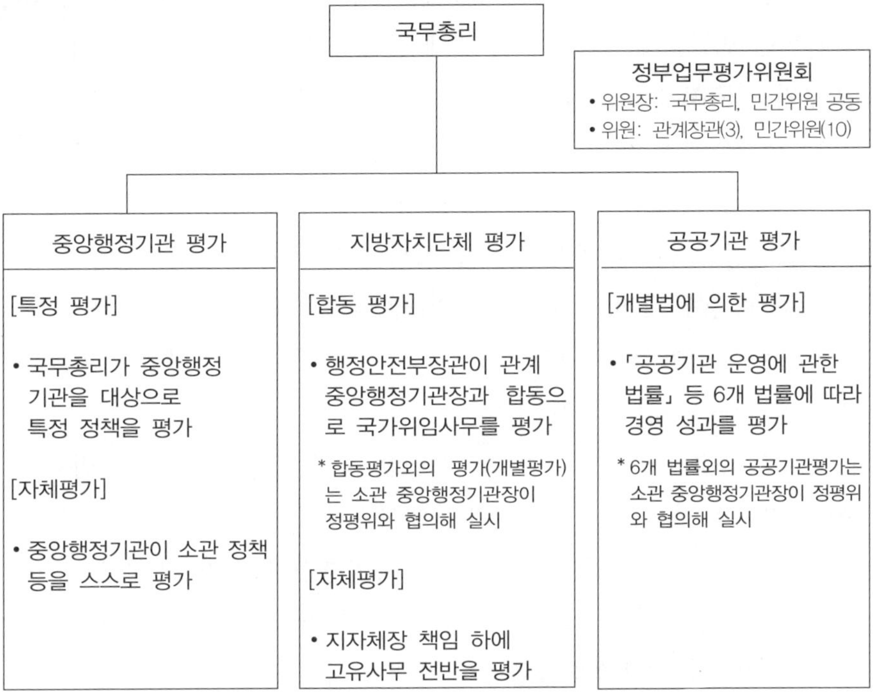

자료: 국무조정실, 2018년도 정부업무평가 시행계획.

먼저 중앙행정기관에 대한 평가의 경우, 우선 중앙행정기관이 스스로 소관 주요 정책, 재정사업, R&D사업, 행정관리 역량(조직 · 인사 등), 소관 정책 등을 자체적으로 평가한다. 그리고 국무총리는 국정운영을 통합적으로 관리하기 위해 대통령령이 정하는 바에 따라 특정평가를 실시한다. 사회적 파급효과가 큰 사업에 대해서는 심층분석평가가 이뤄지기도 한다.

지방자치단체에 대한 평가는 고유사무 전반에 대해서는 지방자치단체의 장 책임 하에 실시하며, 국가위임사무에 대해서는 행정안전부장관이 관계 중앙행정기관의 장과 합동으로 혹은 소관 중앙행정기관의 장이 개별평가를 실시한다.

공공기관 평가는 「공공기관의 운영에 관한 법률」 등 6개 법률에 따라 공공기관이 아닌 외부기관이 경영 성과를 평가한다. 기획재정부장관은 「공공기관의 운영에 관한 법률」 제48조에 따라 공공기관의 경영실적을 평가(공공기관운영위원회)하고 있고, 「국가재정법」 제82조에 따라 기금을 평가(기금운용평가단)하고 있다. 또한 「과학기술기본법」 제32조 및 「과학기술 분야 정부출연연구기관 등의 설립·운영 및 육성에 관한 법률」 제28조에 따라 관계 중앙행정기관의 장이 과학기술 분야 정부출연연구기관을 평가하고 있고, 「정부출연연구기관 등의 설립·운영 및 육성에 관한 법률」 제28조에 따라 정부출연연구기관 평가가 이뤄지고 있다. 그리고 「정부업무평가 기본법」 제22조에 따라 관계 중앙행정기관이 정부업무평가위원회와 협의해서 정하는 공공기관에 대한 평가를 실시하고 있다. 그 외 지방공기업에 대해서는 「지방공기업법」 제78조 및 제78조의2에 따라 그리고 지방자치단체출연 연구원에 대해서는 「지방자치단체 출연 연구원의 설립 및 운영에 관한 법률」 제19조에 따라 각각 평가가 이뤄지고 있다.

한편 「정부업무평가 기본법」 제3조 제1항은 중앙행정기관의 장은 법률 또는 대통령령에 근거하지 아니하고는 다른 평가대상기관의 정책 등에 대해 평가를 해서는 아니 된다고 규정하고 있으며, 제2항은 중앙행정기관 및 그 소속기관에 대한 평가는 이 법의 규정에 따라 통합해서 실시되어야 한다고 규정하고 있다. 동법 제3조 제1항의 위임에 따라 「정부업무평가 기본법 시행령」 제4조는 통합해서 실시하는 평가의 범위를 규정하고 있는데, 「국가연구개발사업 등의 성과평가 및 성과관리에 관한 법률」 제8조에 따른 연구개발사업에 대한 자체성과의 평가, 「국가정보화 기본법」 제10조 제5호에 따른 기본계획 및 시행계획의 주요 시책에 대한 추진 실적 분석 및 점검, 「국가정보화 기본법」 제25조 제2항 제5호에 따른 지식정보자원 관리의 평가, 「국가재정법」 제8조 제6항 및 같은 법 시행령 제3조에 따른 재정사업 자율평가 등이 이에 포함되어 있다. 즉, 이들 평가에 대해서는 다른 중앙행정기관이 별도로 중복해서 평가하지 못한다.

한편 평가 결과는 「정부업무평가 기본법」 제5장 평가 결과의 활용에 따라 공개 또는 보고하는 한편 그 결과를 예산·인사에 반영하고 시정조치 및 감사 그리고 보상이 이뤄진다. 국무총리가 중앙행정기관을 대상으로 실시하는 특정평가는 주요 정책성과와 문제점 그리고 개선·보완 방향에 대한 서술과 함께 장관급 기관과 차관급 기관으로 구분해서 부문별로 우수, 보통, 미흡 등 3개로 구분한 등급을 집계해 종합 등급을 결정해서 공개하고 있다.

2. 재정성과 목표관리제도

재정성과 목표관리제도는 모니터링 방식의 성과관리 형태로 수행하는 사업의 성과지표와 목표치를 제시하고 목표치가 사업기간 동안에 달성된 정도를 중심으로 성과를 측정하는 방식이다. 재정성과 목표관리제도는 「국가재정법」 제8조 제2항에 따라 성과 중심의 재정운용이 법제화되면서 각 중앙관서의 장 및 기금관리 주체가 예산요구서 및 기금운용계획안을 기획재정부장관에게 제출할 때에 성과계획서 제출을 의무화했다. 2009회계연도부터 성과계획서를 예산안 첨부서류로 국회에 제출했고, 2011회계연도부터 예산안 및 기금운용계획안과 그에 따라 작성된 성과계획서의 사업 내용 및 사업비 등이 일치하도록 노력할 것을 법으로 의무화했다(국가재정법 제8조 제9항).

성과계획서는 각 부처가 전략목표 및 당해 연도 프로그램 목표 달성을 위해 수립하는 연도별 시행계획으로, 기관의 비전 · 임무 · 전략목표 등을 설정하고, 「국가재정법」에 의한 중장기 재정운용계획을 반영해서 수립한다. 더불어 당해 연도 프로그램 목표 및 단위사업의 성과지표, 과거 추세치를 반영한 구체적이고 합리적인 목표치를 설정해서 성과계획을 수립한다.

그림 10-2 성과계획 목표 체계도(예시)

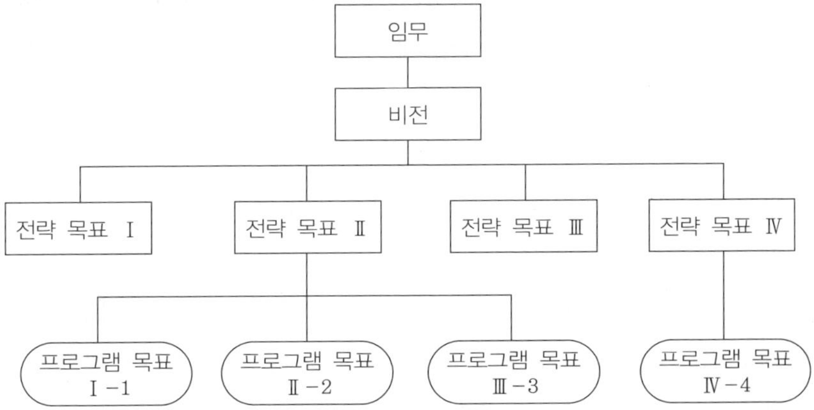

자료: 기획재정부(2017).

성과계획서를 작성하는 기관은 「국가재정법」에 따라 예산요구서를 제출하는 52개 중앙관서로 국가정보원은 제외되며, 각 부처가 임무 달성을 위해 추진하는 모든 재정사업(일반재정, 정보화, R&D) 중 성과관리 실익이 없는 사업은 제외된다. 성과계획서는 기관의 임무와 전략목표에 기초한 프로그램 목표 체계를 수립하고 그 달성 여부를 점검할 수 있는 성과지표를 제시해 설정한다. 성과지표는 사업목적의 질적 성과를 측정할 수 있도록 가급적 결과지표 위주로 설정해야 한다.

2018년도 성과계획서는 성과관리 대상사업을 간소화하는 한편 내실화를 기하는 방식으로 개선되었다. 성과관리와 통합재정사업 평가제도 간의 연계 강화와 성과관리제도의 효율성 제고를 위해 평가 제외 사업 중 성과관리 실익이 없는 사업을 성과관리 대상에서 제외했다. 다만, 평가 제외 대상사업 중 평가기간 미도래 등으로 인해 성과관리가 필요한 사업은 계속적으로 관리하기로 했다. 예를 들어 신규사업으로 사업이 착수된 지 2년 이하인 사업, 평가 연도 이전 완료되는 사업, 책임운영기관 평가사업, 10억 원 미만 소액 사업(정보화 5억 원 미만), 지특회계 생활기반 계정사업 등 지자체 자율편성 포괄보조사업 등이 이에 해당된다(기획재정부, 2017).

또 다른 특징으로 보조사업에 대한 성과계획을 별도로 제시하도록 했다. 원활한 보조사업 수행과 보조금 부정수급 방지를 위해 보조금통합관리망(e나라도움)을 구축하고, 이 관리망에 보조사업에 대한 성과보고서를 포함할 것을 「보조금 관리에 관한 법률」 제26조2에 의거해 의무화했다. 성과계획서 단계에서는 보조사업에 대한 성과지표, 목표치 등을 별도로 설정해서 성과보고서 작성을 위한 기초자료를 마련해야 한다.

성과관리와 재정운용의 연계를 강화하기 위해 예산편성 및 조세지출 운영 시 사업성과 결과를 재정운용에 적극 반영해 재정투자의 효과가 낮은 사업은 예산을 삭감하거나 폐지하도록 했다. 또한 성과보고서와 통합재정 사업평가 결과의 연계를 강화하는 한편, 조세지출과의 연계도 강화했다. 조세지출과 세출예산 간의 연계성을 체계적으로 분석해 중복 지원을 방지하고 정책수단의 효율성 제고를 도모하도록 했다. 조세지출 정비 원칙에 따라 성과평가 시 성과계획서에서 설정한 성과목표를 활용해서 조세지출과 세출예산의 연계성을 체계적으로 분석하도록 하고, 성과계획서 작성 시 단위사업과 연관된 조세지출이 있는 경우 관련 내용을 기술해 예산 지원과 조세지출의 병행 지원의 필요성을 설명하도록 했다.

3. 핵심사업 평가제도(구, 통합재정사업 평가제도)

통합재정사업 평가제도는 일반재정 · R&D · 지역사업 등 분야별로 운영되던 재정사업평가를 2016년부터 단일평가로 통합한 제도이다. 일반재정사업 및 기금사업에 대한 재정사업 자율평가 및 기금사업 운영평가, R&D사업에 대한 국가연구개발사업 자체평가, 지역사업에 대한 지역발전사업 평가를 모두 통합해서 통합재정 사업평가로 단일화했으며, 먼저 기관별 자체평가를 실시하고 그 결과에 대해 일반재정 · R&D · 지역사업 등 분야별로 메타(상위)평가를 실시했다.

그림 10-3 통합재정사업 평가체계

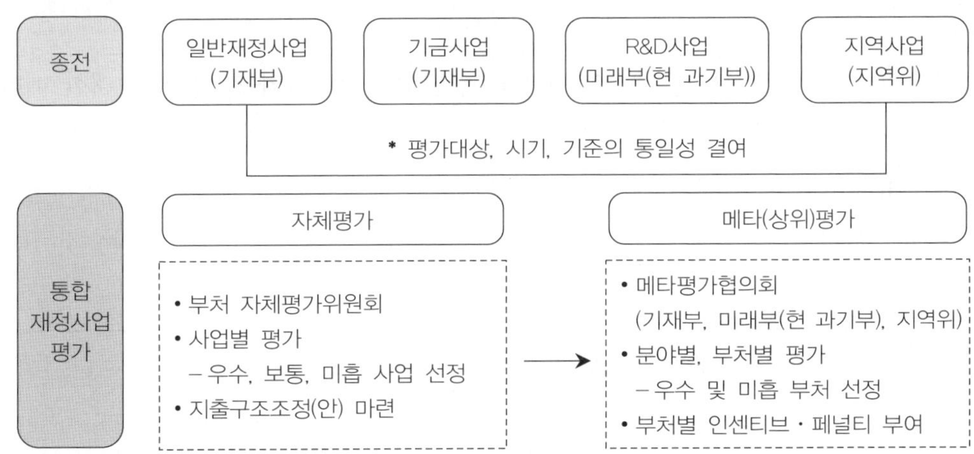

자료: 국회예산정책처(2018). 대한민국 재정 2018.

2017년 통합재정사업 평가 결과, 자체평가를 통해 238개(16.8%) 사업이 '우수', 928개(65.5%) 사업이 '보통', 249개(17.6%)의 사업이 '미흡'으로 평가되었고, 기재부는 '미흡' 또는 '보통' 등급 사업을 중심으로 253개 사업에 대해 1조 1,940억 원

규모의 지출 구조조정 계획을 마련했으며, '미흡' 등급 사업 중 지출 구조조정이 곤란한 66개 사업에 대해서는 성과관리 개선대책을 제시했다. 각 부처의 메타평가 결과 메타평가 우수 부처 5개(문화재청, 통계청, 특허청, 인사혁신처, 산림청)와 미흡 부처 3개(산업통상자원부, 방송통신위원회, 국가보훈처)가 선정되었고, 메타평가 결과에 따라 차년도 총지출 구조조정 규모 조정, 기본경비 삭감 등 인센티브와 페널티가 주어질 예정이다.

그런데 이러한 통합재정사업 평가제도에 대해 다음과 같은 문제가 제기되어 왔다.

① 자율평가는 지침에 따라 일률적인 평가기준이 적용되고 평가 결과가 예산과 기계적으로 연계되어 부처의 자율성과 책임성을 확보하기 쉽지 않다.

② 메타평가는 각 부처 지출 구조조정 계획에 대한 확인·점검 중심으로 평가가 이뤄져 개별사업의 실질적인 성과를 제고하는 데 한계가 있다.

③ 평가제도가 분절적으로 운영되고, 제도 운영과정에서 국민과의 소통이 부족하다.

이에 따라 기획재정부는 2017년 9월에 기관별 자체평가와 그 결과에 대한 메타평가의 체계로 운영되던 통합재정사업 평가제도(재정사업 자율평가제도)를 전면 개편한다고 밝혔다. 기관별 자율평가는 유지하되 메타평가를 폐지하고 기획재정부가 주요 핵심사업을 선정해 별도로 평가를 추진하는 방식으로 개편한다는 것이다.

그림 10-4 재정사업 자율평가제도 개편방안 주요 내용(2018.1)

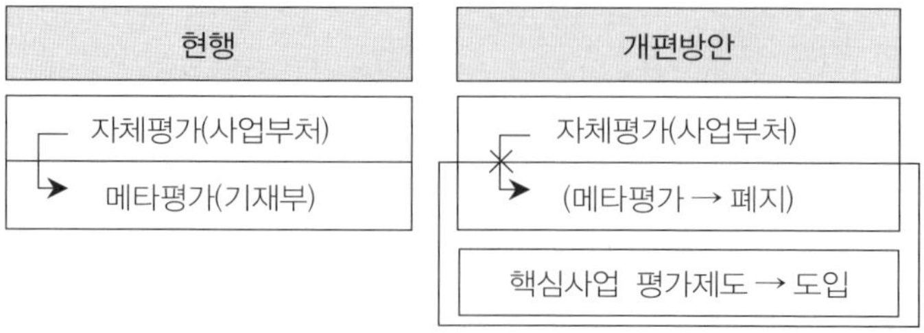

자료: 관계부처 합동. 재정혁신을 뒷받침하는 80대 "핵심사업 평가" 추진계획(2018.1.11).

참고 핵심사업 평가제도의 주요 내용

1 평가 및 성과관리 역량을 80대 핵심사업에 집중

○ 기존에는 1,415개(2017년) 사업에 대한 사업 부처의 자체평가 결과를 사후적으로 확인・점검하는 데 그쳤으나, 개편된 평가에서는 일자리, 성장 동력 확충 등 80개 핵심사업을 선별해서 집행과정・결과까지 중점 관리할 계획이다.

〈핵심사업 평가대상 개괄〉

구분	일자리	성장 동력 확충	소득기반 확충	안심국가	인적자원 개발
평가대상 수 (80개)	15개	18개	10개	23개	14개
예산 규모 (23.1조 원)	7.8조 원	4.2조 원	3.5조 원	5.8조 원	1.8조 원
관련 부처 (26개)	고용부 등 6개	중기부 등 10개	복지부 등 6개	국방부 등 14개	교육부 등 7개

* 평가대상의 구분은 평가의 편의를 위해 가장 관련성이 높은 구분으로 분류.

2 새 정부 정책 방향에 맞도록 성과지표・성과목표 체계 개편

○ 그간 재정사업의 단기(1년) 직접적인 산출목표(output) 중심으로 평가가 이뤄졌지만, 앞으로는 성장・분배 선순환 등 새 정부 정책방향을 평가할 수 있도록 중기(3년) 결과목표*(outcome)에 대한 평가도 병행한다.

* (예시) 사회보험 사각지대 해소 성과지표

: (기존) 사회보험료 지원 사업장・수혜자 수 → (개선) 10인 미만 사업장 고용보험・건강보험 가입률

○ 정량적 결과목표 설정이 어려운 사업의 경우에는 정성적으로 정책방향에 대한 기여도를 평가할 예정이다.

3 현장 모니터링을 통해 집행률・성과목표 100% 달성 추진

○ 1년에 한 번 전년도 성과를 서류 중심으로 확인・점검하는 기존 평가방식을 근본적으로 개편해서, 3년 동안 분기별 집행과정을 현장 중심으로 지속 평가해 사업의 당초 취지 달성을 뒷받침한다. 특히, 현장과 괴리된 제도설계・규제 등을 개선함으로써 현장에서 성과를 체감할 수 있도록 세밀한 관리가 이뤄진다.

○ 정교한 제도설계가 요구되는 신규사업*은 도입 초기 적극적인 현장 모니터링을 통해

제도 정착을 지원하고, 모니터링 과정에서 나타난 문제점은 현장에서 신속하게 해결하되, 시일이 소요되는 과제는 완료기한을 정해 제도 개선을 추진한다.

* 고용창출장려금(고용부, 2017년 추경사업), 도시재생(국토부) 등

4 지출 혁신을 합리적 · 객관적으로 뒷받침

○ 양적 · 질적 지출 구조조정 중심의 환류체계로 재정사업 평가 · 관리체계를 혁신한다.

○ 그동안에는 우수 - 보통 - 미흡으로 이뤄지는 개별사업의 등급별 평가 결과에 따른 예산 삭감에 치중했으나, 앞으로는 기계적 예산 삭감방식을 탈피하고 원인 분석을 통한 예산조정, 사업구조 재설계 및 제도개선 등 합리적 환류계획이 마련된다.

5 평가 전주기에 걸친 국민 참여 확대를 통해 투명성 제고

○ 재정당국 주도의 평가체계가 평가 전주기에 걸쳐 정책수혜자와 사업부처가 참여하는 체계로 전환된다.

○ 먼저, 일반국민과 유관단체 · 협회의 의견을 적극 수렴해 80개 핵심사업 평가대상을 선정했으며, 수요자 입장에서의 문제점 식별 및 대안 제시를 위해 정책수혜자와 사업부처 등이 함께 현장조사를 실시한다.

○ 또한, 국민들이 체감하는 현장의 체감 성과를 반영하기 위해 정책수혜자, 언론, 국회, 시민단체 등의 평가도 평가 결과에 적극 고려된다.

* 한국갤럽, KDI를 통해 유관 단체 및 일반국민 여론조사 실시(10.23~11.10)

○ 현장조사는 핵심사업평가단과 함께 정책수혜자, 지자체 및 사업부처가 포함된 합동현장조사단*이 실시한다.

* 정책수요자, 민간전문가, 평가전문기관, 지자체, 사업부처, 기재부로 구성

〈주요 핵심사업평가 추진 체계도〉

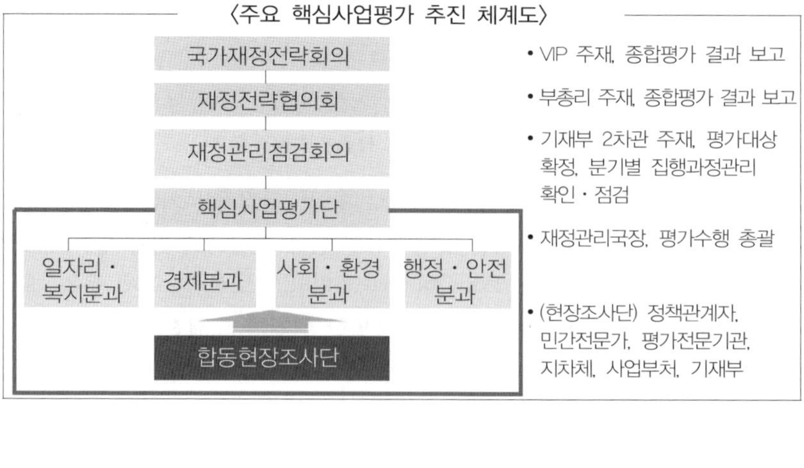

○ 재정관리점검회의에서는 매분기 평가 결과 및 현장조사를 통해 발굴된 제도 개선 과제 등의 이행 여부 등을 확인 · 점검하고, 평가 결과를 토대로 핵심사업평가단에서 마련한 제도 개선 및 예산조정 방향을 확정하게 된다.

자료: 관계부처 합동. 재정혁신을 뒷받침하는 80대 "핵심사업 평가" 추진계획(2018.1.11).

4. 재정사업 심층평가제도

재정사업 심층평가제도(program evaluation)는 통합재정 사업평가 결과 추가적인 검토가 필요하다고 판단되는 사업에 대해 계량분석기법 등을 활용해 심층적으로 분석 · 평가하는 제도로서 재정사업의 적절성(relevance), 효과성(effectiveness), 효율성(efficiency) 등을 주요 평가요소로 한다.

참고 2017년 심층평가 관련 보도 자료

기획재정부	보도자료	하나 된 열정 하나 된 대한민국

보도일시	2017. 11. 24.(금) 15:00	배포일시	2017. 11. 24.(금) 13:30
담당과장	기획재정부 지출혁신과 박호성 (044-215-7900)	담당자	김동진 사무관 (044-215-7901)

2017년 2차 심층평가 착수회의 개최
- 혁신성장과 일자리 창출을 뒷받침 -

□ 기획재정부는 11월 24일(금) 조규홍 재정관리관 주재로 「심층평가 착수회의」를 개최하여,

* (참석부처) 산업부, 문화부, 농식품부, 해수부, 고용부, 복지부 등

○ 올해 2차 재정사업 심층평가 대상으로 신재생 에너지 등 6개 사업*을 선정하고 평가방향을 확정하였다.

* ①신재생 에너지, ②문화 콘텐츠 육성, ③농업 인력양성, ④수산업 유통지원, ⑤고용장려금 체계 개편, ⑥정신건강증진 사업군

□ 조 관리관은 모두발언에서 이번 심층평가 과제는

○ 우리경제의 지속가능한 성장을 위해, 혁신성장 확산과 양질의 일자리 창출을 뒷받침하는데 주안점을 두고 선정하였으며,

○ 특히, 심층평가 과정에서 4차 산업혁명을 대비하여 농 · 수산업 및 문화산업에 대해 혁신동력을 확산할 수 있는 정책 대안 마련에 중점을 둘 것임을 강조하였다.

□ 금번 회의에서 논의된 과제별 평가 방향은 다음과 같다.

① 신재생 에너지 지원 사업군은 향후 발전비중 확대시 (2030년까지 20%) 효율성(우수기업 집중)과 형평성(중소기업 확대)간 균형 있는 정책방향 분석

② 문화콘텐츠 육성 사업군은 민간의 혁신 생태계 조성을 지원하기 위한 기존 재정사업 및 금융지원 등의 개편 필요성과 중점 지원 대상 검토

③ 농업인력 양성 사업군은 全주기 귀농 · 귀촌 지원방안 마련 및 전문 농업인 양성 등 농업 혁신성장 방안 검토

④ 수산업 유통지원 사업군은 최근 소비행태 등 여건 변화에 대응한 유통·물류 지원사업 개선방안 검토

⑤ 고용장려금 지원 사업군은 장기간 고용유지 등 고용의 지속가능성 제고를 위한 기업 인센티브 제공 등 제도 개선 방향 모색

⑥ 정신건강증진 사업군은 정신질환 및 자살률 증가에 대응하기 위해 정신건강서비스 제공자 간 연계 등 사업 효과성 제고 방안 검토

□ 향후 내년 6월까지 평가를 마무리하고 평가결과는 '19년 예산안 등에 반영할 계획이다.

기획재정부 대변인
세종특별자치시 갈매로 477 정부세종청사 4동 mosfpr@korea.kr

자료: 기획재정부, 2017.11.24.자 보도 자료.

심층평가는 통합재정 사업평가와 다음과 같은 점에서 차이가 있다.

① 핵심사업평가는 중앙관서의 장 또는 기금관리 주체 등의 자체평가 후 메타평가를 거치나, 심층평가는 기획재정부장관이 주체가 되어 실시한다.

② 핵심사업평가는 전체 재정사업을 대상(2016년에는 50%)으로 삼아 그 범위가 포괄적이나, 심층평가는 통합재정 사업평가 결과 추가평가가 필요하다고 판단되는 사업 등 그 범위가 제한적이다.

③ 핵심사업평가는 일련의 질문으로 구성된 체크리스트 점검을 통해 그 성과를 평가하나, 심층평가는 계량분석 등 과학적인 기법을 활용해 해당 사업의 추진 내용과 성과의 인과관계를 분석하고 사업 추진체계를 개선한다는 점에서 구별된다.

5 기타 주요 재정 관련 평가제도

「국가재정법」 제8조의2에 따라 기획재정부는 특히 대규모사업에 대한 예비타당성조사, 총사업비 관리를 위한 타당성 재검증 등 재정투자 평가업무를 맡고 있는데, 그 실무는 한국개발연구원(공공투자관리센터)이 수행하고 있다. 또한 한국개발연구원은 「사회기반시설에 대한 민간투자법」 제23조에 따라 민간투자사업계획의 검토 및 평가 등을 실시하고 있다.

「국가재정법」 제82조에 따라 기획재정부장관은 회계연도마다 전체 기금 중 3분의 1 이상의 기금에 대해 대통령령이 정하는 바에 따라 그 운용실태를 조사・평가해야 하며, 3년마다 전체 재정체계를 고려해서 기금의 존치 여부를 평가해야 한다. 그리고 기획재정부장관은 그 평가 결과를 국무회의에 보고한 후 국회에 제출하는 국가결산보고서와 함께 국회에 제출해야 한다.

「부담금관리 기본법」 제8조에 따라 기획재정부장관은 부담금을 적정하게 운용하기 위해 각 부담금의 부과 목적, 부과 실태, 사용 내용의 건전성, 부과절차의 공정성 및 존치 필요성 등을 지속적으로 점검・평가해야 한다. 이를 위해 각 부담금의 존치 필요성에 대해서는 3년마다 1회씩 점검・평가하고 그 결과를 제7조 제2항에 따른 부담금운용종합보고서에 포함해서 국회에 제출해야 한다.

한편 이상 기술한 평가들은 법률을 기준으로 한 평가제도이며, 실제로 정부는 각각의 사업들을 수행하는 과정에서 필요에 따라 수많은 다양한 개별평가를 실시하고 있다.

6. 지방자치단체의 주요 재정사업평가

그간 「국가재정법」과 「정부업무평가 기본법」에 근거해서 2005년부터 중앙정부를 중심으로 이뤄졌던 재정사업 자율평가제도는 2008년 사업예산제도의 도입과 2014년 「지방재정법」의 개정으로 지방자치단체에도 적용하도록 되었다. 이에 따라 현재 지방자치단체는 자체적으로 내부의 사업 수행 부서가 재정사업을 스스로 평가하고 예산부서가 확인 점검한 평가 결과를 지방재정 운영에 활용하고 있다. 이와 함께 행정안전부장관은 주요 재정사업의 평가대상 · 방법 및 절차 등에 관한 기준을 정해서 지방자치단체장에게 통보할 수 있다.

동법 시행령에서는 시 · 도의 경우 총사업비 5억 원 이상, 시 · 군 및 자치구의 경우 2억 원 이상과 공연 · 축제 등 행사성 사업을 재정사업평가의 대상으로 하도록 규정함으로써 평가제도의 운영과 대상 선정에 대한 법적 근거를 마련했다. 이와 함께 행정안전부 예규인 '지방자치단체 주요 재정사업 평가기준'에 따르면 지방자치단체 재정사업평가의 평가기준은 계획 · 관리 · 성과/환류의 단계로 11개 지표가 제시되고 있으며, 지역 및 사업의 특성을 고려해서 조정이 가능하도록 하고 있다(<표 10-1> 참조).

이 지표를 활용해 사업부서에서 자체평가를 진행하고 예산부서의 확인 · 점검을 순차적으로 진행하게 된다. 자체평가는 광역자치단체의 경우 실국(室局) 단위에서 이뤄지며, 기초자치단체의 경우 실과(室課) 단위에서 이뤄진다. 자체평가의 평가등급은 상대평가로 '우수' 이상 20% 이내, '미흡' 이하 10% 이상을 의무화하고 있다. 필요한 경우 전문연구기관의 지원과 현장실사 등의 병행이 가능하며, 이후 평가 결과와 권고사항을 확정해 사업부서에 전달하게 되며, 평가 결과를 차년도 사업예산에 반영할 수 있다.

한편 행사성 사업은 민간위원회 사후평가 및 예산부서 확인 · 점검을 통해 평가점수 결정을 결정하며, 행사성 사업에 대한 민간위원회 구성 시 지역 여건을 고려

표 10-1 지방자치단체 재정사업평가 평가지표

단계	평가 항목	평가지표
계획 (20)	사업계획의 적정성 (10)	1-1. 사업 목적이 명확하고 성과목표 달성에 부합하는가?
		1-2. 다른 사업과 불필요하게 유사·중복되지 않는가?
		1-3. 사업 내용이 적정하고 추진방식이 효율적인가?
	성과계획의 적정성 (10)	2-1. 성과지표가 사업목적과 명확한 연계성을 가지고 있는가?
		2-2. 성과지표의 목표치가 구체적이고 합리적으로 설정되었는가?
관리 (30)	사업관리의 적정성 (30)	3-1. 예산이 계획대로 집행되도록 노력했는가?
		3-2. 사업 추진 상황을 정기적으로 모니터링하고 있는가?
		3-3. 사업 추진 중 발생한 문제점을 해결했는가?
성과· 환류 (50)	성과 달성 및 사업평가 결과의 환류 (50)	4-1. 계획된 성과지표의 목표치를 달성했는가?
		4-2. 사업이 효과적으로 수행되는지 점검하기 위한 사업평가를 실시했는가?
		4-3. 평가 결과 및 외부 지적 사항을 사업구조 개선에 환류했는가?

자료: 행정안전부(2017). 지방자치단체 주요재정사업 평가기준(2017.9.11. 개정).

해서 지역축제위원회, 지방보조금심의위원회(15명 이내. 민간인3/4 이상) 등 기존 민간위원회를 활용할 수 있다.

요 약

1. 재정사업평가를 넓게 이해한다면 재정이 수반되는 모든 사업에 대해 그 효과성뿐만 아니라 집행과정, 인과관계 등을 파악하기 위한 활동을 재정사업평가라고 할 수 있다. 재정사업평가의 주요한 목적은 정책 및 사업의 책무성을 제고하고 정책결정에 필요한 정보를 제공하는 것이다.
2. 정부업무평가는 국정운영의 능률성·효과성·책임성을 확보하기 위해 중앙행정기관, 지방자치단체, 중앙행정기관 또는 지방자치단체의 소속기관, 공공기관이 수행하는 정책 등을 평가하는 것을 말한다.
3. 재정성과 목표관리제도는 모니터링 방식의 성과관리 형태로 수행하는 사업의 성과지표와 목표치를 제시하고 목표치가 사업기간 동안에 달성된 정도를 중심으로 성과를 측정하는 방

식이다.

4. 통합재정사업 평가제도는 일반재정 · R&D · 지역사업 등 분야별로 운영되던 재정사업평가를 2016년부터 단일평가로 통합한 제도이다. 기획재정부는 2017년 9월에 기관별 자체평가와 그 결과에 대한 메타평가의 체계로 운영되던 통합재정사업 평가제도(재정사업 자율평가제도)를 전면 개편해서 핵심사업평가제도로 전환했다. 핵심사업평가제도는 기관별 자율평가는 유지하되 메타평가를 폐지하고 기획재정부가 주요 핵심사업을 선정해 별도로 평가를 추진하는 방식이다.
5. 재정사업 심층평가제도(program evaluation)는 통합재정 사업평가 결과 추가적인 검토가 필요하다고 판단되는 사업에 대해 계량분석기법 등을 활용해 심층적으로 분석 · 평가하는 제도로서 재정사업의 적절성(relevance), 효과성(effectiveness), 효율성(efficiency) 등을 주요 평가요소로 한다.
6. 중앙정부를 중심으로 이뤄졌던 재정사업 자율평가제도는 2008년 사업예산제도의 도입과 2014년 「지방재정법」의 개정으로 지방자치단체에도 적용하도록 되었다. 이에 따라 현재 지방자치단체는 자체적으로 내부의 사업 수행부서가 재정사업을 스스로 평가하고 예산부서가 확인 점검한 평가 결과를 지방재정 운영에 활용하고 있다. 이와 함께 행정안전부장관은 주요 재정사업의 평가대상 · 방법 및 절차 등에 관한 기준을 정해서 지방자치단체장에게 통보할 수 있다.

Chapter 10

연습 문제

주관식

1. 재정사업평가의 의의에 대해 설명하시오.
2. 재정사업 성과목표관리제도에 대해 설명하시오.
3. 핵심사업평가제도에 대해 설명하시오.
4. 재정사업 심층평가제도에 대해 설명하시오.
5. 지방자치단체의 주요 재정사업 평가에 대해 설명하시오.

객관식

01. 다음 중 모니터링 방식의 성과관리 형태로 수행하는 사업의 성과지표와 목표치를 제시하고 목표치가 사업기간 동안에 달성된 정도를 중심으로 성과를 측정하는 방식은?

① 핵심사업 평가제도
② 민간투자사업계획 평가제도
③ 재정사업 성과목표관리제도
④ 재정사업 심층평가제도
⑤ 예비타당성조사

02. 핵심사업 평가제도(구 통합재정사업 평가제도)에 대한 설명으로 옳지 않은 것은?

① 통합재정사업 평가제도는 일반재정 · R&D · 지역사업 등 분야별로 운영되던 재정사업평가를 2016년부터 단일평가로 통합한 제도이다.
② 통합재정사업 평가제도에서는 기관별 자체평가를 실시하고 그 결과에 대해 일반재정 · R&D · 지역사업 등 분야별로 메타(상위)평가를 실시했다.
③ 통합재정 사업평가에서는 메타평가 결과에 따라 차년도 총지출 구조조정 규모 조정, 기본경비 삭감 등 인센티브와 페널티가 주어진다.

④ 통합재정사업평가에서 부처 자율평가는 지침에 따라 일률적인 평가기준이 적용되고 평가 결과가 예산과 기계적으로 연계되어 부처의 자율성과 책임성을 확보하기 쉽지 않다는 비판이 제기되었다.
⑤ 2017년 마련된 핵심사업평가제도에서는 기관별 자율평가와 메타평가를 폐지되고 기획재정부가 주요 핵심사업을 선정해서 별도로 평가를 추진하는 방식으로 개편되었다.

03. 재정사업 심층평가제도에 대한 설명으로 옳지 않은 것은?

① 통합재정 사업평가 결과 추가적인 검토가 필요하다고 판단되는 사업에 대해 계량분석기법 등을 활용해서 심층적으로 분석・평가하는 제도이다.
② 재정사업의 적절성(relevance), 효과성(effectiveness), 효율성(efficiency) 등을 주요 평가요소로 한다.
③ 기획재정부장관이 주체가 되어 실시한다.
④ 핵심재정사업평가 결과 추가 평가가 필요하다고 판단되는 사업 등에 대해 실시한다는 점에서 그 범위가 상대적으로 제한적이다.
⑤ 일련의 질문으로 구성된 체크리스트 점검을 통해 그 성과를 평가한다는 점에서는 기본적으로 핵심재정사업평가와 공통점을 가진다.

04. 지방자치단체 주요 재정사업평가에 대한 설명으로 옳지 않은 것은?

① 재정사업 자율평가제도는 2008년 사업예산제도의 도입과 2014년 「지방재정법」의 개정으로 지방자치단체에도 적용하도록 되었다.
② 현재 지방자치단체는 자체적으로 내부의 사업 수행부서가 재정사업을 스스로 평가하고 예산부서가 확인 점검한 평가 결과를 지방재정 운영에 활용하고 있다.
③ 행정안전부장관은 주요 재정사업의 평가대상・방법 및 절차 등에 관한 기준을 정해서 지방자치단체장에게 통보할 수 있다.
④ 시・도의 경우 총사업비 5억 원 이상, 시·군 및 자치구의 경우 2억 원 이상과 공연·축제 등 행사성 사업을 재정사업평가의 대상으로 하도록 규정함으로써 평가제도의 운영과 대상 선정에 대한 법적 근거를 마련했다.
⑤ 평가의 지역 간 형평성 차원에서 지방자치단체 재정사업평가의 평가 기준은 모든 지방자치단체에 동일하게 적용되며 지역 및 사업의 특성은 원칙적으로 고려되지 않는다.

정답 및 해설

1. ③ 재정사업 성과목표관리제도에 대한 설명이다.
2. ⑤ 기획재정부는 2017년 9월에 기관별 자체평가와 그 결과에 대한 메타평가의 체계로 운영되던 통합재정사업 평가제도(재정사업 자율평가제도)를 전면 개편한다고 밝혔다. 기관별 자율평가는 유지하되 메타평가를 폐지하고 기획재정부가 주요 핵심사업을 선정해서 별도로 평가를 추진하는 방식으로 개편한다는 것이다.
3. ⑤ 핵심사업평가는 일련의 질문으로 구성된 체크리스트 점검을 통해서 그 성과를 평가하나, 심층평가는 계량분석 등 과학적인 기법을 활용해서 해당 사업의 추진 내용과 성과의 인과관계를 분석하고 사업 추진체계를 개선한다는 점에서 구별된다.
4. ⑤ 지방자치단체 재정사업평가의 평가기준은 계획 · 관리 · 성과/환류의 단계로 11개 지표가 제시되고 있으나, 지역 및 사업의 특성을 고려해서 조정이 가능하도록 하고 있다.

Chapter 11

공공계약제도

정부계약제도를 체계적으로 이해하는 것은 공공재정을 관리하고 집행하는 측면에서 매우 중요하다. 한편 공공계약제도의 운영은 국가계약제도는 기획재정부, 지방계약제도는 행정안전부에서 하고 있고, 조달청은 국가계약이나 지방계약을 대행하는 역할을 하고 있으며, 국가나 지방자치단체가 아닌 출자출연기관이나 공기업의 경우에도 거의 국가계약제도나 지방계약제도를 준용하고 있다. 한편 지방자치단체나 지방공기업, 교육자치단체는 2005년까지는 국가계약법령을 준용하는 형태로 운영해 왔으나 지방분권과 자치가 확대되면서 2006년도부터는 지방계약법령을 적용하고 있다. 지방계약법령과 국가계약 법령은 큰 틀에서는 제도의 내용이 유사하다고 볼 수 있으나 지방의원의 수의계약 체결 금지 등 지방자치단체의 특성을 반영하고 있으며, 미세하게 차이를 보이는 부분이 늘어나고 있다. 이 장에서는 공공계약제도를 큰 틀에서 이해하도록 하는 데 목적을 두고 있다.

Chapter 11 공공계약제도

제 1 절 공공계약의 개관

공공기관에서 예산을 집행하는 행위 중 채권과 채무를 확정하는 행위를 지출원인행위라고 한다. 공공예산은 모두 지출원인행위를 거쳐 집행된다. 지출원인행위는 인건비나 수당 등 경상적 경비를 집행하는 경우의 지출원인 행위가 있고 공사발주나 물품구매, 용역 발주 등과 같이 예산집행을 원인으로 하는 계약행위를 하는 지출원인행위가 있다. 계약행위를 통한 지출원인행위는 예정가격의 작성, 계약방법의 결정, 입찰, 계약의 체결, 변경계약, 검사, 대가의 지급, 하자보수 등의 절차가 진행된다. 이처럼 공공계약은 국가나 지방자치단체, 기타 공공기관에서 사업예산을 집행하기 위한 중요한 절차 중의 하나라고 볼 수 있다.

이러한 절차를 규율한 것이 국가기관이나 국가공공기관 등에 적용되는 「국가를 당사자로 하는 계약에 관한 법률」과 지방자치단체나 지방공공기관 등에 적용되는 「지방자치단체를 당사자로 하는 계약에 관한 법률」로 크게 2개의 법률이 있다. 공공계약제도는 정부 발주사업들의 투명성, 공정성, 경제성, 창의성, 기술성을 모두 포함하고 있을 뿐만 아니라 중소업체들에 대한 정책적인 지원의 개념도 포함하고 있어서 매우 중요한 재정제도 중 하나라고 볼 수 있다. 공공계약제도를 좀 더 세부적으로 들어가 보면 매우 촘촘하고 복잡한데, 이는 궁극적으로 공공발주의 시공품

질을 높이는 문제뿐만 아니라 공공재정의 경제성, 대기업, 중소기업 간의 정책적인 배분과 업종 간의 이해관계를 종합적으로 고려하기 때문이다.

공공계약제도의 운영은 국가계약제도는 기획재정부, 지방계약제도는 행정안전부에서 하고 있고, 조달청은 국가계약이나 지방계약을 대행하는 역할을 하고 있으며 국가나 지방자치단체가 아닌 출자출연기관이나 공기업의 경우에도 거의 국가계약제도나 지방계약제도를 준용하고 있다. 한편 지방자치단체나 지방공기업, 교육자치단체는 2005년까지는 국가계약법령을 준용하는 형태로 운영해 왔으나 지방분권과 자치가 확대되면서 2006년도부터는 지방계약법령을 적용하고 있다. 지방계약법령과 국가계약 법령은 큰 틀에서는 제도의 내용이 유사하다고 볼 수 있으나 지방의원의 수의계약 체결 금지 등 지방자치단체의 특성을 반영하고 있으며, 미세하게 차이를 보이는 부분이 늘어나고 있다.

제 2 절 공공계약의 이해

1. 공공계약의 개념과 특정

1) 공공계약의 사법적 특징

계약은 일정한 법률 효과의 발생을 목적으로 2인 이상의 당사자가 청약과 승낙이라는 서로 대립되는 의사표시의 합치로 성립하는 법률행위이다.

공공계약은 각종 행정목적을 달성하기 위해 국가기관, 지방자치단체 또는 공공기관(이하 “국가 등”이라 한다)이 사법상 법률행위인 계약의 당사자가 되는 행위로 국가 등은 사인(私人)과 대등한 지위에서 계약을 체결한다.

따라서 공공계약에는 <표 11-1>과 같이 계약자유의 원칙, 신의성실의 원칙, 권리남용 금지의 원칙 및 사정 변경의 원칙 등 민법상 계약 원칙이 그대로 적용된다.

표 11-1 공공계약의 일반원칙

적용 원칙	내용	관련 규정
계약자유의 원칙	계약에 의한 법률관계의 형성은 법의 제한에 저촉되지 않는 한 완전히 각자의 자유에 맡겨지며, 법도 그러한 자유의 결과를 될 수 있는 대로 존중한다는 원칙	국계법 제5조 제1항 지계법 제6조 제1항
신의성실의 원칙	모든 사람이 사회공동생활의 일원으로서 상대방의 신뢰에 반하지 않도록 성의 있게 행동할 것을 요구하는 법 원칙	국계법 제즈조 제1항 지계법 제6조 제1항
사정변경의 원칙	계약 체결 당시의 사회 사정이 계약 체결 후 현저히 변경되면 계약은 그 구속력을 잃는다는 원칙	국계법 제19조
권리남용 금지의 원칙	신의칙에 반하는 권리의 행사는 허용하지 아니하며, 권리가 남용되면 이에 대한 법적 효과를 부여할 수 없다는 원칙	국계령 제4조 지계법 제6조 제1항

계약자유의 원칙은 「국가를 당사자로 하는 계약에 관한 법률」 제5조 제1항 및 「지방자치단체를 당사자로 하는 계약에 관한 법률」 제6조 제1항에서 찾아볼 수 있으며, 계약은 서로 대등한 입장에서 당사자의 합의에 따라 체결되어야 한다. 그러나 계약담당공무원은 대리인의 위치에서 업무를 담당하는 것이므로 각종 계약 규정에 따라 업무를 처리해야 한다.

신의성실의 원칙은 「국가를 당사자로 하는 계약에 관한 법률」 제5조 제1항 및 「지방자치단체를 당사자로 하는 계약에 관한 법률」 제6조 제1항에서 찾아볼 수 있으며, 당사자는 계약 내용을 신의성실의 원칙에 따라 이행해야 한다고 명시적으로 규정되어 있다.

사정변경의 원칙은 「국가를 당사자로 하는 계약에 관한 법률」 제19조 등에서 물가 변동, 설계 변경 및 그 밖의 계약 내용의 변경에 따라 필요 시 계약 금액을 조정하도록 규정한 데서 찾아볼 수 있다.

권리남용 금지의 원칙은 「국가를 당사자로 하는 계약에 관한 법률 시행령」 제4조, 「지방자치단체를 당사자로 하는 계약에 관한 법률」 제6조 제1항에서 찾아볼 수 있고, 계약상대자의 계약상 이익을 부당하게 제한하는 특약 또는 조건을 정해서는 아니 된다고 규정하고 있다.

2) 공공계약의 특징

그러나 공공계약은 예산회계제도상 지출원인행위의 핵심을 이루며, 공공재의 생산 또는 공공복리를 추구하는 행정목적을 달성해야 하고, 계약담당공무원의 사익추구 등 대리인 문제틀 방지할 필요가 있다는 점에서 순수한 사법상 계약과 구분되어 공공계약법규를 준수하도록 요구받는다.

공공계약법규에서는 계약업무를 처리하는 과정에서 계약담당공무원 등이 준수해야 할 다양한 절차를 규정하고 있는데, 기본원칙으로 계약은 일반경쟁에 부쳐야 하고, 국가 등에 가장 유리하게 입찰한 자와 계약을 맺어야 한다고 규정하고 있다.

공공계약법규는 ① 행정처분인 부정당업자 제재처분 등을 제외하고 대부분 계약과정의 절차를 규정한 절차법규이다. ② 또한 당사자 간에 임의로 적용을 배제할 수 없는 강행법규성을 가진다. ③ 그러나 공공계약법규는 국가 등의 내부적으로만 효력이 있어 해당 법규를 위반했더라도 원인무효인 경우를 제외하고는 원칙적으로 계약의 효력에는 영향을 주지 않는다. 다만 행정기관 내부적으로 계약담당자의 징계 등 책임은 면제되지 아니하고 계약상대자에게는 제재가 따른다. ④ 계약의 효력, 손해배상책임 등 대외적인 효력은 입찰 및 계약문서에 따르고, 계약의 체결 및 이행 등에 분쟁이 발생한 경우 민사소송으로 다투게 된다.

2. 공공계약법규 체계 및 공공계약 집행기관

공공계약은 관련 법규에서 업무처리절차 등에 대해 규정하고 있으므로 이에 대한 이해가 중요하고, 계약업무에 대한 책임소재를 확인하거나 착안하기 위해 계약업무의 위임 및 조달청 위탁관계에 대한 이해가 필요하다.

1) 공공계약법규의 체계

공공계약의 기본 법규는 국가기관은 「국가를 당사자로 하는 계약에 관한 법률」, 지방자치단체(교육 자치단체 포함) 및 지방공기업 등은 「지방자치단체를 당사자로 하는 계약에 관한 법률」을 기본으로 하고 있고, 공공기관은 「공공기관의 운영에 관한 법률」에 따라 위임된 「공기업 · 준정부기관 계약사무규칙」을 기본으로 하고 있으나 주요 내용은 「국가를 당사자로 하는 계약에 관한 법률」을 준용하고 있다.

이러한 기본 법령의 구체적인 사항들은 <표 11-2>와 같이 각각 시행령, 시행규칙, 계약예규 등의 행정규칙으로 위임되어 규정하고 있다. 특히 「국가를 당사자로 하는 계약에 관한 법률 시행령」과 함께 「정부 입찰계약 집행기준」 등의 기획재정부 계약예규, 「조달청 물품구매 적격심사 세부 기준」 등의 조달청 세부규정이 있고, 지방자치단체나 지방공기업 등은 행정안전부 계약 관련 예규를 적용해서 계약업무를 처리하고 있다.

표 11-2 공공계약 관련 기본 법규 현황

계약 규정	내용
「국가를 당사자로 하는 계약에 관한 법률」(이하 '국계법') 「국가를 당사자로 하는 계약에 관한 법률 시행령」(이하 '국계령') 「국가를 당사자로 하는 계약에 관한 법률 시행규칙」(이하 '국계칙니')	국가 계약업무
「정부 입찰계약 집행기준」, 「예정가격 작성기준」 등 기재부 계약예규 「조달청 물품구매 적격심사 세부기준」 등 조달청 세부 기준	일반적으로 적용 되는 세부 규정
「군시설공사 적격심사기준에 관한 훈령」 등 국방부 등의 세부 기준	국방 등 특수 분야
「지방자치단체를 당사자로 하는 계약에 관한 법률」(이하 '지계법') 「지방자치단체를 당사자로 하는 계약에 관한 법률 시행령」(이하 '지계령') 「지방자치단체를 당사자로 하는 계약에 관한 법물 시행규칙」(이하 '지계칙')	지방자치단체 계약업무
「지방자치단체 입찰 및 계약 집행기준」 등 행자부예규 각 지방자치단체별 자체 계약규칙	지방자치단체에 적용되는 세부 규정
「공공기관의 운영에 관용 법률」 준공기업 · 준정부기관 계약사무규칙」(이하 '공계칙')	공공기관 계약 업무 주로 국계법 준용
각 공공기관별 내부 계약규칙	주로 계약예규 준용

또한 위 기본 법규 이외에 <표 11-3>과 같이 해당 계약업무의 특수성을 고려한 별도 계약절차를 규정한 「방위사업법」 등 특별법 성격의 계약 규정이 존재하며, 계약상대방의 업종별 자격 · 제재기준, 사업자 선정기준 및 각종 고시 등에 관한 「건설기술진흥법」, 「건설산업기본법」 등 업종별 관련 규정, 예산 확보 · 집행에 관한 「국가재정법」 및 「지방재정법」 조달청 공공계약 업무 관련 「조달사업에 관한 법률 등의 규정이 있어 공공계약의 절차를 이해하는 데 각각의 법률, 시행령, 시행규칙 및 행정규칙 등을 함께 확인해야 한다.

표 11-3 공공계약 관련 기타 참고 법규 현황

계약 규정	내용
「방위사업법」, 「방위사업에 관한 계약사무 처리규칙」 등	방위사업계약 관련 규정
「건설산업기본법」, 「전기공사업법」, 「정보통신공사업법」, 「소방시설공사업법」, 「문화재수리 등에 관한 법률」	업종별 자격기준, 영업정지 등 제재기준
「건설기술진흥법」, 「엔지니어링 산업진흥법」, 「소프트웨어산업진흥법」	업종별 자격기준, 벌점 등 제재기준, 대가기준, 낙찰자 결정기준
「용역적격심사 및 협상에 의한 낙찰자 결정기준」 「엔지니어링사업 대가의 기준」 등	
「국가재정법」, 「지방재정법」, 총사업비 관리지침, 예산안 편성지침, 예산집행 지침 등	예산의 편성, 집행 관련 규정
「조달사업에 관한 법률」, 「중소기업 진흥 및 판로 지원에 관한 법률」	조달 절차, 단가계약, 중소기업 계약 관련

2) 공공계약법규의 집행기관

공공계약을 체결하는 각 기관은 계약사무를 소속 공무원(계약담당공무원)에게 위임해서 처리하거나 다른 국가기관 또는 지방자치단체 소속 공무원 등에게 위탁할 수 있다(국계법 제6조, 지계법 제7조).

이에 따라 각 기관 내에서는 각 사업담당자와 별도로 계약업무담당자가 있고,사업담당자가 사업 규격·규모 결정, 사업비 산정, 협상에 의한 계약에서 협상, 검수 등 업무를 담당하면 계약담당자가 계약방법 결정, 입찰공고, 계약 체결 등 업무를 담당하는 등 일련의 계약업무 절차에서 다른 업무를 담당하고 있다.

한편 각 기관(조달법에서는 '수요기관'이라 칭함)에서는 조달청에 계약업무를 위탁하는데, ① 계약업무는 각 기관에서 직접 처리하고 입찰공고, 계약 체결 결과 등만 전자조달시스템 나라장터에 등록하거나, ② 입찰공고 및 계약 체결업무를 위탁하되 낙찰자 결정을 위한 기술평가 등은 직접 수행하거나, ③ 낙찰자 결정을 위한 기술평가를 포함해서 입찰부터 계약까지 전(全) 과정을 조달청에 위탁해 수행하며, ④ IT 계약 및 시설공사 계약은 사업계획의 수립부터 발주, 사업자 선정 및 계약, 사업의 이행관리 및 사후관리까지 모두 조달청에 대행할 수 있다.

그러나 <표 11-4>와 같이 국가기관(지자체 공기업은 제외)은 추정가격 1억 원 이상 물품 및 용역, 추정가격 30억 원 이상 시설공사 등 계약은 천재지변, 국방 등 기밀 보호, 긴급공사 등 특별한 사유가 있는 경우를 제외하고 반드시 조달청을 통해서 계약을 체결해야 한다(조달법 제5조의2, 조달령 제9조의3).

표 11-4 조달청을 통해 체결해야 하는 계약

구분	대상
물품 및 용역	추정가격 1억 원(외산 물품은 20만 달러) 이상 물품 및 용역 제3자 단가계약, 다수공급자계약, 단가계약
공사	추정가격 30억 원 이상 시설공사 추정가격 3억 원 이상 전문공사, 전기공사, 정보통신공사, 소방공사
기타	수요기관 요청으로 조달청에서 진행한 계약의 후속 계약 다른 법령에서 조달청에 구매 요청하도록 규정된 계약
예외 수요기관 직접 추진	천재지변, 긴급한 행사, 그 밖에 이에 준하는 사유가 있는 경우 국방과 관련이 있거나 국가기관의 행위를 비밀리에 해야 하는 경우 재해 또는 사고로 인한 긴급 복구공사를 하는 경우 수요기관의 직접 구매가 유리한 등의 이유로 조달청이 수요기관에 위임한 경우 기술적 특수성을 고려 시 직접 계약 체결이 필요한 특수공사(조달청과 사전 협의)

3. 공공계약의 종류

계약의 성격에 따라 적용되는 규정과 업무절차가 다르므로 계약대상이 어떤 종류의 계약에 해당하는지 파악해야 한다. 원활한 계약을 위해 계약 현황 및 계약

표 11-5 공공계약의 구분

계약목적물별	계약 체결 형태별	경쟁 형태별	낙찰자 결정방법별
• 공사계약 – 종합공사/전문공사 – 전기공사/정보통신공사/소방공사 등 • 용역계약 – 기술용역 – 일반용역 • 물품제조 · 구매 계약 – 내자 – 외자	• 확정계약/개산계약/사후원가검토조건부계약 • 총액계약/단가계약 • 단년도계약/장기계속계약/계속비계약 • 단독계약/공동계약	• 경쟁입찰 – 일반경쟁 – 제한경쟁 – 지명경쟁 • 수의계약	• 적격심사 • 종합심사(평가) 낙찰 • 협상에 의한 계약 • 2단계 경쟁입찰 • 규격 · 가격분리동시입찰 • 다수공급자계약(MAS) 등

의 종류를 구분하면 이해하기 용이하다. 이를 위해 분류기준에 따른 공공계약의 종류를 알아보자.

공공계약의 목적물이 다양한 만큼 다양한 계약방법과 절차가 존재하며 <표 11－5>와 같이 계약목적물, 계약 체결 형태, 경쟁 형태, 낙찰자 결정방법에 따라 구분할 수 있다.

1) 계약목적물별 계약의 종류

계약목적물에 따라 공사계약, 용역계약 및 물품 제조·구매계약으로 구분되며, IT계약은 용역계약이나 물품구매계약 형태로 체결된다.

공사계약의 종류는 「건설산업기본법」에 따라 종합적인 관리 아래 시설물을 시공하는 종합공사와 시설물의 일부 또는 전문 분야를 시공하는 전문공사로 구분되며, 관련법 적용범위의 차이로 전기공사(「전기공사업법」), 정보통신공사(「정보통신공사업법」), 문화재공사(「문화재 수리 등에 관한 법률」), 소방공사(「소방시설공사업법) 등이 존재한다.

용역계약 중 기술용역은 건설공사의 설계, 감리 등 건설기술용역(「건설기술진흥법」 제2조 제3호)과 시험, 평가, 자문 등 엔지니어링 활동용역 「엔지니어링산업진흥법」 제2조 제1회으로 구성되며, 일반용역은 기술용역을 제외한 나머지 용역(「일반용역 적격심사 세부기준」 제2조)으로 학술연구용역, 시설관리·경비 '청소용역, 정보통신용역(IT 계약), 폐기물처리용역, 육상운송용역 등으로 구성된다.

물품 제조·구매계약은 국내에서 생산 또는 공급되지 아니한 물품의 제조·구매계약의 특수성을 고려해서 외자구매를 내자와 별도로 구분해 고려한다.

2) 계약 체결 형태별 계약의 종류

공공계약은 계약금액의 확정 여부, 계약금액의 결정방법(총액 또는 단가), 계약의 이행기간 등에 따라 <표 11－6>과 같이 구분된다.

표 11-6 계약 체결 형태별 계약 종류

구분 기준	계약 종류	내용
계약금액의 확정 여부	확정계약	예정가격을 미리 결정(통상적 계약)
	개산계약	예정가격 미확정, 개산가격으로 계약(시제품 제조, 시험- 조사·연구용역, 공공기관에 위탁·대행, 긴급재해복구 등)
	사후원가 검토 조건부계약	전체가 아닌 일부 비목만 예정가격 미확정. 해당 비목은 계약 이행 후 사후 정산(수입 등의 특수품 조달)
계약금액 결정방법	총액 계약	당해 계약 목적물 전체에 대해 총액으로 체결
	단가계약	특정 제조·공급·사용·수리 등이 반복되는 계약 필요 시 당해 예산 범위 내에서 단가를 결정해 계약 체결
계약의 이행기간	단년도계약	당해 연도 예산 범위 내 입찰 및 계약
	장기계속계약	총금액 입찰, 당해연도 예산(미확정) 범위 내 계약
	계속비계약	총금액 입찰 및 계약(연도별 예산 확보)

3) 경쟁 형태별 계약의 종류

공공계약은 일반경쟁 계약을 원칙으로 한다. 그러나 <표 11-7>과 같이 계약의 목적, 성질, 규모 등을 고려해서 입찰 참가자의 자격을 제한해 경쟁을 시키거나, 복수의 특정 참가자를 지명해 경쟁에 부칠 수 있고, 특정 사업자와 수의계약을 체결할 수 있다(국계법 제7조 제1항).

표 11-7 경쟁 형태별 계약 종류

경쟁 형태		내용	문제점
경쟁 계약	일반경쟁	일반 원칙, 법령상 자격이 있으면 누구나 참가 가능	부적격자 응찰, 과잉경쟁
	제한경쟁	자격(등급)·실적·기술 보유 등 능력에 따른 제한(중복 제한 금지) 또는 지역별(광역시·도 소재지) 제한	제한 기준의 객관성 부족 및 불공정 시비
	지명경쟁	특수한 설비, 기술, 실적 필요 시(10인 이내) 이를 보유한 특정 다수를 지명(5인 이상 지명)해서 경쟁	객관성, 공정성 확보 곤란, 담합
수의계약		긴급, 특정기술, 계속공사, 소액 등 특정 목적을 위해 경쟁 배제	수의계약 사유의 자의적 운용

4) 낙찰자 결정방법에 따른 계약의 종류

공공계약은 낙찰자 결정방법에 따라 <표 11-8>과 같이, 적격심사제, 2단계 경쟁입찰, 협상에 의한 계약 등으로 구분되고, 이 중 종합심사제 및 대형공사입찰은 공사계약에 이용된다.

표 11-8 낙찰자 결정방법에 따른 계약 종류

낙찰자 결정방법	내용	적용 대상
적격심사제	최저가 순으로 계약 이행실적, 기술능력, 재무상태 등을 종합적으로 평가해서 적격기준에 부합하는 입찰자	물품, 용역 공사
2단계 경쟁입찰	규격(기술)입찰을 먼저 실시해서 적격 확정된 입찰자 중 예정가격 이하로서 최저가격 입찰자	물품, 용역
규격·가격 분리 동시 입찰	규격(기술)입찰과 가격입찰을 동시에 실시해 적격 확정된 입찰자 중 예정가격 이하로서 최저가격 입찰자	물품, 용역
종합심사(평가)제	입찰가격, 공사 수행능력 및 사회적 책임 등을 종합 심사해 합산 점수가 가장 높은 입찰자	공사
협상에 의한 계약	다수 공급자들로부터 제출받은 제안서를 평가해 국가에 가장 유리하다고 인정되는 자	물품, 용역
대형공사 입찰 (일괄입찰, 대안입찰)	설계 또는 대안설계가 해당 공사에 적합한지 여부를 평가위원회를 통해 다음과 같은 기준에서 선정하는 방법 ① 최저가 ② 입찰가격÷설계점수가 가장 낮음 ③ 설계점수와 가격점수의 가중치 합산이 가장 높음 등	공사

4. 기타 공공계약 관련 개념의 이해

공공계약 관계 법규와 공공계약 절차에 대한 이해를 돕기 위해 입찰, 추정가격, 예정가격, 입찰보증금, 입찰 참가자격 제한 등 공공계약 관련 용어에 대해 알아보자.

1) 입찰, 재입찰, 재공고입찰

입찰이란 경쟁계약을 체결함에 앞서 계약의 상대자가 될 것을 희망하는 자가 계약의 내용에 관해 다수인과 경쟁을 통해 일정한 내용을 표시하는 행위를 말한다.

개찰이란 입찰서의 접수 마감을 선언하고 입찰공고에 표시한 절차와 방법에 따라 입찰서의 접수를 마감하고 입찰서를 개봉하는 것을 의미한다.

제출된 입찰서를 확인하고 유효한 입찰서의 입찰금액과 예정가격을 대조해서 적격자를 낙찰자로 결정한 때에는 지체 없이 낙찰을 선언하는 것을 원칙으로 하되, 종합적인 심사가 필요한 등의 이유로 낙찰자 결정에 장시간이 소요되는 때에는 그 절차를 거친 후 낙찰선언을 할 수 있다. 현재는 입찰 및 낙찰을 지정정보처리장치(나라장터, 학교장터, eat)에 의해 이뤄지기 때문에 낙찰자 결정과 통보는 지정정보처리 장치에 의해 이뤄지며 계약 체결 역시 전자계약에 의하도록 하고 있다.

경쟁입찰에서 2인 이상의 유효한 입찰자가 없거나 낙찰자가 없어 유찰된 경우 다시 공고절차를 거치지 않고 같은 장소에서 재입찰에 부칠 수 있다. 재입찰은 새로운 입찰로 보지 않으며 입찰자나 입찰 횟수에도 제한을 받지 않는다. 입찰자나 낙찰자가 없는 경우, 또는 낙찰자가 계약을 체결하지 않은 경우에는 재공고입찰에 부칠 수 있다. 재입찰과 재공고입찰 모두 최초 입찰에 부칠 때 정한 가격 및 기타 조건을 변경할 수 없으며 기한만 변경이 가능하다.

재공고입찰에서도 입찰자 또는 낙찰자가 없으며 당초의 예정가격으로 수의계약을 체결할 수 없을 때에는 예정가격을 변경해서 새로운 절차에 따라 낙찰자를 결정할 수 있다.

2) 추정가격, 예정가격 등 가격의 종류

공공계약법규에서 가장 많이 나오는 가격은 추정가격과 예정가격이다. 추정가격은 국제입찰 대상 여부, 각종 계약방법 결정 등을 판단하는 데 기준이 되는 가격으로 예정가격 결정 전 예산에 반영된 금액 등을 기준으로 산정된 가격이며, 예정가격은 입찰 또는 계약 체결 전에 낙찰자 및 계약금액의 결정기준으로 삼기 위해 미리 작성하는 가격으로 <표 11-9>와 같이 구분할 수 있다.

표 11-9 추정가격과 예정가격

구분		추정가격	예정가격
차이점	작성 목적	계약 방법 등의 판단기준	낙찰자, 계약금액 등의 결정기준
	작성 시기	계약방법 결정 전	입찰 또는 계약 체결 전
	부가가치세	불포함	포함
	공개 여부	공개	비공개
공통점	작성자	기관장 또는 계약담당공무원(계약담당자)	
	관급자재비	불또함	

이 밖에 추정금액은 공사계약에서 추정가격에 부가가치세와 관급자재비를 합산한 금액이고, 기초금액은 예정가격 작성과정에서 기술·설계담당직원 또는 원가계산 용역기관이 거래 실례가격, 원가계산가격 등에 따라 조사한 설계가격에 대해 계약담당자가 그 적정 여부를 검토·조정하고 여기에 부가가치 세액을 합산한 가격을 의미한다.

3) 입찰보증금, 계약보증금 등 각종 보증금

공공계약에서는 낙찰자의 계약 체결 또는 계약상대자의 의무 이행 등올 보장하기 위해 입찰보증금, 계약보증금과 같은 보증금에 대한 근거를 법령에 규정하고 있으며, 특히 공사계약의 경우는 계약 이행과 하자보수의 보장을 위해 공사이행보증서와 하자보수보증금을 두고 있는 등 계약 상대자의 의무 이행을 보장하기 위해

표 11-10 보증금 현황

구분	입찰보증금	계약보증금	하자보수보증금
목적	입찰자의 낙찰 시 계약 체결을 보장	계약상대자의 계약의무 이행을 보장	하자 발생 시 하자보수를 보장
납부주체	경쟁입찰 참가자	계약상대자	공사 도급계약 상대자
납부기한	입찰신청 마감일	계약 체결 전	공사 대가 최종 지출 시
보증금 금액	입찰금액의 5% 이상	계약금액의 10% 이상	계약금액의 2%~10%
국고귀속 사유	낙찰자가 계약 미체결	계약상 의무 불이행	계약상 의무 불이행

<표 11-10>과 같이 다양한 보증금이 있다.

입찰보증금은 경쟁입찰에 참가하려는 입찰 참가자의 낙찰 이후 계약 체결을 보장하기 위한 것으로, 입찰 참가자는 입찰금액의 100분의 5 이상의 입찰보증금을 입찰 신청 마감일까지 납부해야 한다. 다만 입찰보증금은 특별한 사유가 없는 한 각서로 대체해서 받고 낙찰자가 계약을 체결하지 아니했을 때에는 해당 입찰보증금을 각서에 따라 해당 기관에 귀속시켜야 한다.

계약보증금은 계약을 체결하려는 상대자의 계약상 의무 이행을 보장하기 위한 것으로 계약상대자는 계약금액의 100분의 10 이상 계약보증금을 계약 체결 전까지 납부해야 한다. 계약상대자가 정당한 이유 없이 계약상의 의무를 이행하지 아니했을 때에는 해당 계약보증금을 국고에 귀속시켜야 한다.

낙찰자가 계약을 체결하지 않거나 계약상대자가 계약상 의무를 이행하지 않을 때는 입찰보증금 또는 계약보증금이 국가나 자치단체에 귀속될 뿐 아니라 부정당 업자로서 입찰참가자격의 제한을 받는다.

공사계약의 경우 계약상대자는 계약 이행의 보증을 위해 ① 계약 금액의 100분의 15 이상의 계약보증금을 납부하거나 ② 계약보증금은 납부하지 않되 계약상 대자가 계약상 의무 불이행 시 보증기관이 계약상대자를 대신해서 계약금액의 100분의 40 이상을 납부할 것을 보증하는 공사이행보증서를 납부해야 한다.

또한 공사계약에서 계약상대자는 그 공사의 하자 발생 시 하자보수를 보장하기 위해 계약금액의 100분의 2 이상 100분의 10 이하의 하자보수보증금을 준공검사 이후 공사 대가의 최종 지급 시까지 납부해야 한다. 계약상대자가 계약상의 의무를 이행하지 아니했을 때에는 해당 하자보수보증금을 국가나 지방자치단체에 귀속시켜야 한다.

4) 선금, 기성금, 지체상금

선금은 공사-제조・용역계약에서 그 성질상 대가를 미리 지급하지 않으면 해당 사무나 사업에 지장을 가져올 우려가 있는 경우에 미리 계약상대자에게 계약금액의 70%를 초과하지 않는 범위 내에서 지급할 수 있다.

계약담당공무원은 선금을 지급하고자 할 경우 계약상대자로 하여금 증권 또는 보증서를 제출하게 해야 하며, 보증기간의 개시일은 선금지급일 이전이고 종료일은 이행종료일 다음 날로부터 60일 이상 되어야 한다.

기성금은 공사, 제조, 구매, 용역 등의 계약에서 기성 부분 또는 기납 부분에 대한 대가를 지급하는 것으로 계약 수량, 이행 전망, 이행기간 등을 참작해서 적어도 30일마다 지급해야 한다. 기성금은 검사 완료일부터 5일 이내에 지급해야 하는 것이 원칙이며 다만 계약상대자가 검사 완료일 이후에 대가 지급을 청구한 경우는 청구일로부터 5일 이내에 지급해야 한다.

지체상금(지연배상금)은 계약상대자가 정당한 이유 없이 계약의 이행을 지체한 때에 납부하도록 하는 것으로 계약금액에 지체상금률과 지체일수를 곱한 금액을 현금으로 납부하게 해야 한다. 다만 계약상대자의 책임이 없는 사유로 계약 이행이 지체된 경우는 해당 일수를 지체일수에 산입하지 않는다.

5) 부정당업자 제재

공공계약을 이행할 때 부실·부당한 행위를 하거나 입찰 또는 계약 시 관련 서류를 위조·변조하는 등의 부정당업자에게는 1개월 이상 2년 이하의 범위에서 입찰참가자격에 제한을 받는다.

부정당업자 제재의 대상에는 경쟁입찰이나 계약 체결·이행 시 담합한 자, 하도급 제한 규정을 위반해 하도급한 자, 고의·중과실로 설계금액이나 원가계산금액을 적정하게 산정하지 않은 자, 정당한 이유 없이 계약을 체결·이행하지 아니한 자 등이 포함된다.

다만 부정당업자에게 입찰 참가자격을 제한해야 하는 경우로서 <표 11-11>

표 11-11 부정당업자의 과징금 부과조건

과징금 부과조건	과정금 금액
부정당업자의 책임이 경미한 경우로서 대통령령으로 정하는 경우(명백한 경제 여건 변화에 기인하는 등)	계약금액의 10%
입찰 참가자격 제한으로 유효한 경쟁입찰이 명백히 성립하지 않는 경우	계약금액의 30%

의 두 가지 조건 중 하나에 해당되는 경우는 과징금심의위원회의 심의를 거쳐 입찰참가자격 제한에 갈음해 과징금을 부과할 수 있도록 되어 있다.

한편 공공계약의 입찰참가 조건은 각 업역별 자격을 요구하고 있어 계약의 체결, 이행 등과 관련한 위법·부당행위가 있을 경우에는 관련 법규에 따라 영업정지, 벌점, 과태료 등 별도의 제재 규정을 적용하고 있다.

건설기술자가 근무처 및 경력 등을 거짓으로 신고하거나 다른 사람에게 명의를 빌려주어 건설공사업무를 수행하게 하는 등 「건설기술진흥법」 제24조 제1항의 사유에 해당되는 경우에는 2년 이내의 기간을 정해 건설공사 또는 건설기술 용역업무의 수행을 정지하게 할 수 있고, 업무정지처분을 받은 건설기술자는 건설기술경력증을 반납해야 한다.

또한 건설업자가 하자 담보책임기간 내에 일정 규모 이상의 하자가 3회 이상 발생하거나 건설공사 실적 등을 거짓으로 제출하는 등 「건설산업기본법」 제82조 제1항의 사유에 해당되는 경우에는 6개월 이내의 기간을 정해서 영업정지를 명하거나 영업정지에 갈음해 과징금을 부과할 수 있다.

아울러 건설기술용역, 건축설계, 공사감리 또는 건설공사를 부실하게 수행한 자에 대해서는 부실의 정도를 측정해 벌점 측정기준에 따라 벌점을 부과하고(「건설기술진흥법」 제53조), 벌점 여부에 따라 입찰 시 낙찰자 결정을 위한 적격심사 등에서 감점을 받고, 벌점이 20점 이상인 자는 벌점에 따라 2개월에서 2년까지 입찰참가자격을 박탈당한다.

이외에 「엔지니어링산업진흥법」, 「전기공사업법」 등 다른 업종과 관련한 공사, 용역계약에 대해서는 계약의 이행이 부실한 등 위반 사항이 있을 때 관련 법규에 따라 영업정지명령, 과징금 부과 등의 제재 방안을 규정하고 있다.

제 3 절 발주자의 공공계약의 단계별 검토 사항

계약업무는 [그림 11-1]과 같이 계약방법 결정, 입찰공고, 입찰, 낙찰자 결정,

계약 체결, 계약 이행, 검사 및 대가 지급의 절차로 진행되며, 여기에서는 계약 준비 단계, 입찰 및 낙찰자 결정 단계, 계약 체결·이행 및 검사 단계로 구분해서 각 단계별로 알아보자.

그림 11-1 계약업무 처리 흐름도 및 점검 사항

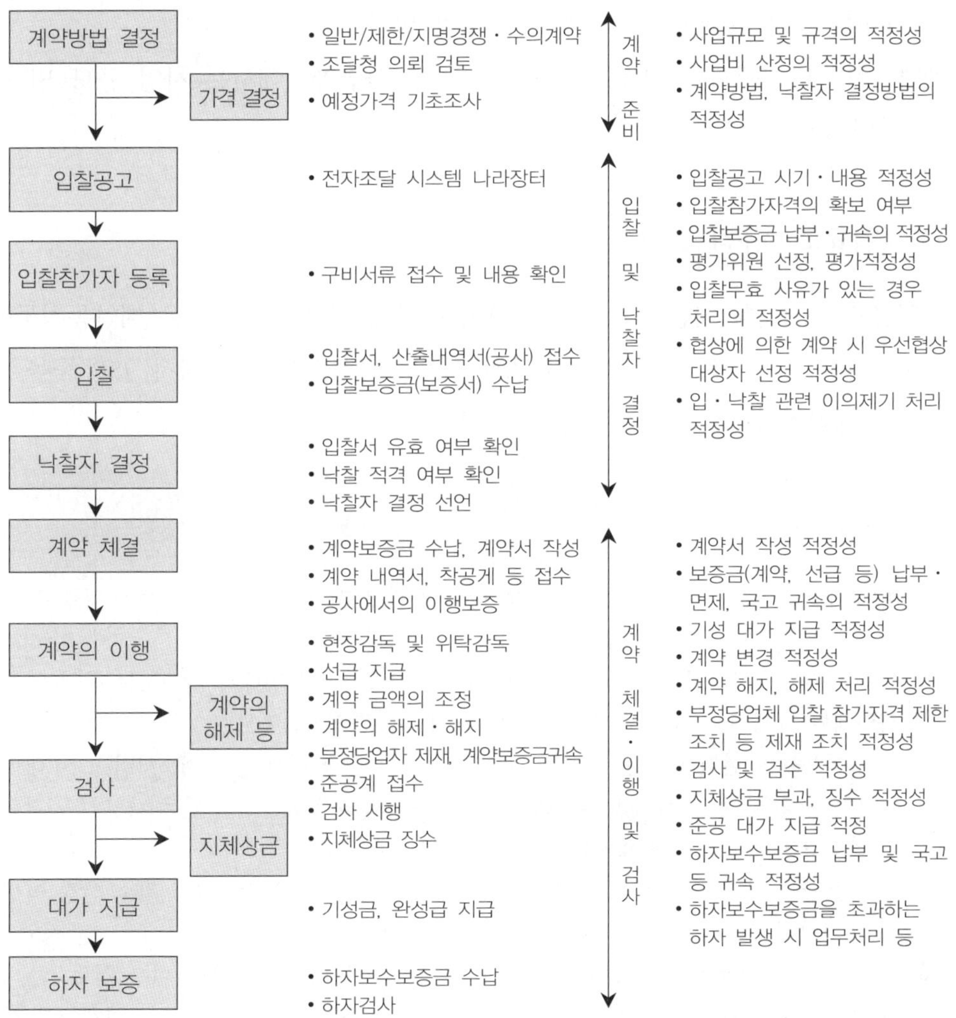

1. 계약 준비 단계

계약을 발주하기 건 사업계획을 작성한다. 사업계획을 수립하면서 사업 규모·규격을 결정하고, 사업비를 산정하며, 계약의 특징을 고려해서 계약방법을 결정한다. 입찰공고서에서 참가 자격의 제한 여부, 특정 규격 반영에 따른 제한, 낙찰자 결정방법에 따른 사업자 선정, 사업비의 적정성 및 검사 단계에 이르기까지 문제는 사업계획 수립 단계에서 유래하는 경우가 많다.

계약 준비 단계에서는 사업계획을 수립하며, 사업계획에서는 사업 규모 및 규격, 사업비, 계약방법 등을 결정한다.

1) 사업규모·규격 결정

사업규모, 규격 등 제안요청서(규격서)의 항목에 해당하는 내용은 계약목적물에 따라 사업계획 수립 전 예산 확보를 위해 예비타당성조사, 투자심사, ISP 등을 거치면서 결정하거나 별도 용역을 통해 결정한다.

점검 사항

① 사업규모의 과소 또는 과대 여부, 사업 규격의 과다 제한 여부 등에 초점을 맞추고 사업규모, 규격 산정 근거 확인
② 잘못된 사업규모·규격 결정으로 현재 이용이 저조하거나 장애가 발생하는 등 사업은 사업계획 단계에서 산정 근거가 적정한지 여부를 확인
③ 현재 이용률이 현저히 낮은 사업 ⇒ 사업규모 과다 산정 여부 검토(예: 서버 또는 네트워크 사용량 확인 후 서버 및 네트워크 규모 산정의 적정성 검토), 낮은 사양의 규격으로 제안요청서를 작성해 활용도가 떨어지는지 여부 검토
④ 현재 용량이 부족하거나 이로 인해 추가 사업을 추진한 경우 사업규모 과소 산정 여부와 추가사업 추진 시 예산 낭비가 수반되는지 여부 검토
⑤ 입찰 참가자 1~2개사로 적은 사업 ⇒ 높은 사양 제시로 과다 제한 여부 검토
⑥ 규격의 과소/과다 제한 여부는 나라장터(G2B)의 사전 규격 공개에 관련 업체에서 제출한 의견, 해당 의견에 대한 발주기관의 수용 여부 등 확인

2) 사업비 산정(추정가격, 예정가격 작성〉

예정가격은 사업계획 수립 단계가 아닌 입찰 또는 계약 체결 전 결정되어 외부에 누설하지 않게 관리하는 가격이지만, 계약 체결 시 낙찰자 결정기준(적격심사) 및 계약금액의 결정기준(계약 체결의 최고 상한액)이 되는 가격이기 때문에 예정가격 산정의 적정성을 기준으로 사업비 산정의 적정성을 확인한다.

예정가격은 <표 11-12>와 같이 ① 적정한 거래가 형성된 경우 거래실례가격, ② 적정한 거래실례가격이 없는 경우 원가계산가격, ③ 공사의 경우 이미 수행한 사업을 토대로 축적한 실적공사비로 중앙관서의 장이 인정한 가격, ④ 이와 같은 가격에 의할 수 없는 경우 감정가격, 유사 물품·공사·용역 등의 거래실례가격, 견적가격에 의해 결정한다(국계령 제9조, 지계령 제10조).

표 11-12 예정가격 작성기준

구분	예정가격 작성기준
① 거래실례가격 (국계칙 및 지계칙 제5조)	• 거래실례가격은 조달청 조사 가격(나라장터 가격정보), 기재부에 등록된 가격조사기관 조사가격(물가정보지 등), 2인 이상 사업자에게 직접 조사한 가격 중 하나(세무계산서, 거래명세표 확인) • 거래실례가격에 일반관리비 및 이윤을 따로 가산하면 안 됨
② 원가계산가격 (국계칙 및 지계칙 제6조, 제7조)	• 원가계산가격은 재료비, 노무비, 경비, 일반관리비, 이윤으로 구성 • 원가계산 시 단가는 거래실례가격, 조사·공표가격, 감정가격·유사 거래실례가격·견적가격 적용 • 원가계산 용역기관에 원가계산 의뢰(원가계산 부실 수행 시 주무관청에 제재 요청, 계약담당공무원은 용역기관이 작성한 원가계산의 적정성 검토) • 「예정가격 작성기준(계약예규), 「지자체 입찰 및 계약 집행기준」 참고 • 엔지니어링, 사업, 측량 용역, 소프트웨어 개발용역 등을 해당 법령에서 정하는 기준에 따라 계산
③ 표준시장단가 (국계칙 및 지계칙 제5죄	• 조달청 가격조사 후 G2B에 공개, 전기공사(한국전기산업연구원), 항만 및 어항공사(항만협회) 등은 별도의 표준시장단가 관리
④ 감정, 견적 (국계칙 및 지계칙 제10조)	• 감정가격(감평사 감정가격), 유사 거래실례가격(기능, 용도가 유사한 물품), 견적가격(계약상대자 또는 제3자로 제출받은 금액) 순서로 적용

예정가격은 재공고입찰에도 입찰자 또는 낙찰자가 없어 수의계약 체결이 불가

능한 경우에만 당초 예정가격을 변경해서 새로운 입찰을 진행할 수 있다(국계칙 및 지계칙 제13조).

점검 사항

① 예정가격 과다 산정 여부는 수의계약, 경쟁입찰 중 입찰참가자가 적어 유찰 후 수의계약을 체결했거나 낙찰률이 매우 높은 경우 자주 발생하므로 유의
② 거래실례가격으로 예정가격을 작성하는 경우 '2인 이상 사업자에게 직접 조사'한 계약을 대상으로 조사한 가격이 정상적인 가격인지 여부를 확인(첨부된 세금계산서, 거래명세표의 허위 또는 가장거래 여부 등 확인)
③ 사업비가 큰 대형 건설공사의 경우 원가계산의 경비, 일반관리비 등의 요율을 잘못 적용해도 차액이 상당하므로 검토 필요
④ 원가계산 전문기관의 용역 결과가 부실할 경우 해당 용역기관의 제재 검토
⑤ 원가계산 전문기관에 원가계산을 의뢰할 경우 최소 1개월 이상 소요되므로 원가계산이 잘못되었다고 판단되는 경우 바로 원가계산 전문기관을 섭외해서 검증(원가계산 부적정은 공무원에 대한 신분상 책임이나 계약상대자에게 시정 등으로 연결될 수 있으므로 원가계산 전문기관을 이용해 논란을 차단할 필요가 있음)
⑥ 수의계약은 2인 이상의 견적서(국계령 및 지계령 제30조) 여부 확인
⑦ 예정가격을 변경해 재공고시 예정가격 변경의 적정성 검토

3) 계약방법 결정

계약방법은 계약목적물별, 계약 체결 형태별, 경쟁 형태별, 낙찰자 결정방법별 등 다양한 계약방법이 존재한다.

(1) 공사계약(종합공사, 전문공사, 전기공사 등)의 자격요건

입찰의 참가자격은 다른 법령에 따라 면허·등록 등을 요하거나 자격요건을 갖춰야 할 경우 이에 적합한 경우 참가자격이 주어지며(국계령 제12조, 지계령 제13조), 공사계약의 경우 각각 「건설산업기본법」에 따른 종합공사, 전문공사, 「전기공사업법」에 따른 전기공사, 「정보통신공사업법」에 따른 정보통신공사, 「소방시설공사업법」에 따른 소방시설공사, 「문화재 수리 등에 관한 법률」에 따른 문화재 수리

공사로 자격이 구분된다.

점검 사항

- 공사 성격과 다른 업종을 선택(전문공사↔일반공사 등)해서 입찰 공고하거나 자격이 없는 사업자와 계약을 체결 사례 유의(주로 소규모 공사)

(2) 제한경쟁입찰, 지명경쟁입찰 및 수의계약

제한경쟁입찰은 <표 11-13>과 같이 ① 특수한 기술 등의 보유 상황, ② 지역 제한, ③ 시공 능력 및 공사 실적, ④ 등급별 유자격자명부 등 일정 기준(이외 특수한 성능의 물품 여부, 중소기업자 간 경쟁, 재무 상태 등)을 충족하는 자만 입찰에 참가할 수 있다(국계령 제21조, 지계령 제20조, 국계칙 및 지계칙 제24제, 제25조).

표 11-13 제한경쟁입찰의 주요 제한기준

구분	적용 대상 및 제한기준
© 특수한 기술 등 요구	• (적용) 특수한 기술 등이 필요한 공사·용역·물품 제조 • (제한기준) 당해 공사 해당 기술(기술사/기술 제휴 및 기술 도입/공사·제조에 필요한 기술·공법을 보유·개발), 실적(제조·용역은 1/3 이내 제한), 납품 능력
© 지역 제한	(적용) 행자부령 및 기재부령이 정한 금액/고시금액(기관 및 계약 종류별 상이) 미만 계약(제한기준) 본점 소재지가 관할 특별·광역시·도에 위치
® 시공능력 및 공사 실적	• (적용) 추정가격 30억 원 이상 일반공사(기타 3억 원 이상) *교량, 공항, 댐, 철도,지하철, 터널, 발전소, 소각로, 폐수·하수처리장, 관람집회시설 • (제한 기준) 추정가격의 1배 이내, 물량(또는 실적)은 1/3배 이내, 시공능력 평가액은 2배 이내

이때 각 항목을 과도하게 제한하거나 중복 적용해('①+②제한' 중소기업자 간 경쟁+기타 제한'은 가능) 제한할 수 없다.

(과도한 제한 예) ▪ 특정 명칭의 실적으로 제한(농공단지 사례) ▪ 특정 기관의 준공 실적만 인정(공공기관, 민간 실적 불인정) ▪ 특정 상표·규격·모델을 지정 ▪ 지역을 시·군·자치구로 제한 등

점검 사항

① 제한경쟁입찰은 과도한 제한 또는 중복제한 여부가 주요 점검 초점임
② 제한 사유, 기준 등은 발주기관, 계약목적물 등에 따라 상이하니 과도한 제한 여부를 구체적으로 확인
③ 과도한 제한 또는 중복제한으로 입찰 참가자가 소수, 낙찰률 상승 또는 민원 발생 등 문제의 추가 발굴 필요

지명경쟁입찰은 특수한 기술 등 요구로 입찰 대상자가 10인 이내, 소규모사업(3억 이하 공사, 1억 이하 제조 등), 수의계약에 의할 수 있는 경우에 5인 이상을 지명해서 경쟁하도록 한다(국계령 제23조, 지계령 제22조).

이때 시공능력 기준으로 지명하는 경우 제한경쟁입찰의 제한 원리를 준용하고, 물품 등은 기술 등을 보유한 자를 지명한다(국계칙 및 지계칙 제27조).

점검 사항

○ 지명경쟁입찰은 관련 기준을 확인 후 지명 기준 및 순서에 맞게 지명되었는지 여부 등을 확인

수의계약은 <표 11-14>와 같이 ① 긴급 및 비밀, ② 특정인의 기술 및 특정위치 등, ③ 중소기업 지원, ④ 보훈·복지단체와 수의계약, ⑤ 소액, ⑥ 재공고입찰 등의 이유로 경쟁입찰을 거치지 않고 특정인과 계약을 체결한다(국계령 제26조, 제27조, 지계령 제25조, 제26조, 공계칙 제8조, 「정부 입찰 '계약 집행기준'」 제8조). 이 중 ②의 이유로 수의계약을 체결하는 공사계약의 경우 공사비 규모, 시간 중복도 등을 기준으로 작성된 '수의계약 사유 평가양식'에 따라 수의계약 체결 대상 여부를 결정한다.

이때 수의계약은 2인 이상으로부터 견적서를 제출받아 계약을 체결하며, ②, ⑥ 및 2천만 원 이하인 경우 등은 1인 견적에 의할 수 있다(국계령 및 지계령 제30조).

표 11-14 수의계약 사유

구분	수의계약 사유
① 긴급 및 비밀	• 천재 · 지변, 긴급행사, 긴급복구 필요 등 긴급한 경우 및 보안 필요 시 등 경쟁에 부칠 수 없는 경우
② 특정인 기술 및 특정 위치 등	• 계속공사: 시설의 하자 책임 구분이 곤란하거나 마감공사와 관련한 직전 또는 현재 시공자, 작업상 혼란이 우려되는 동일 현장의 시공자 • 계속물품: 물품을 제조 · 공급한 자가 직접 설치 · 조립 · 정비, 이미 조달된 물품의 부품 교환 및 설비 확충 등 호환성 요구 시 • 특허 등: 특허공법, 신기술 적용 공사, 특허 제품, 1인 생산물품 등
③ 중소기업 지원	• 중소기업자가 직접 생산한 NET, NEP, 조달우수제품 등
④ 보훈 · 복지단체	• 보훈, 복지단체와 물품 제조, 구매, 용역 계약 체결
⑤ 소액	• 2억 원 이하 공사, 2천만 원 이하 물품 및 용역 등
⑥ 재공고입찰	• 유찰로 인한 재공고입찰

점검 사항

① 수의계약 중 재공고입찰인 경우 입찰참가자격 제한, 제한경쟁의 제한요건 등의 적정성 확인

② 수의계약 사유의 적정성 확인(긴급 사유, 특허 필요성 등), 특히 공사인 경우 '수의계약 사유 평가양식'으로 적정성 확인

③ 특정인과 계약 체결을 위해 사업 규모를 분할한 것은 아닌지 확인

④ 수의계약 견적입찰의 적정성 확인(유효한 2인 여부 등)

2. 입찰 및 낙찰자 결정 단계

입찰 및 낙찰자 결정 단계는 입찰공고, 입찰서 접수, 각 낙찰자 결정방법에 따른 낙찰자 결정의 과정이 있다. 특히 낙찰자 결정과정은 적정한 사업자를 선정해서 성공적인 계약목적물을 확보하는 데 중요하다.

1) 입찰공고

입찰공고는 입찰에 부치는 사항, 입찰 또는 개찰장소와 일시, 입찰참가자의 자격, 낙찰자 결정방법, 입찰무효에 관한 사항 등을 명시하고, 입찰 공고기간은 계약

목적물의 특성에 따라 다르나(50억 원 이상 공사, 협상에 의한 계약은 40일 등) 일반적으로 입찰서 제출 마감일 전 7일이고 긴급을 요하는 경우 5일 전까지 공고할 수 있다(국계령 제35조, 제36조).

점검 사항

① 입찰공고 기간의 적정성
② 과도한 입찰참가자격 제한 여부 등
③ 사업계획에서 작성한 입찰공고안과 실제 입찰공고 내용 비교 검토

2) 입찰

입찰참가자는 관련 증명서류를 제출해서 입찰 참가자격을 등록한 후 입찰에 참가하며 계약담당공무원은 입찰참가자격(당해 계약 수행을 위한 면허 등 자격 요건 적합, 입찰참가자격 제한 여부, 당해 사업에 관한 사업자등록증 등)의 유무 등을 확인한다.

입찰참가자격이 없는 자가 한 입찰, 입찰보증금을 납부하지 아니한 입찰, 동일인이 2회 이상 입찰 등의 경우 입찰은 무효가 되며, 낙찰자로 결정된 자가 계약 체결 이전에 입찰 무효로 판명된 경우 부적격자를 제외한 2인 이상 유효한 입찰 성립 시 순서대로 낙찰자 여부를 결정한다.

점검 사항

① 계약담당공무원은 입찰참가자격(면허 보유, 입찰참가자격 제한 및 영업정지 여부, 관련 서류 위변조 및 허위 제출 여부 등)의 적정성
② 입찰무효 사유 해당 여부 검토(입찰보증금 수납, 동일인 중복 입찰 등)
③ 입찰담합 여부 확인(들러리 입찰을 위한 동일 IP 투찰 등)

3) 낙찰자 결정

낙찰자 결정의 기본적인 원리는 예정가격 이하로써 발주기관에 가장 유리한 입

찰자를 낙찰자로 선정하는 것이다.

(1) 적격심사

적격심사는 최저가격으로 입찰한 자 순으로 계약 이행능력을 심사해서 낙찰자를 결정하며 공사는 추정가격 300억 원 미만 공사계약에 적용된다.

최저가 입찰자부터 적격심사 서류를 제출받아 계약 이행능력(실적, 기술 인력 보유, 경영상태, 신인도 등)을 평가하고 입찰가격 평가점수(예정가격 88%보다 크거나 작을수록 점수 감점)와 합이 기준 점수(85~95점) 이상이면 낙찰자로 결정한다. 이때 계약 이행능력은 제출된 서류를 기준으로 정량적으로 평가되는 점수로 평가기준이 사전에 공개되므로 대부분 입찰자가 만점을 받고, 입찰가격은 예정가격의 88%보다 낮을수록 평가점수가 낮아진다. 따라서 [그림 11-2]의 사례와 같이 특정 낙찰률(예정가격의 85.495%)로 입찰한 자가 기준 점수(95점)를 넘는 최저가 입찰자가 되어 낙찰되며, 복수 예비가격의 평균으로 결정되는 예정가격을 가장 잘 맞추는 자가 낙찰되는 구조이다.

그림 11-2 적격심사 사례

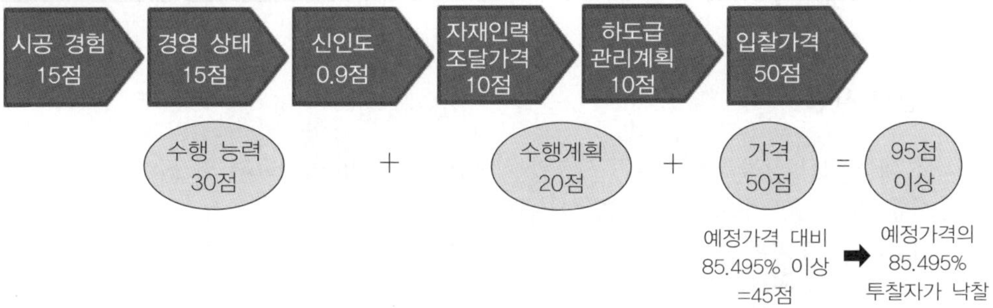

점검 사항

① 적격심사 기준은 조정 가능하므로 각 계약에 해당하는 기준을 확인
② 적격심사 중 계약 이행능력 심사의 근거가 되는 서류의 적정성(서류상 입증자료와 평가점수의 적정성, 서류 위·변조 여부, 적정 제출 여부 등) 확인

(2) 종합심사

종합심사는 입찰가격, 공사 수행능력 등을 종합적으로 심사해서 낙찰자를 결정하며, 300억 원 이상 공사에 적용된다(국계령 제42조).

2016년 이전에는 300억 원 이상 공사는 최저가 입찰자부터 입찰금액의 적정성을 심사(저가 심사)해 낙찰자를 결정했으나, 2016년부터 300억 원 이상 공사에는 종합심사제가 적용된다

종합심사낙찰제는 심사기준에 따라 <표 11-15>와 같이 공사 수행 능력, 사회적 책임, 입찰금액, 계약신뢰도를 평가해 합산 점수가 가장 높은 자가 낙찰자로 선정된다.

표 11-15 종합심사낙찰제 심사 기준

구분	세부 심사 항목	배점
공사 수행능력	① 시공 실적, ② 매출액 비중, ③ 배치 기술자, ④ 시공 평가 결과, ⑤ 규모별 시공 역량, ⑥ 공동수급체 구성	40~50점
사회적 책임	① 건설 고용, ② 건설 안전, ③ 공정거래, ④ 지역경제 기여	공사 수행능력 점수에 가산
입찰금액	금액 점수에서 단가심사, 하도급심사 등 심사점수 감점	50~60 점
계약신뢰도	배치 기술자, 하도급계획 준수 여부 등 감점	총점에서 감점

점검 사항

① 각 세부 심사 항목을 입증하는 서류의 적정성(서류의 입증 자료와 평가점수의 적정성, 서류 위·변조 여부, 적정 제출 여부 등) 검토

② 제도 시행 초기라 입찰자 및 낙찰자 현황분석을 통해 감사 초점 도출 필요

(3) 협상에 의한 계약

협상에 의한 계약은 다수의 입찰자로부터 제안서와 가격입찰서를 제출받아 기술점수와 가격점수가 높은 사람부터 협상을 통해 계약을 체결하며, 고도의 기술력을 필요로 하는 물품·용역계약에 적용된다.

기술평가는 입찰공고 시 제안요청서를 기준으로 심사위원회를 통해 제안서를 평가하고, 가격평가와 합한 점수가 높은 자를 우선협상 대상자로 선정해서 협상을 통해 계약을 체결한다. 이때 협상은 협상대상자가 제안한 사업 내용, 이행방법 등을 대상으로 실시하는데, 보통 제안요청서에 요청했지만 제안하지 않은 내용 등을 요구하고, 협상 결렬 시 차순위자와 협상을 하여 계약을 체결한다.

점검 사항

① 제안서 평가위원회 구성의 적정성(구성 인원의 내외부 비율, 선정 절차 등)
② 제안서 평가 중 계량적 평가(보통 담당공무원이 수행)의 적정성 확인
③ 평가위원 평가의 적정성(특정 업체만 특별히 높거나 낮은 점수 부여 등)
④ 평가위원 참고용 제안서 검토자료 작성 시 제안서 검토 결과의 적정성
⑤ 협상의 적정성(제안요청서 중요 사항의 반영 여부, 과업과 무관한 내용 요구 등)
⑥ 우선협상대상자가 협상 포기 시 협상 포기 사유 확인(차순위자와 계약을 위해 무리한 요구 가능성)

(4) 2단계 경쟁입찰 및 기술가격 분리 동시입찰

2단계 경쟁입찰은 미리 적절한 규격 등의 작성이 어려운 경우 등 필요 시 규격(또는 기술) 입찰을 실시해서 적격자를 선정한 후 이를 대상으로 가격입찰을 실시해 낙찰자를 결정하고, 기술가격 분리 동시입찰은 규격입찰과 가격입찰을 동시에 실시해 낙찰자를 결정하는 계약으로 물품 및 용역계약에 적용된다.

2단계 경쟁입찰과 기술가격 분리 동시입찰은 제안요청서를 기준으로 심사위원회를 통해 규격서(제안서)를 평가해서 적격자를 선정하고, 예정가격 이하로 최저가 입찰자가 낙찰자로 선정된다. 이때 가격입찰은 경쟁입찰인 최저가 낙찰이므로 규격입찰의 적격자가 2인 이상 나와야 한다.

규격서(제안서)를 평가해서 적격자를 선정한다는 것은 협상에 의한 계약과 유사하나 협상에 의한 계약은 기술점수와 가격점수의 총합이 가장 높은 자를 낙찰자로 결정하고, 2단계 경쟁입찰 등은 기술점수는 일정 기준만 충족하면 최저가 입찰자가 낙찰되므로 협상에 의한 계약보다 가격 경쟁을 많이 한다.

점검 사항

① 규격서 평가위원회 구성의 적정성(구성 인원의 내·외부 비율, 선정절차 등)
② 규격서 평가 중 계량적 평가(보통 담당공무원이 수행)의 적정성 확인
③ 평가위원 평가의 적정성(특정 업체만 특별히 높거나 낮은 점수 부여 등)
④ 평가위원 참고용 규격서 검토자료 작성 시 제안서 검토 결과의 적정성
⑤ 시장이 작은 물품(고기능 고비용 제품과 저기능 저비용 제품 경쟁)의 2단계 경쟁 등은 규격 결정 시 제품이 특정되는 경향이 있어 이에 대한 검토 필요
⑥ 제안 요청 항목 중 계약목적 충족을 위한 필수항목의 반영 여부 검토

3. 계약 체결, 이행 및 검사

계약 체결, 이행 및 검사의 단계는 계약 체결과 이행과정에서 사정 변경에 따른 과업 변경과 계약금액 조정, 문제 발생에 따른 계약 해제·해지, 검사검수의 적정성과 지체상금 부과, 하자보수에 이르는 단계이다. 물품 및 용역 계약의 경우는 검사·검수 단계에서 문제가 발생할 경우가 많고, 공사계약의 경우 계약금액 변경 부분에서 문제가 발생할 소지가 많다.

1) 계약 체결 및 해제·해지

계약은 계약보증금을 납부하고 계약서를 작성하면 계약이 성립하며, 계약 서류에는 규격서, 내역서, 계약 일반조건, 계약특수조건 등이 포함된다. 또한 공사, 물품제조(구매는 제외), 용역계약은 계약금액 70% 범위 내에서 선금이 지급되고, 이에 따른 채권(증권, 보증서)을 확보한다.

또한 계약을 이행하면서 계약상대자의 책임 있는 사유로 계약 이행이 어렵거나(계약 이행 거부, 지체상금이 계약보증금에 도달, 뇌물 등 불법행위 등) 발주기관의 불가피한 사정 변경이 있는 경우, 계약금액 감소 등으로 인한 계약상대자의 요청이 있는 경우 계약이 해제 또는 해지된다.

점검 사항

① 계약보증금 등 보증서 등의 수납, 관리(기한 경과에 따른 갱신 등), 국고귀속의 적정성 검토
② 선금에 대한 채권 확보 · 관리의 적정성 및 선금 사용의 적정성 검토
③ 계약 해제 · 해지된 또는 그러하지 아니한 사유의 적정성, 해제 · 해지 시 타절 준공금액 산정, 업체 제재의 적정성 검토

※ **(판례)** 계약 체결과 관련한 규정은 강행규정으로 서명 없는 계약서는 무효
지방자치단체가 사경제의 주체로서 사인과 사법상의 계약을 체결함에 있어서는 위 규정에 따른 계약서를 따로 작성하는 등 그 요건과 절차를 이행해야 하고, 설사 지방자치단체와 사인 간에 사법상의 계약이 체결되었다 하더라도 위 규정상의 요건과 절차를 거치지 아니한 계약은 그 효력이 없다(대법원 2010,11.11. 선고2010다59646 판결).

2) 계약금액 조정

계약금액 조정은 물가 변동으로 인한 조정과 설계 변경 등으로 인한 조정이 있는데, 주로 계약기간이 긴 공사계약에서 발생한다.

물가 변동으로 인한 조정은 계약 체결 90일 이상 경과 후 품목 또는 지수 조정률이 3% 이상 변동 시에 하며, 설계변경 등으로 인한 조정은 설계변경으로 인한 단가의 조정과 공사기간, 운반거리 등 변경에 의한 운반단가 등 변경이 있다.

점검 사항

① 설계변경, 계약 내용 변경 사유의 적정성 검토(업체 편의를 위한 불필요한 변경, 특정업체 하도급 참여를 위한 특정 모델 · 규격제품으로 변경 등)
② 설계 변경, 계약 내용 변경에 따른 계약 금액조정의 적정성 검토(귀책사유에 따른 계약단가 산정의 적정성, 운반거리 차량 변경의 적정성 등)

※ **(판례)** 조정기준일 이후 이행된 부분의 대가에 대한 계약금액 조정 대상 여부
물가 변동으로 인한 계약금액 조정에 있어서 조정기준일 이후에 이행된 부분의 대가라 할지라도 그 대가가 조정에 앞서 이미 지급된 경우에 개산급으로 지급되었거나 계약 금액 조정 신청 이후 지급된 것이라면 물가 변동 적용 대가에 포함되어 계약금액 조정의 대상이 되나, 당사자 사이에 계약금액 조정을 염두에 두지 않고 확정적으로 지급을 마친 대가는 계약금액 조정의 대상이 되지 않는다(대법원 2006.9.14. 선고2004다28825 판결).

3) 검사 · 검수 및 지체상금

계약상대자가 계약 이행을 완료하면 검사공무원이 계약목적물이 법령에 적합하고 구매 가격, 시방서, 과업지시서대로 제조 · 공사 · 이행 · 납품되었는지 여부를 확인하는 검사(물품제조, 공사, 용역) · 검수(물품구매)를 진행한다.

계약 상대자가 정당한 이유 없이 계약상 의무를 기한 내 이행하지 못한 때에는 지체상금을 부과한다. 지체상금은 계약금액(기성 부분 제외)과 지체상금률(0.1~0.5%)에 지체일수를 곱해 결정하며, 지체일수는 <표 11-16>과 같이 준공시공서 제출 시기를 기준으로 산정하되 계약상대자의 책임 없는 사유로 지체된 경우는 해당 일수를 포함시키지 아니한다.

표 11-16 지체일수 계산방법

구분	세부 심사 항목
준공기한 내 준공신고서 제출	준공검사 후 시정 요구를 한 경우 지체일수가 발생 준공검사 기간은 지체 일수에서 제외 시정 요구한 날부터 최종 준공검사 합격일까지 지체 일수산정
준공기한 경과 후 준공신고서 제출	준공 기한 익일부터 준공검사 합격일까지(준공검사 기간도 지체일수에 포함)

점검 사항

① 준공검사, 검수의 적정성 검토

② 특히 계약목적물의 현재 이용 현황, 보수 · 보강 실적 등을 이용이 저조하거나 보수보강이 빈번하면 검사 · 검수가 잘못되었을 확률이 높음

③ 계약상대자의 책임 없는 사유를 이유로 제외시킨 시기에 대한 적정성 검토, 준공 처리 후 과업 지속 이행 등 지체일수 산정의 적정성 검토

※ **(판례)** 지체상금은 손해배상액의 예정에 해당

계약보증금이 손해배상액의 예정인지 위약벌인지는 도급계약서 및 약관 등을 종합하여 개별적으로 결정할 의사결정의 문제이고, 위약금은 민법에 의한 손해배상액의 예정으로 추정되므로 위약금이 위약벌로 해석되기 위하여는 특별한 사정이 주장, 입증되어야 하는바 도급계약서에 계약보증금 외에 지체상금도 규정되어 있다는 점만을 이유로 하여 계약보증금을 위약벌이라고 보기는 어렵다(대법원 2005.11.10. 선고2004다40597 판결).

4) 하자보수

계약상대자는 법정 하자담보 책임기간 동안 하자보수 책임이 있고, 이를 보증하기 위해 하자보수보증금을 납부하도록 하며 하자담보 책임기간이 완료되어 하자보수 완료 시 반환한다.

점검 사항

① 부도 등으로 하자보수보증금 납부가 어려운 경우 준공 대가 지급 시 공제 등 하자보수보증금의 납부 업무의 적정성
② 하자를 하자보수로 처리하지 않고 별도 예산으로 개선, 보수하는지 여부
③ 하자담보 책임기간이 지나지 않거나 하자보수가 완료되지 않았는데도 하자보수보증금을 반환하는 등 반환업무의 적정성

요 약

1. "공공계약"이란 행정목적 달성을 위해 국가기관, 지방자치단체 또는 공공기관이 사법상 법률행위인 계약당사자가 되는 행위로 국가나 지방자치단체 등은 사인과 동등한 지위에서 계약을 체결하며 공공계약에서도 계약자유의 원칙, 신의성실의 원칙, 권리남용 금지의 원칙, 사정변경의 원칙 등 민법상 계약의 원칙이 적용된다.
2. 공공계약은 계약목적물로 구분해 보면, 공사계약, 물품계약, 용역계약으로 구분되며, 계약체결 형태별로는 확정계약과 개산계약, 총액계약과 단가계약, 단년도 계약과 장기계속계약, 단독계약과 공동계약으로 구분된다.
3. 공공계약 상대자 선정은 수의계약과 경쟁입찰로 구분되고, 경쟁입찰은 다시 일반입찰과 제한입찰, 지명입찰로 구분된다. 수의계약은 법령에서 규정되는 경우에 한해 허용된다. 경쟁입찰의 낙찰자 결정방식은 적격심사, 종합심사(평가), 협상에 의한 계약, 2단계 경쟁입찰 등으로 구분된다.
4. 입찰은 입찰, 재입찰, 재공고입찰로 구분되며 재입찰은 입찰자나 낙찰자가 없는 경우 다시 공고를 하지 않고 입찰하는 것을 말하고, 재공고입찰은 입찰자나 낙찰자가 없거나 낙찰자가 계약을 체결하지 않는 경우 당초 공고한 내용을 변경하지 않고 다시 공고하는 입찰을 말한다.

5. 공공계약에서 중요한 가격은 추정가격과 예정가격인데 추정가격은 국제입찰 대상 여부, 계약방법 결정 등을 판단하는 기준으로 예정가격 결정 전에 예산에 반영된 금액 등을 기준으로 산정된 가격이며, 예정가격은 입찰 또는 수의계약 체결 전에 낙찰자 결정 및 계약금액의 결정기준으로 삼기 위해 미리 작성되는 가격이다.
6. 공공계약에서 보증금은 입찰보증금, 계약보증금, 하자보증금, 선금보증금으로 구분되며, 입찰보증금은 낙찰자가 계약을 체결하지 않는 경우 발주자에게 귀속되며, 선금보증금은 선금을 목적대로 사용하지 않는 경우, 계약보증금은 계약을 이행하지 않는 경우, 하자보증금은 하자보수를 이행하지 않는 경우를 담보하기 위한 것이다.
7. 계약의 대가 지급은 선금과 기성금, 그리고 준공금으로 구분된다. 선금은 계약금액의 70% 범위 내에서 지급 가능하며 기성금은 기성 부분이나 기납 부분에 대해 검사를 거쳐 지급하며, 준공금은 계약 이행이 완료되고 최종 준공검사가 완료된 경우에 지급하는 대가이다.
8. 부정당업자의 제재는 공공계약을 이행함에 있어서 부실시공을 하거나 입찰 및 계약 관련 서류를 위조하는 등 부정한 행위를 한 경우 등이 발생하면 1개월 이상 2년 이하의 범위에서 입찰참가자격을 제한하는 행위를 말한다.
9. 계약을 이행하는 과정에서 계약상대자가 당초 계획대로 계약을 이행할 수 없거나 부도 등으로 계약 이행이 사실상 곤란하거나 입찰 및 계약의 이행과정에서 허위서류 제출, 뇌물 제공 등의 사유가 있는 경우 계약의 해지나 해제 사유가 된다.
10. 계약상대방이 계약기간 내에 계약을 이행하지 못하는 경우 지연된 날짜만큼 지체상금(지방자치단체는 지연배상금)을 부과해야 한다. 이 경우 지체상금이 계약보증금을 초과하는 경우 계약을 해지 또는 해제해야 한다.
11. 공공계약에서 설계서와 현장 상태가 다른 경우, 설계서간 서로 모순이 있는 경우, 기타 발주기관에서 필요하다고 판단되는 경우 설계변경에 의한 계약금액을 조정할 수 있으며, 계약 체결일부터 90일 이상 지나고 가격이 100분의 3 이상 증감이 있는 물가 변동에 의한 계약금액을 조정할 수 있다.
12. 계약상대자가 계약 이행을 완료한 경우 검사공무원은 설계서대로 이행 여부, 과업지시서대로 이행 여부를 검사해야 하며, 검사 도중 부실이나 설계서나 과업지시서대로 이행하지 않는 경우 보완 요구를 해야 한다. 계약의 검사나 감독은 감리자를 지정해서 이행할 수 있으며 200억 원 이상 난이도가 있는 공사는 책임감리를 이행해야 한다.
13. 지방계약 법령과 국가계약 법령과 다르게 특별법으로 운영되는 공공계약의 방식은 조달사업에 관한 법률에 의한 제3자를 위한 단가계약, 다수 공급자 계약, 중소기업 진흥 및 판로 지원에 관한 법률에 의한 중소기업자 간 경쟁입찰 등이 있다.

Chapter 11

연습 문제

주관식

1. 민법상 계약원칙과 공공계약의 계약원칙이 동일하게 적용되는데, 이러한 계약의 원칙을 나열해 보시오
2. 공공계약과 관련한 법령이 두 개 있는데, 법령의 이름을 쓰고 법령별로 적용되는 기관을 말해 보시오
3. 낙찰자 결정방식 중 가장 많이 사용되는 방식으로 최저가격으로 입찰한 자부터 업체의 경영 상태, 시공 경험, 기술능력, 신인도 등을 종합적으로 평가해 낙찰자를 결정하는 방식은 ?
4. 예산은 단년도만 확보되었으나 2년 이상 계약기간을 정하고 총액으로 입찰하되 계약은 연차별로 예산의 범위 내에서 하는 계약방식은?
5. 공사의 경우 시도 지역 내에 본사를 두고 있는 업체가 만드시 공동으로 입찰에 참여토록 하는 계약의 방식은?
6. 계약방법의 판단기준으로 계약방법 결정 전에 만드는 가격은?
7. 계약상대자가 계약 이행능력이 부족해서 계약을 해지한 경우 계약담당자가 조치해야 할 사항은 무엇인가?
8. 계약상대자가 계약이행기간을 초과해서 준공계를 접수한 경우 지체상금(지연배상금) 부과는 어느 시점부터 적용해야 하는지 여부를 알아보시오.
9. 부정당업자의 입찰참가자격 제한은 최소제한기간과 최대제한기간의 범위를 설명하시오.
10. 계약과 관련해서 현재 지정정보처리장치로 지정된 시스템은?

객관식

01. 다음 중 공공계약의 원칙과 거리가 먼것은 ?

① 신의성실의 원칙
② 권리남용 금지의 원칙
③ 계약자유의 원칙
④ 특약 설정 금지의 원칙
⑤ 사정변경의 원칙

02. 공공계약과 관련된 법규로 보기 어려운 것은?

① 국가계약법 ② 지방계약법 ③ 조달사업에 관한 법률
④ 중소기업 진흥 및 판로 지원에 관한 법률 ⑤ 청소년진흥법

03. 국가나 지방계약 법령의 의무적 적용대상이 아닌 기관은?

① 학교 ② 정부출연기관 ③ 지방공기업
④ 지방출자 및 출연기관 ⑤ 민간병원

04. 공공계약의 방식으로 볼 수 없는 것은?

① 개산계약 ② 공동계약 ③ 총액계약
④ 사후계약 ⑤ 단가계약

05. 다음 중 경쟁입찰의 낙찰자 결정방식으로 볼 수 없는 것은?

① 적격심사에 의한 낙찰자 결정
② 2인 이상 전자 견적에 의한 수의 견적 입찰
③ 종합평가 방식
④ 2단계 경쟁에 의한 낙찰자 결정
⑤ 협상계약에 의한 계약상대자 결정

06. 다음 중 입찰참가자들이 가장 많이 몰릴 수 있는 입찰방식은?

① 지명경쟁입찰
② 제한경쟁입찰
③ 일반입찰
④ 입찰참가자격 사전심사에 의한 입찰

⑤ 공모에 의한 계약상대자 선정

07. 다음 공공계약의 가격 중 수의계약의 기준으로 삼기 위한 가격은?

① 추정가격　② 예정가격　③ 설계가격
④ 기초금액　⑤ 예정금액

정답 및 해설

[주관식]

1. 계약자유의 원칙, 신의성실의 원칙, 사정변경의 원칙, 권리남용 금지의 원칙
2. 국가를 당사자로 하는 계약에 관한 법률: 중앙행정기관, 국가공공기관
   지방자치단체를 당사자로 하는 계약에 관한 법률 : 지방자치단체, 교육자치단체, 지방공공기관
3. 적격심사 낙찰제도
4. 장기계속계약
5. 지역의무 공동도급
6. 추정가격
7. 계약보증금 귀속 및 부정당업자 제재
8. 계약만료일 익일부터 최종준공일까지가 지체일수
9. 1개월 이상 2년 이하
10. 나라장터(g2b), 학교장터(s2b), eat

[객관식]

1. ④ 공공계약에서 법령상 이익을 제한하지 않는 범위 내 특약 설정은 가능하다.
2. ⑤ 청소년진흥법은 공공계약과는 거리가 가장 먼 법령이다.
3. ⑤ 민간병원은 국가나 지방계약법 적용대상이 아니다.
4. ④ 사후계약제도는 공공계약제도에서는 없다.
5. ② 경쟁입찰이 아니고 전자 견적에 의한 수의계약이다.
6. ③ 일반입찰은 전국 입찰이며 최소한의 기본 자격만 요구하는 입찰방식이다.
7. ① 추정가격을 기준으로 수의계약 가격기준을 판단한다.

Chapter 12

정부의 재산관리

개 관

국가와 지방자치단체는 국민과 지역주민의 복리 증진을 위한 행정서비스 제공을 존립 목적으로 하며, 이 과정에서 행정서비스 제공에 필요한 공공시설물을 소유해 관리하게 된다. 예를 들어 도로, 공원, 문화예술회관, 종합운동장 등은 국민과 지역주민이 국가 또는 지방자치단체로부터 행정서비스를 제공받아 편안하고 행복한 삶을 누릴 수 있게 하는 데 필요한 기본적인 공공시설물이라고 할 수 있다. 이러한 공공시설물은 소유와 관리의 주체에 따라 구분할 수 있는데, 국가가 소유하여 관리하고 있으면 '국유재산'이라고 하며, 지방자치단체가 소유하여 관리하고 있으면 '공유재산'이라고 한다. 국유재산과 공유재산은 근거 법령이 다르며, 관리절차와 방법 등에서 다소 차이는 있으나, 재산의 기본 형태와 유지관리의 기본원칙에서는 큰 차이가 없다고 할 수 있다. 이 장에서는 국유재산 및 공유재산의 기본적인 개념에 대해 이해하고 재산관리의 절차와 방법에 대해서는 주민들이 주위에서 쉽게 접할 수 있는 지방자치단체의 공유재산을 중심으로 살펴보고자 한다.

Chapter 12

정부의 재산관리

제 1 절 재산관리 일반

이 절에서는 「국유재산법」 및 「공유재산 및 물품관리법」에서 규정하고 있는 국유재산 및 공유재산과 관련된 기본적인 개념과 절차들에 대해 공유재산을 중심으로 알아보고자 한다.

1. 공유재산의 정의 및 범위

공유재산은 지방자치단체가 자체 예산으로 매입하거나 기부채납, 교환, 또는 법령의 규정을 통해 소유권을 갖고 있는 재산을 말한다. 공유재산의 범위에 대해서는 「공유재산 및 물품관리법」 제2조에서 규정하고 있다. 특이한 점은 「공유재산 및 물품관리법」에서는 국유재산과는 달리 재산권이 형성되지 못한 건설 중인 재산에 대해서도 공유재산으로 관리하도록 하고 있다. 이는 지방자치단체에서 자산 현황을 정확하게 파악하기 위한 '발생주의 복식부기제도'를 2007년부터 도입해서 운영 중에 있는데, 건설 중인 재산에 대해서도 지방자치단체의 예산이 투입된 자산가치를 인정해 이를 관리대상에 포함시키기 위한 것이다. 즉, 공유재산은 지방자치단체가 행정서비스 제공을 위해 소유하고 있는 재산적 가치가 있는 모든 대상물을 포함하는 것으로 다음과 같이 분류할 수 있다.

① 부동산과 그 종물

② 선박, 부잔교, 부선거 및 항공기와 그 종물

③ 공영사업 또는 공영시설에 사용하는 중요한 기계와 기구

④ 지상권 · 지역권 · 전세권 · 광업권과 그 밖에 이에 준하는 권리

⑤ 특허권 · 실용신안권 · 디자인권 · 상표권 및 저작권 등 지식재산권

⑥ 주식, 출자로 인한 권리, 사채권 · 지방채증권 · 국채증권과 그 밖에 이에 준하는 유가증권

⑦ 부동산 신탁의 수익권

⑧ 건설 중인 재산

그림 12-1 공유재산의 범위

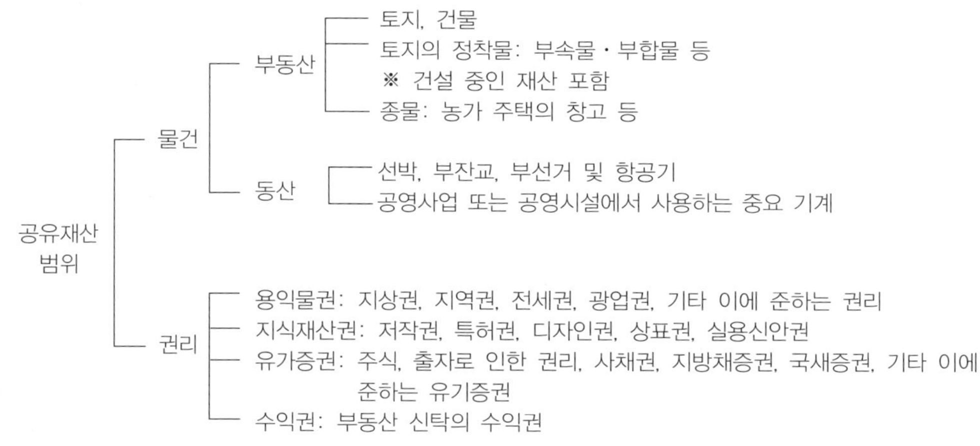

자료: 행정안전부(2018).

2. 공유재산의 구분

공유재산은 해당 재산이 주민을 위한 행정서비스 제공을 위해 직접 사용되는지 여부에 따라 행정재산과 일반재산으로 나눌 수 있다.

1) 행정재산

행정재산은 지방자치단체가 행정서비스 제공 등 행정 목적으로 직접 사용하고 있는 재산으로 공용·공공용·기업용·보존용재산으로 나눌 수 있다.

① 공용재산: 지방자치단체가 사무용·사업용 또는 공무원의 주거용으로 사용하거나 사용하기로 결정한 재산으로 청사, 학교, 박물관, 도서관 등이 이에 해당된다.

② 공공용재산: 지방자치단체가 공공용으로 사용하거나 사용하기로 결정한 재산으로 도로, 하천, 제방, 공원 등이 이에 해당된다.

③ 기업용재산: 지방자치단체가 경영하는 기업이 직접 사무용·사업용 또는 그 기업에 종사하는 직원의 주거용으로 사용하거나 사용하기로 결정한 재산으로 공영개발 사업재산, 상·하수도시설 등이 이에 해당된다.

④ 보존용재산: 지방자치단체가 법령, 조례, 규칙 또는 필요에 의해 보존하고 있거나 보존하기로 결정한 재산으로 문화재, 보존림 등이 이에 해당된다.

2) 일반재산

일반재산은 지방자치단체가 행정목적으로 사용하고 있지 않거나 사용할 계획이 없는 재산으로 행정재산 외의 모든 재산을 말한다. 행정재산에서 용도폐지된 재산과 단순히 매각하기 위해 취득한 재산 등이 이에 해당된다.

3. 재산의 보호 및 관리 의무

1) 공유재산의 관리·처분 원칙

「공유재산 및 물품관리법」은 지방자치단체가 재산을 관리·처분할 때 다음과 같은 원칙을 따르도록 하고 있다.

① 해당 지방자치단체 전체의 이익에 맞도록 할 것

공유재산의 관리 및 처분에 있어서 어느 특정 개인이나 집단의 이익을 위한 것이 아니라 주민 전체의 이익에 부합되도록 운영하라는 것이다.

② 취득과 처분이 균형을 이룰 것

공유재산을 취득하거나 매각 등을 통해 처분하는 과정에 사전에 행정수요를 충분히 고려해서 불필요한 재산을 취득하거나 꼭 필요한 재산을 매각해 행정서비스 제공에 공백이 생기지 않도록 하라는 것이다.

③ 공공가치와 활용가치를 고려할 것

공유재산은 주민의 복리 증진을 위해 활용되는 공공적 가치를 우선으로 하지만 직접적으로 행정서비스 제공에 이용되지 않는 경우에는 대부 또는 매각 등을 통해 주민들이 활용할 수 있도록 하라는 것이다.

④ 투명하고 효율적인 절차를 따를 것

공유재산은 주민 전체의 이익을 위해 취득·관리하는 재산인 만큼 그 처리과정에서 투명하고 효율적인 절차를 따라서 공정하고 합리적으로 관리하라는 것이다.

2) 공유재산의 보호

공유재산은 지방자치단체가 행정서비스 제공을 위해 취득·관리하는 재산으로 관계 법령에 따라 다음과 같은 특별한 보호를 받게 된다.

① 사용 수익 금지

누구든지 「공유재산 및 물품관리법」 또는 다른 법률에서 정하는 절차와 방법에 따르지 아니하고는 공유재산을 사용하거나 수익하지 못한다.

② 시효 취득의 예외

행정재산은 행정서비스 제공에 직접 활용되는 재산으로 「민법」 제245조에도 불구하고 시효 취득의 대상이 되지 아니한다. 다만, 일반재산은 공익적 목적에 직접 활용되지 않는 재산으로 「민법」 제245조에 따른 시효 취득의 대상이 된다.

3) 공유재산의 관리 의무

「공유재산 및 물품관리법」은 공유재산의 취득 · 관리에서 지방자치단체와 사용 · 수익자에게 다음과 같은 의무를 부과하고 있다.

① 사권 설정 금지

지방자치단체는 사권(私權)이 설정된 재산에 대해서는 그 사권이 소멸되기 전에는 공유재산으로 취득하지 못한다.

② 등기 · 등록 의무

지방자치단체는 공유재산으로 취득하는 경우 법령에서 정하는 바에 따라 해당 지방자치단체의 소관에 속하게 된 날부터 60일 이내에 등기 · 등록이나 그 밖에 권리 보전에 필요한 조치를 해야 한다.

③ 권리자 명의

공유재산으로서 등기 또는 공부에 등록이 필요한 경우 공유재산의 권리자 명의는 해당 지방자치단체로 한다(다만, 「지방교육 자치에 관한 법률」에 따른 교육비 특별회계 소관의 공유재산은 그 소관청의 명칭인 '교육감'을 덧붙여 적어야 한다).

④ 전대 금지

공유재산에 대한 사용 · 수익 허가 또는 대부를 받은 자는 그 재산을 다른 자에게 사용 · 수익 또는 대부하게 해서는 아니 되며, 이를 어기고 전대를 하는 경우 해당 사용 · 수익 허가 또는 대부에 대한 취소 대상이 된다. 다만, 사용 · 수익 허가를 받은 자가 기부자와 그 상속인 또는 그 밖의 포괄승계인인 경우에는 지방자치단체의 장의 승인을 받아 다른 자에게 사용 · 수익하게 할 수 있다.

⑤ 원상복구 의무

사용 · 수익 허가 또는 대부를 받은 자는 그 허가나 계약기간이 끝나거나 취소가 된 경우에는 해당 재산을 원상태로 반환해야 하며, 그 이후에도 계속해서 점유한 경우 무단점유에 해당되어 변상금 등 처분 대상이 된다.

4. 다른 법률과의 관계

1) 법 적용

공유재산의 관리 · 처분에 관해서는 다른 법률에 특별한 규정이 있는 경우를 제외하고는 「공유재산 및 물품관리법」에서 정하는 바에 따라야 한다. 즉, 「공유재산 및 물품관리법」은 지방자치단체 소유재산인 공유재산의 관리 · 처분에 관한 일반적인 기준을 정하고 있는 일반법으로, 도로 · 하천 등 개별 시설물 관리의 소관 부처에서 「도로법」, 「하천법」 등에 사용 · 수익 허가 및 대부 등과 관련한 별도의 기준을 정하고 있는 경우에는 그 규정을 따라야 한다는 것이다.

2) 법령안 등 협의

중앙행정기관의 장은 공유재산의 관리 · 처분과 관련되는 법령을 제정 · 개정 또는 폐지하기 위해서는 미리 행정안전부장관과 협의해야 하며, 지방자치단체는 공유재산의 관리 · 처분과 관련되는 조례를 제 · 개정하는 경우 행정안전부장관에게 보고해야 한다.

3) 관련 법 준용

지방자치단체에서 공유재산에 대한 사용 · 수익 허가, 대부, 관리 위탁 등을 추진하는 경우에 「공유재산 및 물품관리법」에서 정한 사항 외에는 「지방재정법」 및 「지방자치단체를 당사자로 하는 계약에 관한 법률」을 준용한다.

4) 조례 등의 제정

지방자치단체는 법령의 범위에서 공유재산의 관리 · 처분 · 수입 및 지출에 관한 세부 사항을 조례 또는 규칙으로 제정할 수 있다. 또한, 행정안전부장관은 지방자치단체가 공유재산의 관리 · 처분 · 수입 및 지출을 통일적으로 운영할 수 있게 하기 위해 공유재산 운영기준을 정할 수 있다.

5. 기부채납

1) 기부채납의 의의 및 대상

지방자치단체가 행정서비스 제공에 필요한 공공시설물을 설치 운영할 때는 직접 예산을 투입해서 건립하거나 민간건물을 임차하는 방식이 주로 활용되나, 주민과 기업 등이 시설물의 소유권을 무상으로 이전(기부)하고 지방자치단체에서 이를 수용(채납)함으로써 확보하는 경우도 발생하는데 이를 기부채납이라 한다. 기부채납에는 두 가지 형태가 있다. 첫째는 주민의 자발적인 의사에 의해 지방자치단체가 소유권을 확보하는 방식이다. 예를 들어 주민이 본인 소유의 산에 산림을 조성한 후 노년에 이의 소유권을 지방자치단체에 기부하고 해당 지방자치단체에서는 이곳에 휴양림을 조성해 운영하기로 약속하는 경우가 이에 해당한다. 둘째는 「도시 및 주거환경정비법」 등 관련 법에 따라 재건축·재개발 등의 정비사업 시행자가 아파트 등의 용적률을 상향 적용받기 위해 공공기반시설을 설치해서 이의 소유권을 해당 지방자치단체에 이전하는 경우가 있는데 이는 개별 법률에 근거한 기부채납의 예라고 할 수 있다.

즉, 기부채납이란 지방자치단체 외의 자가 공유재산에 해당하는 재산의 소유권을 무상으로 지방자치단체에 이전하기로 하고, 해당 지방자치단체에서는 이를 취득해 공유재산으로 관리하기로 결정한 후 이를 이행하는 것을 말한다. 지방자치단체는 해당 재산이 공유재산에 해당하는 재산으로서 소유 및 관리가 가능한 재산을 기부채납받아야 하며, 현금은 「공유재산 및 물품관리법」 제4조에 의한 공유재산에 해당하지 않으므로 기부채납의 대상이 되지 않는다.

2) 기부채납 대상 제외

기부자가 재산을 기부할 의사가 있다고 해도 지방자치단체에서는 다음과 같은 경우 채납해서는 아니 된다. ① 기부하는 재산을 해당 지방자치단체가 직접 사용하기 곤란한 경우, ② 기부하는 재산의 가액에 비해 향후 유지·보수비용이 지나치게 많이 소요될 것이 예상되는 경우, ③ 지방자치단체가 필요하지 아니한 재산,

④ 기부자에 대한 해당 시설물의 무상 사용 · 수익 허가 기간이 20년을 초과하는 경우, ⑤ 기부에 조건이 수반되는 경우, ⑥ 사권이 설정되어 있는 재산 등이 이에 해당된다.

3) 기부채납 방법

지방자치단체는 재산기부서상의 재산 표시(위치 · 지목 · 면적 · 가액 등), 기부 목적, 기부자 성명(법인명), 주소, 기부일시 등을 확인해야 한다. 시설물을 축조해서 기부하는 경우에는 그 시설물의 준공과 동시에 소유권을 이전해야 하며, 해당 지방자치단체는 즉시 소유권 이전 등 권리보전을 위한 조치를 해야 한다. 여러 개의 건물을 연차적으로 신축해 기부하는 경우에는 각각의 건물이 준공될 때마다 소유권 등기절차를 이행해야 한다.

4) 무상 사용 · 수익 허가

기부자가 기부하는 행정재산에 대해 무상으로 일정 기간 동안 사용 · 수익을 원하는 경우, 해당 지방자치단체는 기부채납한 재산의 가액 범위에서 기부자(상속인 포함)에게 무상으로 사용 · 수익 허가할 수 있다.

$$\text{건물을 기부채납하는 경우} = \frac{\text{기부 건물의 재산가액}}{\text{기부 건물의 연간 사용료} + \text{부지 사용료}}$$

$$\text{토지를 기부채납하는 경우} = \frac{\text{기부 토지의 재산가액}}{\text{기부 토지의 연간 사용료}}$$

이 경우 기부재산의 가액은 1개 감정평가업자가 평가한 감정평가액으로 하며, 기부재산의 연간 사용료는 해당 지방자치단체의 조례로 정하는 사용료를 적용한다. 기부채납재산의 무상 사용 · 수익 허가기간은 20년을 초과하지 않도록 해야 한다.

5) 유의 사항

기부받는 재산의 1건당 기준가격이 20억 원(시 · 도) 또는 10억 원(시 · 군 · 구) 이상인 경우에는 공유재산 관리계획에 반영해서 지방의회의 의결을 거친 후 채납해야 한다. 기부받는 재산의 내구 연한이 무상 사용 · 수익 허가하는 기간보다 장기인 경우에 한해서 채납해야 하며, 특히 건물이 아닌 기계 · 기구 등으로서 시설물의 철거 · 분해 · 운반 등이 용이한 시설물은 채납해서는 아니 된다. 기부자는 기부 재산의 무상 사용 · 수익 허가기간이 종료된 후에는 해당 기부 재산에 대해 아무런 권리를 주장할 수 없다.

6. 공유재산 관리계획

지방자치단체에서 공유재산을 취득 · 처분하는 경우 일정 금액 또는 규모 이상에 해당하는 재산에 대해서는 사전에 공유재산 관리계획을 수립해서 지방의회의 의결을 거치도록 하고 있다. 이는 집행부의 공유재산 취득 · 처분에 대해 주민의 대표기관인 지방의회를 통한 통제를 의미한다. 이는 법령에 규정된 공유재산 관리의 주요 절차로서 강행성과 구속력이 있다.

1) 공유재산 관리계획 수립 대상

공유재산 관리계획은 지방자치단체가 주요 재산을 취득(매입, 기부채납, 무상양수, 환지, 무상 귀속, 교환, 건물의 신축 · 증축 및 그 밖의 취득을 포함한다.) 또는 처분(매각, 양여, 교환, 무상 귀속, 건물의 멸실, 출자 및 그 밖의 처분을 포함한다.)하는 경우 수립해야 한다. 행정재산의 사용 · 수익 허가나 일반재산의 대부 등 소유권의 변동이 발생하지 않는 경우에는 공유재산 관리계획 수립 대상이 되지 않는다. 또한 최초 사업계획 수립 시에는 취득 · 처분하는 재산이 법령에서 정하는 주요 재산에 해당하지 않았으나 사업 진행과정에 계획의 변경으로 주요 재산의 범위에 해당되는 경우에는 공유재산 관리계획을 수립해야 한다.

1건당 기준금액이 아래의 경우 이상인 재산은 공유재산 관리계획 수립 대상이 된다.

① 취득의 경우: 시・도는 20억 원, 시・군・구는 10억 원

② 처분의 경우: 서울시・경기도는 20억 원, 그 외 시・도와 시・군・구는 10억 원

이 경우 기준금액은 토지에 대해서는 개별공시지가로 산정하며, 개별공시지가가 없는 경우에는 표준지공시지가로 산정한다. 건물에 대해서는 단독주택은 공시된 해당 주택의 개별주택가격으로, 공동주택은 공시된 해당 주택의 공동주택가격으로, 그 밖에는 시가표준액으로 산정한다.

토지의 경우에는 아래의 경우와 같은 기준이 추가로 적용되어 공유재산 관리계획 수립 대상이 된다.

① 취득의 경우: 1건당 시・도는 6천m^2, 시・군・구는 1천m^2

② 처분의 경우: 1건당 시・도는 5천m^2, 시・군・구는 2천m^2

2) 공유재산 관리계획의 내용

공유재산 관리계획에는 다음의 내용을 명시해야 한다. ① 사업 목적 및 용도, ② 사업기간, ③ 소요 예산, 재원조달 방법, 세부 집행 내역, ④ 사업규모, ⑤ 기준가격 명세.

3) 공유재산 관리계획 수립 제외

지방자치단체에서 개별 법률에 따라 주요 재산의 취득・처분이 의무화되는 경우에는 관리계획을 수립하지 않을 수 있다. 예를 들어 「도시개발법」에 따른 환지, 「공익사업을 위한 토지 등의 취득 및 보상에 관한 법률」에 따른 취득, 「도시 및 주거환경정비법」에 따른 무상양여, 「기업활동 규제 완화에 관한 특별조치법」에 따른 중소기업자에 대한 공장용지 매각, 「지방세법」에 따른 물납 취득하는 경우와 그 외 법원의 판결에 따른 소유권 등의 취득 또는 상실 등이 이에 해당된다.

4) 공유재산 관리계획의 변경

지방자치단체에서 공유재산 관리계획을 수립한 후 해당 재산의 취득 · 처분과정에 아래에 해당하는 경우에는 관리계획을 변경해야 한다.

① 사업의 목적이나 용도가 변경된 경우

② 취득 · 처분하고자 하는 재산의 위치가 변경된 경우

③ 취득 · 처분하고자 하는 토지의 면적이 30%를 초과해서 증감된 경우

④ 토지 또는 건물 등 시설물의 기준가격이 30%를 초과해서 증감된 경우

5) 공유재산 관리계획 수립 의결

지방자치단체의 장은 예산을 지방의회에서 의결하기 전에 매년 공유재산 관리계획을 수립해서 지방의회의 의결을 거쳐야 한다. 공유재산 관리계획은 시 · 도는 회계연도 시작 50일 전까지, 시 · 군 · 구는 회계연도 시작 40일 전까지 지방의회에 제출해야 한다. 관리계획을 수립한 후 부득이한 사유로 그 내용이 취소되거나 일부를 변경할 때에도 지방의회의 의결을 거쳐야 한다.

7. 공유재산의 용도폐지 및 변경

1) 의의

공유재산의 용도폐지란 지방자치단체에서 행정서비스 제공에 직접 사용하고 있는 행정재산(공용재산 · 공공용재산 · 기업용재산)에 대해 더 이상 행정재산으로 사용할 필요가 없게 된 경우에 이를 행정재산으로 관리하지 않겠다는 결정을 한 후 일반재산으로 관리하는 것을 말한다. 예를 들어 청사, 도로, 공원 등으로 관리하고 있는 공용 또는 공공용 재산에 대해 현재 사실상 이의 용도로 사용하고 있지 않거나 향후 해당 용도로 사용할 필요가 없게 된 경우에는 용도폐지라는 행정행위를 통해 해당 재산이 행정재산으로서 가지고 있던 권리나 의무 부담을 면제하는 절차이다.

공유재산의 용도변경은 일반재산을 행정재산으로 변경하거나 행정재산 내에서 용도를 변경해 관리하는 것을 말한다. ① 지방자치단체에서 일반재산을 행정목적(공용재산 · 공공용재산 · 보존용재산)으로 사용하고자 하는 경우에 행정재산으로 사용하겠다는 내용을 결정한 후 행정재산으로 관리, ② 행정재산(공용재산 · 공공용재산 · 보존용재산)으로 관리하는 재산을 해당 행정목적 외에 다른 행정목적으로 사용하고자 전환하는 것 등이다. 예를 들어 도로, 하천, 제방 등의 공공용 재산이 사실상 공공용 목적으로 사용되지 않는 경우에 공용재산으로 변경해서 관리하는 것이 이에 해당한다.

2) 절차

공유재산의 용도폐지와 변경은 '공유재산심의위원회'의 심의를 거쳐 지방자치단체의 장이 결정한다.

그림 12-2 용도폐지 및 변경 절차

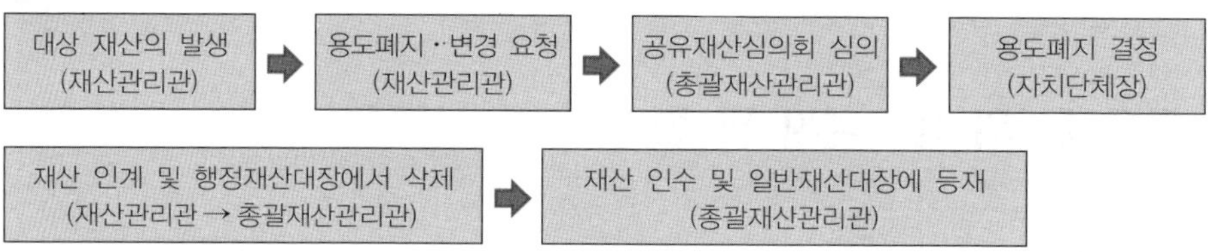

자료: 행정안전부(2018).

3) 유의사항

공유재산을 용도폐지 또는 용도변경하는 경우에는 향후 재산의 활용에 제한이 발생할 수 있으므로 명확한 사유가 있어야 하며, 장래의 사용 목적 및 활용계획 등을 종합적으로 고려해서 결정해야 한다. 행정재산으로 관리하는 복합수익시설물(축구경기장, 국제전시장 등)에 대해서는 수익시설로 사용하는 공간의 일부에 대해 용도폐지해서 일반재산으로의 관리가 가능하다. 재건축 · 재개발 등의 사업 승인 부서에서는 도로, 공원 등 기반시설에 대한 용도폐지가 필요한 경우에 해당 재산의 관리부서와 사전에 협의해야 한다.

8. 공유재산 위에 타인 소유의 영구시설물 축조

1) 의의

지방자치단체에서 공유재산으로 관리하는 도로, 공원, 하천 등의 토지 위에 부득이한 사유로 국가 · 타 지방자치단체 · 사인(私人) 등이 영구시설물을 축조해서 사용하고자 하는 경우가 있는데, 이의 가능 여부가 문제가 될 수 있다. 이 경우 영구시설물이란 일반적으로 토지 위에 고착되어 용이하게 이동할 수 없는 시설물을 의미하며, 해체가 물리적으로 심히 곤란하거나 해체비용이 막대한 시설물을 포함한다. 공유재산인 토지 위에 타인 소유의 영구시설물이 축조되는 경우 지방자치단체는 소유권 행사와 장래 행정목적 사용에 장애를 초래할 수 있으므로 「공유재산 및 물품관리법」에서는 원칙적으로 해당 지방자치단체의 장 외에는 공유재산 위에 영구시설물을 축조하지 못하도록 금지하고 있다.

2) 영구시설물 축조 허용

공유재산 위에 해당 지방자치단체의 장 외에 영구시설물을 축조할 수 있는 경우는 다음과 같다.

① 영구시설물의 준공과 동시에 그 시설물을 해당 지방자치단체에 기부하는 조건으로 축조하는 경우

② 사용 · 수익 허가 또는 대부를 받은 자가 사용 · 수익허가기간 또는 대부기간 동안 사용하기 위해 자진 철거 및 철거비용의 예치 등을 조건으로 축조하는 경우

③ 공유재산의 공중 · 지상 · 지하에 공작물을 설치하는 경우(해당 공유재산의 사용 · 이용 · 처분에 지장이 없는 범위에서 지상권이 설정되지 않는 공작물에 대해 가능하다.)

(예: 송전철탑, 공중선로, 건물에 부착하는 휴대전화 기지국 등)

④ 도시계획사업 등 다른 법률에 따라 지방자치단체에 소유권이 귀속되는 공공시설을 대체시설로 축조하는 경우

⑤ 지방자치단체가 공립학교에 체육관 등 복합시설을 설치하는 경우

⑥ 해당 지방자치단체의 장이 아닌 다른 지방자치단체의 장이 공용건축물을 축조하는 경우로서 지방자치단체장 간의 합의와 해당 지방의회의 동의가 있는 때

⑦ 수도권 내 인구집중 유발시설의 지방 이전, 일정 기준 이상의 공장, 관련 법률에 의한 정부출연·특정연구기관을 유치하기 위해 축조하는 경우

⑧ 일반재산을 신탁 또는 위탁 개발하는 경우

⑨ 「공유재산 및 물품관리법」 이외의 법률에서 영구시설물의 축조를 허용하는 경우

3) 가설건축물 축조 기준

상기 나. 호의 사용·수익허가기간 또는 대부기간 동안 사용하기 위해 자진철거 및 철거비용의 예치 등을 조건으로 가설건축물을 축조하는 경우에는 다음의 기준을 준수해야 한다.

① 「건축법」 제20조에서 정한 가설건축물로서 그 존치기간이 임대기간 이내일 것

② 해체에 특별한 기술을 요하지 않고 과다한 비용이 소요되지 않아 철거 등 원상회복이 용이한 시설물일 것

③ 계약기간 만료 또는 계약 해제 시 가설건축물은 임차인의 비용으로 철거토록 하고 완벽하게 원상회복시킨 후 이행보증금 등을 반환

④ 설치된 가설건축물로 인해 공유재산의 가치가 오히려 증대되는 등 적절한 사유에 의해 당해 재산의 관리기관이 원상회복할 필요가 없다고 판단하는 경우에는 철거하지 않고 기부채납받을 수 있음.

9. 공유재산심의회

1) 의의

「공유재산 및 물품관리법」 제16조에서는 공유재산의 관리 및 처분에 관해 지방자치단체의 장이 자문하기 위해 각 지방자치단체에 '공유재산심의회'를 두도록 하고 있다.

2) 위원회 구성

위원은 해당 지방자치단체 소속 공무원과 공유재산 분야에 학식과 경험이 풍부한 사람 중에서 지방자치단체의 장이 임명 또는 위촉한다. 위원은 7명 이상 15명 이하의 위원으로 구성하며, 민간위원이 전체 위원 정수의 과반수가 되도록 성별을 고려해서 구성하도록 하고 있다. 위원장은 해당 지방자치단체의 부단체장으로 하며, 부위원장은 해당 지방자치단체 소속 재산관리 담당 국장과 민간위원 1명으로 하되, 민간위원인 부위원장은 공유재산심의회에서 호선하도록 하고 있다.

민간위원은 변호사, 공인회계사, 세무사, 감정평가사 또는 법무사 자격을 취득한 후 해당 분야에서 3년 이상 활동한 경력이 있는 사람, 국유・공유재산의 관리 또는 회계업무 담당공무원으로 근무한 경력이 풍부한 사람, 그 밖에 지방재정, 부동산, 건축 또는 도시계획에 관한 학식과 전문지식이 풍부한 사람으로서 해당 지방자치단체의 조례에서 정한 자격요건에 부합하는 사람을 선정한다. 민간위원의 임기는 2년이며, 민간위원에게는 예산의 범위 내에서 수당, 여비 또는 그 밖의 필요한 경비의 지급이 가능하다.

3) 심의사항

공유재산심의회에서 심의하는 사항은 아래와 같다.

① 공유재산 관리계획을 수립하거나 변경하는 경우

② 공용 또는 공공용으로 사용하기 위해 각 회계 중 어느 하나의 회계에 속하는

재산을 다른 회계의 재산으로 무상으로 이관하는 경우

③ 행정재산의 사용료 또는 일반재산의 대부료를 감면하는 경우

④ 행정재산의 용도를 변경하거나 폐지하는 경우와 일반재산을 행정재산으로 용도 변경하는 경우

⑤ 그 밖에 공유재산의 관리·운영 및 처분 등에 대해 해당 자치단체의 조례로 정하는 경우

제 2 절 재산관리 법체계

1. 국유재산 관련 법률

국가가 소유하고 있는 재산인 국유재산의 취득·처분 및 관리에 관해서는 「국유재산법」과 「국유재산특례제한법」에서 규정하고 있으며, 물품의 관리에 관해서는 「물품관리법」에서 규정하고 있다.

1) 「국유재산법」

국유재산의 관리에 관한 사항은 「국유재산법」에서 정하고 있으며, 주요 내용으로는 국유재산의 정의, 구분과 종류, 재산의 관리·처분에 관한 절차 및 방법 등을 규정하고 있다. 즉, 국유재산이란 국가의 부담, 기부채납이나 법령 또는 조약에 따라 국가 소유로 된 재산을 말하며, 그 종류로는 부동산과 그 종물, 선박, 항공기, 지상권, 지역권, 전세권 등과 지식재산(특허권, 실용신안권, 저작권 등) 등이 있다. 국유재산 관리의 총괄청인 기획재정부장관은 중장기 정책 방향과 국유재산의 관리·처분 총괄계획 등을 포함하는 '국유재산종합계획'을 매년 작성해서 국무회의 심의를 거쳐 대통령의 승인을 받아 확정하고 국회에 제출해야 한다.

표 12-1 국유재산법의 구성

「국유재산법」 (7장 82개조)		
제1장	총칙	제1조~제20조
제2장	총괄청	제21조~제26조의7
제3장	행정재산	제27조~제40조
제4장	일반재산	제41조~제65조의12
제5장	대장(臺帳)과 보고	제66조~제71조
제6장	보칙	제72조~제81조
제7장	벌칙	제82조

2) 「국유재산특례제한법」

「국유재산특례제한법」은 국유재산의 사용료 감면 등과 같은 국유재산특례와 그 제한에 관한 사항에 대해 규정하고 있다. 이 법이 제정된 이유는 개별법에서 국유재산의 사용료 감면 등과 같은 국유재산특례에 관해 규정하는 경우가 증가함에 따라 총량관리의 필요성 및 수익기관 간 형평성 문제가 제기되어 이 법 또는 「국유재산법」에 따라서만 국유재산특례의 신설 및 운용이 가능하도록 제한하고자 2011년 3월 30일 제정된 것이다. 따라서 국유재산의 사용료 감면 등 국유재산의 특례는 「국유재산법」 및 「국유재산특례제한법」 별표에 규정된 법률에 따르지 아니하고는 정할 수 없으며, 국유재산특례의 근거가 되는 법률에는 국유재산특례의 목적, 적용대상 등이 구체적이고 명확하게 규정되어야 한다.

3) 「물품관리법」

중앙관서에서 행정서비스 제공을 위해 사용하는 물품의 취득, 보관, 사용 및 처분에 관한 사항에 대해서는 「물품관리법」에서 규정하고 있다. 즉, 물품이란 국가가 소유하는 동산과 국가가 사용하기 위해 보관하는 동산을 말하며, 현금과 법령에 따라 한국은행에 기탁해야 할 유가증권은 제외된다. 기획재정부장관은 물품관리의 제도와 정책에 관한 사항을 관장하며, 물품관리에 관한 정책의 결정을 위해 필요하면 조달청장이나 각 중앙관서의 장으로 하여금 물품관리 상황에 관한 보고를 하게 하거나 필요한 조치를 할 수 있다. 조달청장은 각 중앙관서의 장이 수행하는 물품관리에 관한 업무를 총괄·조정하며, 각 중앙관서의 장이 수행하는 물품관리 상황에 관한 자료의 요구 및 감사를 실시할 수 있다.

2. 공유재산 관련 법률

지방자치단체 소유의 재산인 공유재산과 물품의 취득·처분 및 관리에 관해서은 「공유재산 및 물품관리법」에서 규정하고 있다. 국가는 국유재산과 물품을 구분해서 별도의 법률로 규정하고 있는 반면, 지방자치단체는 공유재산과 물품에 관한 사항을 함께 「공유재산 및 물품관리법」에서 규정하고 있다. 또 하나의 특징은 「국유재산법」은 기획재정부 소관 법률로서 국유재산 관리를 총괄하는 기획재정부에서 기준을 정하고 실제 재산의 관리·운영은 소관 중앙행정기관에서 하는데 반해, 「공유재산 및 물품관리법」은 행정안전부 소관 법률로서 중앙행정기관인 행정안전부에서 관리기준을 정하며 실제 공유재산의 관리·운영은 별도의 법인격을 갖춘 지방자치단체에서 하게 된다는 것이다. 따라서 지방자치단체의 다양한 재정운영 현황과 주민의 재산활용 욕구가 반영된 결과, 공유재산의 관리절차 및 방법이 국

표 12-2 「공유재산 및 물품관리법」의 구성

「공유재산 및 물품관리법」 (9장 99개조)		
제1장	총칙	제1조~제3조의2
제2장	공유재산 통칙	제4조~제18조
제3장	행정재산	제19조~제27조
제4장	일반재산	제28조~제43조의10
제5장	공유재산 대장과 보고	제44조~제47조
제6장	물품 통칙	제48조~제56조
제7장	물품의 관리	제57조~제79조
제8장	보칙	제80조~제98조
제9장	벌칙	제99조

유재산에 비해 세밀하고 변동성이 크다고 할 수 있다.

「공유재산 및 물품관리법」은 총칙, 공유재산 통칙, 행정재산, 일반재산, 공유재산대장과 보고, 물품 통칙, 물품의 관리, 보칙, 벌칙 등으로 구분되어 있다. 최근 행정안전부에서는 변화하는 행정환경에 신속하게 대응하고 지방자치단체의 계획적인 재산관리 및 운영을 지원하기 위해 「공유재산 및 물품관리법」을 국가와 같이 「지방자치단체 재산법」 및 「지방자치단체 물품법」으로 구분해서 관리하는 분법을 추진하고 있다.

제 3 절 재산의 활용

1. 사용·수익 허가 및 대부계약

지방자치단체는 공유재산을 관리하면서 그 재산의 활용 목적에 장애가 되지 않는 범위에서 민간으로 하여금 사용·수익하게 하여 주민의 복리 증진에 기여할 수 있다. 이는 행정재산과 일반재산에 동일하게 적용되는데, 행정재산을 사용·수익하게 하는 것을 사용·수익 허가라 하며, 일반재산을 사용·수익하게 하는 것을 대부계약이라 한다. 양자의 목적이 동일하고 절차가 유사하므로 함께 살펴보기로 한다.

1) 의의

지방자치단체의 장은 행정재산에 대해 그 목적 또는 용도에 장애가 되지 않는 범위에서 지방자치단체 외의 자에게 일정 기간 유상 또는 무상으로 사용·수익을 허가할 수 있다. 사용·수익 허가는 지방자치단체가 우월적 지위에서 행하는 행정처분으로, 특정인에게 행정재산을 사용할 수 있는 권리를 설정해 주는 강학상 특허에 해당한다. 해당 재산의 목적 또는 용도에 장애가 되거나 원상회복이 어렵다고 인정되는 경우에는 사용·수익 허가해서는 아니 된다.

지방자치단체의 장은 일반재산에 대해서 지방자치단체 외의 자에게 일정 기간 유상 또는 무상으로 사용·수익하게 할 수 있는데 이를 대부계약이라 한다. 민법상 임대차 또는 사용대차 계약과 유사한 개념으로 당사자 간에 대등한 위치에서 협의·체결하는 사법상 계약에 해당한다. 해당 재산의 목적 또는 용도에 장애가 되거나 원상회복이 어렵다고 인정되는 경우에는 대부계약해서는 아니 된다.

2) 기간

행정재산의 사용·수익 허가기간은 그 허가를 받은 날부터 5년 이내로 한다. 다만, 기부채납에 의한 무상 사용·수익 허가의 경우에는 기부채납 재산가액을 연간 사용료로 나눈 기간 이내로 한다. 이 경우 무상 사용·수익 허가기간은 갱신을 포함해서 총 20년을 초과해서는 아니 된다. 지방자치단체의 장은 수의계약으로 한 사용·수익 허가에 대해서는 허가기간이 끝나기 전에 사용·수익 허가를 갱신할 수 있다. 이 경우 갱신하는 허가기간은 갱신할 때마다 5년을 초과할 수 없다. 입찰의 방식으로 한 사용·수익 허가에 대해서도 1회로 한정해 5년의 범위에서 갱신할 수 있다.

일반재산의 대부계약 기간은 토지와 그 정착물에 대해서는 5년, 그 외의 재산에 대해서는 1년을 초과할 수 없다. 다만, 지역경제의 활성화를 위한 목적으로 「벤처기업 육성에 관한 특별조치법」에 따른 벤처기업에 토지와 그 정착물을 대부하는 경우, 「수도권정비계획법 시행령」에 따른 수도권 인구집중 유발시설을 지방으로 이전하기 위해 대부하는 경우, 「산업기술혁신촉진법」에 따른 전문 생산기술 연구소를 유치하기 위해 대부하는 경우 등에 대해서는 20년까지 대부할 수 있다. 지방자치단체의 장은 수의계약으로 대부한 경우에는 대부기간이 끝나기 전에 대부계약을 갱신할 수 있다. 이 경우 갱신하는 대부기간은 갱신할 때마다 토지와 그 정착물에 대해서는 5년, 그 외의 재산에 대해서는 1년을 초과할 수 없다. 입찰의 방식으로 한 대부계약에 대해서도 1회로 한정해 대부계약을 갱신할 수 있다.

3) 사용료 및 대부료

지방자치단체의 장은 행정재산의 사용·수익 허가 및 일반재산을 대부계약했을 때에는 시가(時價)를 반영한 해당 재산 평정가격의 연 1천분의 10 이상의 범위에서 지방자치단체의 조례로 정하는 요율에 따라 매년 사용료 및 대부료를 징수한다. 사용료 및 대부료는 그 전액을 정하는 기간에 한꺼번에 내야 한다. 다만, 전액을 한꺼번에 내는 것이 곤란하다고 인정되는 경우에는 1년 만기 정기예금 금리수준을 고려해서 이자를 붙여 분할납부하게 할 수 있다.

① 산정기준

연간 사용료(대부료) = 재산가격 × 사용료율(대부요율)

② 일반입찰 시 사용료(대부료)

최초 연도: 최고입찰가

2차 연도 이후:

$$\text{입찰로 결정된 첫째 연도 사용료(대부료)} \times \frac{\text{시행령 제31조 제2항에 따라 산출한 해당 연도의 재산가격}}{\text{시행령 제31조 제2항에 따라 산출한 입찰 당시의 재산가격}}$$

③ 갱신하는 경우 사용료 및 대부료

$$\text{갱신하기 직전 연도의 연간 사용료(대부료)} \times \frac{\text{시행령 제31조 제2항에 따라 산출한 해당 연도의 재산가격}}{\text{시행령 제31조 제2항에 따라 산출한 갱신하기 직전 연도의 재산가격}}$$

4) 재산가격 결정

토지는 사용료·대부료 산출을 위한 재산가격 결정 당시의 개별공시지가를 적용하며, 개별공시지가가 없는 경우 표준지공시지가를 적용한다. 다만 하나의 필지로서 그 필지의 이용 용도와 위치에 따라 지가(地價)를 달리 적용해야 할 필요가 있는 토지 등 지방자치단체의 장이 인정하는 경우에는 감정평가업자에게 의뢰해서 평가한 감정평가액 이상의 금액으로 한다. 감정평가를 통해 재산가격을 평가하는 경우 첫째 연도에는 측량 또는 감정평가 등에 소요된 비용을 사용료 및 대부료에 포함할 수 있다.

주택은 단독주택의 경우 「부동산 가격공시에 관한 법률」에 따라 공시된 해당 주택의 개별주택가격, 공동주택의 경우 공시된 해당 주택의 공동주택가격, 개별 또는 공동주택가격이 공시되지 아니한 주택에 대해서는 「지방세법」에 따른 시가표준액을 적용한다.

토지 및 주택 외의 재산으로 해당 시가표준액이 없는 경우에는 감정평가업자에게 의뢰해서 평가한 금액을 적용한다.

5) 사용료 및 대부료 납부방법

사용료의 납부기한은 사용·수익 허가를 받은 날부터 60일 이내로 하되 사용 전에 납부해야 한다. 사용료가 100만 원을 초과하는 경우에 시중은행의 1년 만기 정기예금의 평균 수신금리를 고려해서 행정안전부장관이 정해 고시하는 시중은행의 1년 만기 정기예금의 평균 수신금리를 고려해서 적용한 이자를 붙여 연 4회의 범위에서 분할 납부하게 할 수 있다.

대부료는 대부 전에 미리 납부해야 한다. 연간 대부료가 100만 원을 초과하는 경우와 「벤처기업 육성에 관한 특별조치법」에 따른 벤처기업의 경우에는 시중은행의 1년 만기 정기예금의 평균 수신금리를 고려해서 행정안전부장관이 정해 고시하는 이자율을 적용한 이자를 붙여 연 4회의 범위에서 분할 납부하게 할 수 있다. 분납하는 경우 보증금을 예치하게 하거나 지방자치단체를 피보험자로 하는 이행보증보험을 체결하게 할 수 있다.

6) 사용료 및 대부료 감면 등

행정재산에 대해서는 다음의 경우에 사용료를 감면할 수 있다. ① 국가나 다른 지방자치단체가 직접 해당 행정재산을 공용·공공용 또는 비영리 공익사업으로 사용하려는 경우, ② 행정재산으로 할 목적으로 기부를 받아들인 재산에 대해 기부자, 그 상속인, 그 밖의 포괄승계인에게 사용·수익을 허가하는 경우, ③ 건물 등을 신축해서 기부채납하려는 자가 신축기간에 그 부지를 사용하는 경우, ④ 천재지변이나 그 밖의 재난을 입은 지역 주민에게 일정 기간 사용·수익을 허가하는 경우로 지방의회가 동의한 경우

일반재산에 대해서는 다음의 경우에 대부료를 감면할 수 있다. ① 국가나 다른 지방자치단체가 직접 해당 일반재산을 공용·공공용 또는 비영리 공익사업으로 사용하려는 경우, ② 지역경제 활성화를 위해 필요하다고 인정되는 경우로서 지방의회가 동의한 경우, ③ 다른 법률에 의해 대부료 감면이 가능한 경우

또한, 다음의 경우에는 사용료 및 대부료를 감경할 수 있다. ① 지방자치단체의 장이 지역경제 활성화를 위해 필요하다고 인정해서 그 사용료를 100분의 30 이내의 범위에서 해당 지방자치단체의 조례로 정하는 경우, ② 다른 법률에서 감경 비율을 정하고 있는 경우, ③ 사용·수익 허가 또는 대부를 받은 자가 천재지변이나 그 밖의 재난으로 그 재산을 일정 기간 사용하지 못했을 때 복구가 완료되는 기간 동안의 사용료 또는 대부료

7) 사용·수익 허가 및 대부계약의 취소

지방자치단체의 장은 다음에 해당하는 경우에 사용·수익 허가 및 대부계약을 취소할 수 있다. ① 사용·수익 허가 및 대부한 재산을 해당 지방자치단체가 직접 공용 또는 공공용으로 사용하기 위해 필요하게 된 경우, ② 해당 공유재산의 관리를 게을리 했거나 그 사용 목적에 위배되게 사용한 경우, ③ 지방자치단체의 장의 승인 없이 사용·수익 허가 및 대부재산의 원상을 변경한 경우, ④ 사용·수익 허가 및 대부받은 재산을 전대한 경우, ⑤ 거짓 진술, 거짓 증명서류의 제출, 그 밖의 부정한 방법으로 허가 및 대부계약한 사실이 발견된 경우, ⑥ 납부기한까지 사용료 및 대부료를 내지 아니한 경우

행정재산의 사용·수익 허가를 취소하기 위해서는 반드시 청문 등 의견진술 기회를 주어야 하며, 기부채납된 행정재산에 대해 사용·수익 허가를 취소한 경우

이를 사용·수익하고 있는 사람이 있을 때에는 그 사용·수익자에게 취소의 사실을 알려야 한다.

대부받은 자의 신청에 의한 대부계약 해지는 대부계약서에 명시된 바에 따라 효력이 발생한다. 지방자치단체의 장은 계약을 해지하거나 해제하게 되면 지체 없이 그 권리의 회복에 필요한 조치를 취해야 한다.

2. 행정재산의 관리위탁

1) 의의

지방자치단체의 장은「공유재산 및 물품관리법」제27조의 규정에 따라 행정재산의 효율적인 관리를 위해 필요하다고 인정될 경우에 지방자치단체 외의 자에게 그 재산의 관리를 위탁할 수 있는데, 이를 '관리위탁'이라고 한다.

행정재산으로 관리하는 시설물 중에 지방자치단체가 직접 운영하기보다는 민간기관에서 전문성을 살려 운영하는 것이 좀 더 효율적인 경우가 있는데, 이 경우에 관리위탁제도를 활용하도록 한 것이다. 즉, 관리위탁은 공유재산 중 행정재산에 대해 관련 단체 또는 법인에게 위탁해서 운영함으로써 해당 지방자치단체가 직접 관리·운영하는 것과 같은 효과를 얻기 위한 것으로 수탁자가 위탁자를 대신해 재산을 관리·운영하는 업무 형태라고 할 수 있다. 이는「지방자치법」제104조 제3항의 규정에 따라 지방자치단체의 장이 조례나 규칙으로 정하는 바에 따라 그 권한에 속하는 사무 중 조사·검사·검정·관리업무 등 주민의 권리·의무와 직접 관련되지 아니하는 사무를 법인·단체 또는 그 기관이나 개인에게 위탁할 수 있는 사무의 민간위탁과는 구분된다.

2) 관리위탁의 대상

관리위탁의 대상이 되는 행정재산은 다음과 같다. ① 시설물에 대한 전문적인 유지관리 기술이 필요하거나 민간이 운영하는 것이 시설물의 효율적 관리 및 활성화가 가능한 재산으로 문화예술회관, 체육시설, 복지회관, 도서관, 박물관, 청소년수련시설 등이 이에 해당된다. ② 시설물 관리에 특별한 기술을 필요로 하지 않고 수익을 창출할 수 있는 성격의 재산으로 주차장 등이 이에 해당된다. 다만, 청사시설물 일부에 대한 관리 및 청소용역은 아웃소싱의 대상으로 관리위탁의 적용 대상이 되지 아니한다.

3) 위탁료 산정

관리위탁 대상 시설물은 사용료, 이용료 등 시설물 운영수입이 발생하게 되므로 지방자치단체의 장은 관리위탁을 하기 위해서는 위탁료 산정 및 예정가격 작성을 위한 계획을 수립해서 해당 시설물의 수입・지출에 대한 원가를 계산해야 한다. 필요한 경우 전문기관에 원가계산을 의뢰할 수 있다. 원가계산서에는 비목별 산출근거를 명시한 기초계산서를 첨부해야 한다.

4) 관리수탁자 선정

관리수탁자 선정은 해당 행정재산의 관리를 위해 특별한 기술과 능력이 필요한 경우에는 그 기술과 능력을 갖춘 자를 선정해야 한다. 관리수탁자 선정은 입찰에 의한 방식을 통해 희망하는 누구나 참여할 수 있도록 공정한 기회를 제공해야 한다. 관리위탁은 지방자치단체가 하도록 되어 있는 행정재산의 관리운영 업무를 민간에 위탁하는 것이므로 이에 소요되는 관리운영 비용을 해당 지방자치단체가 수탁자에게 지원해야 한다. 따라서 관리운영 비용과 시설물 운영을 통해 거둬들이는 수입을 비교해서 그 결과에 따라 입찰방식이 달라지게 된다.

① 원가분석 결과 수입(시설물 운영 수입)이 지출(관리운영 비용)보다 많은 경우: 최고가 낙찰방식

② 원가분석 결과 지출(관리운영 비용)이 수입(시설물 운영수입)보다 많은 경우: 적격심사 방식

다만, 다음의 경우에는 수의계약에 의해 관리수탁자를 선정할 수 있다.

① 다른 법령에 따라 국가・지방자치단체의 사무・사업을 위탁 또는 대행할 수 있는 자에게 관리위탁하는 경우

② 행정안전부장관이 정하는 특허 또는 신기술을 보유한 자가 아니면 해당 행정재산을 관리하기 곤란한 경우로서 사실상 경쟁이 불가능한 경우

③ 2회에 걸쳐 유효한 일반입찰이 성립되지 아니한 경우

5) 위 · 수탁계약

위 · 수탁계약서에는 위탁 내용, 위탁기간, 위탁료, 수탁자의 의무, 계약 내용 위반 시 의무 이행 등 필요한 사항이 포함되어야 한다. 수탁자가 시설물의 일부에 대해 다른 사람으로 하여금 사용 · 수익하게 하려는 전대계획을 가지고 있는 경우에는 위 · 수탁계약 시 전대사업계획서를 제출토록 해서 심사해야 한다.

입찰에 의한 방식에 따라 수탁자를 선정한 경우에 관리위탁 기간은 5년 이내로 하되 5년 이내에 한 번만 갱신할 수 있다. 수의계약으로 수탁자를 선정한 경우에는 갱신할 때마다 조례로 정하는 바에 따라 해당 관리위탁을 받은 자의 수행실적 및 관리능력 등을 평가한 후 그 기간을 두 번 이상 갱신할 수 있다. 이 경우 갱신기간은 갱신할 때마다 5년을 초과할 수 없다.

지방자치단체의 장은 ① 관리수탁자가 위탁재산의 관리를 게을리 했거나 그 사용 목적에 위배되게 사용한 경우, ② 지방자치단체의 장의 승인 없이 위탁재산의 원상을 변경한 경우, ③ 거짓 진술, 거짓 증명서류의 제출, 그 밖의 부정한 방법으로 계약한 사실이 발견된 경우, ④ 그 밖에 계약 내용에 포함된 계약해지 사유가 발생한 경우에는 위 · 수탁계약을 해지할 수 있다.

6) 수탁재산의 관리

관리수탁자는 선량한 관리자로서의 주의 의무를 다해서 공익 목적에 맞게 수탁재산을 관리해야 하며, 수탁재산에 피해가 발생한 경우에는 지체 없이 지방자치단체의 장에게 보고해야 한다. 관리위탁 재산의 원형이 변경되는 대규모의 수리 또는 보수는 해당 지방자치단체가 직접 시행한다. 다만, 긴급한 경우에는 관리수탁자가 필요한 최소한의 조치를 한 후 지체 없이 그 내용을 지방자치단체의 장에게 보고해야 한다.

표 12-3 사무의 민간위탁과 행정재산의 관리위탁 비교

구분	사무의 민간위탁	행정재산 관리위탁
정의	법률에 규정된 행정기관의 사무 중 일부를 지방자치단체가 아닌 법인·단체 또는 그 기관이나 개인에게 맡겨 그 명의로 그의 책임 이래 행사하도록 하는 것	행정재산의 효율적인 관리를 위해 필요하다고 인정되면 대통령령으로 정하는 바에 따라 기술과 능력을 갖춘 지방자치단체 이외의 자에게 그 재산의 관리를 위탁하는 것
근거 법령	지방자치법 제104조(사무의 위임 등) 행정 권한의 위임 및 위탁에 관한 규정 시 사무의 위탁관리 조례 등	「공유재산법」 제27조 「공유재산법 시행령」 제19조 내지 제22조 「공유재산 운영기준」 제10조
위탁 대상	소관사무 중 조사·검사·관리 업무 등 주민의 권리·의무와 직접 관계되지 아니하는 사무 – 단순 사실행위인 행정작용 – 공익성보다 능률성이 현저히 요청되는 사무 – 특수한 전문지식 및 기술을 요하는 사무 – 기타 시설관리 등 단순행정 관리 업무	관리운영에 있어 특별한 기술과 능력을 가지고 있는 기관, 단체 등에게 위탁하는 것이 효율적인 행정재산 – 민간 운영이 활성화되는 경우 / 문화예술회관, 체육시설 등 – 관리가 효율적으로 이뤄지는 경우/복지회관, 도서관, 박물관, 청소년수련시설 등 – 특별한 기술 없이 수익을 창출하는 경우 /주차장 등
갱신기간	3년, 재위탁 가능, 재위탁 시 수탁기관선정심의위원회 심의	5년 이내로 한번만 갱신, 수의 대상인 경우 수탁자 평가 후 두 번 이상 갱신 가능
위탁방법	공개모집을 원칙으로 부득이한 경우 수의계약	일반입차, 예외적으로 제한입찰, 지명입찰, 수의계약(입찰절차 및 계약 체결방법은 지방계약 법령과 예규 적용)
수탁자 선정	수탁기관선정심의위원회 심의	– 수입이 원인이 되는 입찰: 최고가 낙찰 – 재정지출의 부담이 되는 입찰: 적격심사 *관리위탁 계약과 관련 전문성, 기술성, 창의성, 긴급성 등이 인정되는 경우 제한적으로 '협상에 의한 경우' 적용 가능
위탁료 산정	수입과 지출 사후 정산, 차액 지원 등	비목별 가격 결정 원칙 및 원가계산 서식을 적용해 산정(지방자치단체 공유재산 운영기준 제10조 적용)
조례와의 관계	개별 조례 필요	공유재산법 및 관련 법령에 조례로 위임한 사항에 대한 조례 필요

자료: 행정안전부(2018).

3. 일반재산의 위탁관리

1) 의의

지방자치단체의 장은 일반재산의 효율적인 관리·처분을 위해 특별법에 따라 설립된 법인으로서 대통령령으로 정하는 자에게 해당 재산의 관리·처분에 관한 사무를 위탁할 수 있는데, 이를 '위탁관리'라고 한다.

표 12-4 관리위탁과 위탁관리의 비교

구분	관리위탁	위탁관리
대상 재산	행정재산	일반재산
대상 업무	관리	관리 및 처분
수탁 자격	제한 없음	KAMCO, LH, 지방공사
관련 근거	법 제27조	법 제43조의2

자료: 행정안전부(2018).

2) 위탁관리의 내용

위탁관리는 일반재산의 관리·처분에 관한 전반적인 행정사무를 전문기관에게 위탁계약을 통해 관리하게 하고 회계연도별로 수익과 비용을 정산하는 방식이다. 따라서 일반재산의 전부 또는 일부에 대해 위탁관리가 가능하다. 수탁기관은 주로 위탁관리를 맡은 일반재산에 대한 대부 및 매각업무와 함께 일반재산에 대한 실태조사 업무를 수행하게 된다. 수탁기관은 일반재산을 관리·처분할 때에는 위탁의 근거 규정과 위탁기관을 표시하고 수탁기관의 명의로 해야 한다. 행정재산을 위탁관리하기 위해서는 용도폐지 후 일반재산으로 전환한 후에 가능하며, 위탁관리 중인 일반재산을 행정목적으로 활용하고자 하는 경우에는 위탁관리를 종료하고 행정재산으로 용도전환해야 한다.

3) 수탁 가능기관

「공유재산 및 물품관리법」 시행령 제48조의2에서는 일반재산의 위탁관리가 가능한 기관에 대해 다음과 같이 규정하고 있다.

① 「금융회사 부실자산 등의 효율적 처리 및 한국자산관리공사의 설립에 관한 법률」에 따라 설립된 한국자산관리공사(KAMCO)

② 「한국토지주택공사법」에 따라 설립된 한국토지주택공사(LH)

③ 「지방공기업법」 제49조에 따라 설립된 지방공사로서 같은 법 제2조 제1항 제7호 및 제8호의 사업을 목적으로 설립된 지방공사

4) 수탁기관 선정방법

지방자치단체의 장은 수탁기관을 선정하고자 할 때에는 공개모집을 원칙으로 하며, 공개모집에 응하고자 하는 자는 수탁기관 지정 신청서와 사업계획서를 위탁기관에게 제출해야 한다. 지방자치단체의 장은 수탁기관의 선정에 공정성과 객관성을 도모하기 위해 해당 분야의 전문가로 구성된 '수탁기관선정심사위원회'의 심사를 거쳐 수탁기관을 선정해야 한다.

5) 위탁관리의 방법

수탁기관은 위탁재산의 관리 · 처분업무를 하면서 발생하는 모든 수입과 지출을 명확히 구분 · 관리해야 하며, 1년을 단위로 정산하고 관련 명세 및 증빙서류를 제출해야 한다. 수탁기관은 위탁재산의 원형이 변경되는 대규모 수리나 보수는 위탁기관의 승인을 얻어 시행한다. 위탁기관은 일반재산의 관리 · 처분사무에 관한 경비를 지원할 수 있으며, 수탁재산에 대한 성공보수 성격의 위탁수수료를 지급할 수 있다.

4. 일반재산의 위탁개발

1) 의의

지방자치단체의 장은 일반재산의 위탁관리를 수탁받은 기관에 대해 위탁받은 일반재산을 개발(건축, 대수선, 리모델링 등)하게 한 후 발생하는 수익을 지방자치단체에 납부하게 할 수 있다. 위탁개발은 개발을 통해 가치 제고가 가능한 일반재산에 대해 위탁관리기관으로 하여금 개발하게 하고 발생하는 수익은 해당 지방자치단체에 귀속하게 하는 제도이다. 위탁개발 대상은 일반재산으로 한정되며 위탁개발을 통해 개발된 시설물도 일반재산으로 위탁관리하게 된다. 행정재산이 건물의 노후, 사용면적 협소, 다른 용도로의 사용 등을 위해 개발이 필요한 경우에는 일반재산으로 용도폐지 후 위탁관리기관에 개발을 위탁할 수 있다.

2) 사업구조

위탁개발은 지방자치단체가 수탁기관에게 일반재산의 개발 및 개발된 재산의 분양・임대・관리업무를 위탁하고 수탁기관은 그 업무를 수탁받아 대행하는 '위・수탁계약'을 체결하는 구조로 운영된다. 수탁기관이 개발비용을 부담해서 시설물을 건축, 대수선 또는 리모델링한 후 시설물의 준공과 동시에 소유권은 지방자치단체에 귀속하며, 수탁기관은 위탁기간 동안 지방자치단체를 대리해서 임대・분양・관리 운영업무를 수행하게 된다.

임대・분양 수입 등 위탁개발에 따른 모든 수입은 해당 지방자치단체에 귀속되며, 수탁기관은 개발・분양・관리업무에 따른 대가와 개발비용 상환을 위한 원금과 이자를 받게 된다. 지방자치단체의 장은 수탁기관이 개발한 재산의 분양 및 임대방법과 수탁기관의 보수, 그 밖에 필요한 사항에 대해 '공유재산심의회'의 심의를 거쳐 따로 정한다. 수탁기관은 위탁받은 일반재산의 관리 상황과 각종 수입 현황 등을 매년도 말일을 기준으로 작성해서 위탁기관인 해당 지방자치단체의 장에게 제출해야 한다.

그림 12-3 공유재산 위탁개발 추진 구조

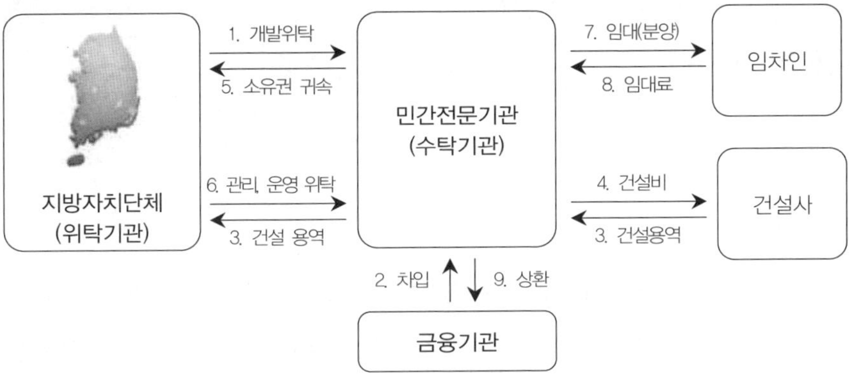

자료: 행정안전부(2018).

3) 위탁개발 기간

위탁개발의 종류에 따른 위탁기간은 다음과 같다. 첫째, 분양형 개발은 분양 종료 시까지로 하되 5년 이내로 한다. 둘째, 임대형 개발은 30년 이내로 한다. 셋째, 혼합형 개발에 대해서는 분양형 개발 부분은 분양 종료 시까지로 하되 5년 이내로 하며 임대형 개발 부분은 30년 이내로 한다. 위탁개발은 최초 개발사업계획서에 근거해 개발사업의 사업성 평가 및 사업 추진 여부에 대한 의사결정이 이뤄지므로 위탁기간은 지방자치단체가 승인한 개발사업계획서에서 정한 바에 따른다.

또한, 수탁기관의 책임 없는 사유로 실제 수익이 예상 수익에 미치지 못해 개발사업계획서에서 정한 위탁기간 내에 개발원리금 상환이 어려운 경우에 위탁기간의 연장이 가능하며, 지방자치단체의 필요, 천재지변, 부동산 경기의 악화, 금리의 급격한 상승 등 불가피한 사유 발생 시 지방자치단체와 수탁기관이 협의해서 잔여 개발원리금 상환 후 사업의 조기 종료가 가능하다.

4) 위험 부담

위탁개발에 따른 위험 부담은 원칙적으로 수익 귀속의 주체인 지방자치단체가 지게 되며, 수탁기관이 선량한 관리자로서의 주의 의무를 다하지 않은 귀책사유로 인해 발생한 위험은 수탁기관이 부담하게 된다.

5. 재산의 처분

1) 매각

(1) 의의

지방자치단체의 장은 일반재산을 매각할 수 있다. 이는 지방자치단체의 장이 공유재산인 일반재산을 상대방에게 이전하고 상대방은 이에 대한 매각대금을 지급할 것을 약정함으로써 그 효력이 발생하는 사법상 계약에 해당한다. 다만, 지방자치단체의 장이 행정목적으로 사용하기 위해 일반재산을 행정재산으로 용도 변경하려는 경우, 다른 법률에 따라 그 처분이 제한되는 경우, 그 밖에 대통령령으로 정하는 재산으로서 지방자치단체가 관리할 필요가 있다고 지방자치단체의 장이 지정하는 일반재산의 경우에는 매각이 제한된다.

(2) 매각계약의 방법

① 일반입찰

입찰에 참가하고자 하는 모든 자격자가 입찰서를 제출할 수 있는 입찰이다. 매각계약은 수입의 원인이 되는 계약으로 제한입찰·적격심사 등의 방법으로 할 수 없으며, 1개 이상의 매각대금 예정가격 이상으로 입찰한 자가 있는 경우 최고가격으로 응찰한 자를 낙찰자로 한다.

③ 지명입찰

계약의 성질 또는 목적에 적합한 자를 입찰대상자로 지명해서 입찰에 참가하도록 한 후 그중에서 낙찰자를 선정하는 방법이다. 지명입찰은 해당 재산에 연접(連接)한 토지의 소유자를 지명해서 입찰에 부칠 필요가 있는 경우, 공공목적으로 용도를 지정해서 매각하는 경우, 수의계약에 의한 매각을 신청한 자가 2인 이상인 경우에 할 수 있다.

③ 용도지정 입찰

일반재산을 공공목적으로 매각하는 경우에 매수자에게 그 재산의 용도와 그 용도대로 사용해야 할 기간을 정해서 매각할 수 있다. 이 경우 그 재산의 매각일부터 10년 이상 정해진 용도로 활용하도록 해야 하며, 용도 외 사용 시 매매계약을 해제한다는 내용의 특약등기를 해야 한다.

(3) 매각재산의 가격 결정

일반재산의 매각가격은 시가를 고려해서 결정해야 하며, 시가는 2인 이상의 감정평가업자에게 의뢰해서 평가한 감정평가액을 산술평균한 금액 이상으로 한다. 감정평가액은 평가일로부터 1년 동안만 적용하며 행정안전부장관이 정하는 경우 그 기간을 연장할 수 있다.

2) 교환

(1) 의의

공유재산의 교환이란 지방자치단체가 행정목적 등으로 사용하기 위한 재산을 다른 방법으로 취득하기 곤란한 경우에 해당 지방자치단체 외의 자의 재산을 취득하고 그 가액에 상응하는 공유재산을 상대방에게 이전하기로 쌍방 합의에 따라 약속하는 사법상 계약에 해당된다. 교환의 대상이 되는 공유재산은 일반재산이 일반적이며, 행정재산의 경우에는 제한된 범위에서 교환이 허용된다.

(2) 교환의 요건

행정재산은 행정목적의 수행을 위해 직접 사용하는 재산으로 원칙적으로 처분이 금지된 재산이다. 다만, 해당 지방자치단체 외의 자가 소유한 재산을 행정재산으로 관리하기 위한 경우에 교환할 수 있다. 일반재산의 경우에는 ① 해당 지방자치단체가 직접 공용·공공용재산으로 사용하거나 소규모 일반재산을 한 곳에 모아 관리함으로써 재산의 효율성을 높이는 데 필요한 경우, ② 해당 지방자치단체에서 일반재산의 가치와 효용성을 높이기 위해 필요한 경우로서 매각 등 다른 방법으로 해당 재산의 처분이 곤란한 경우, ③ 지역경제 활성화 또는 지역주민의 복리 증진을 위해 필요하다고 인정되는 경우로서 지방의회가 동의한 경우에는 다른 지방자치단체의 공유재산 또는 사유재산과 교환할 수 있다. 행정재산 및 일반재산을 교환할 때에는 국유재산 또는 다른 지방자치단체의 공유재산과 교환하는 경우를 제외하고는 서로 유사한 재산이어야 한다.

(3) 교환의 제한

공유재산을 국유재산 또는 다른 지방자치단체의 공유재산과 교환하는 경우를 제외하고는 교환하는 재산 중 한쪽의 가격이 다른 쪽 가격의 4분의 3 미만일 때에는 교환해서는 아니 된다. 또한, 사권이 설정된 재산과 「국토의 계획 및 이용에 관한 법률」, 「도로법」 등에 따라 공법상 처분의 제한을 받고 있어 취득 목적에 적합하게 사용할 수 없는 재산에 대해서는 교환이 제한된다.

3) 양여

(1) 의의

공유재산의 양여란 지방자치단체에서 아무런 대가 없이 지방자치단체 외의 자에게 공유재산 중에서 일반재산의 소유권을 이전하는 것으로 사법상 계약에 해당된다. 양여는 민법상 증여에 대응하는 개념이며, 양여는 공유재산의 처분에 해당하는 것으로 무상으로 증여하는 것이기 때문에 그 대상이 매우 제한적이며, 양여의 목적과 용도에 대해 특약을 하는 등의 특수성을 가지고 있다.

(2) 양여의 요건

행정재산은 원칙적으로 양여가 금지된다. 다만, 행정재산으로서 당해 행정목적, 용도, 성질 등을 그대로 유지하는 것을 조건으로 다른 법률의 규정에 따라 해당 지방자치단체의 사무가 국가 또는 다른 지방자치단체로 이관됨에 따라 이관받는 기관으로 소유권을 이전하는 경우에는 가능하다.

일반재산은 아래의 경우에 양여할 수 있다.

① 해당 지방자치단체의 구역(시 · 도) 안에 있는 지방자치단체(시 · 군 · 구)에서 공용 또는 공공용으로 사용하기 위해 필요한 경우, 이 경우 시 · 도에서는 시 · 군 · 구로 양여할 수 있으나 시 · 군 · 구에서는 시 · 도로 양여가 불가능하며, 시 · 도와 시 · 군 · 구 모두 국가로의 양여도 불가능하다.

② 용도가 지정된 국고보조금, 지방교부세 또는 기부금으로 조성된 일반재산으로서 그 용도에 따라 이를 양여하는 경우

③ 행정재산의 용도를 폐지한 경우에 그 용도에 갈음할 다른 시설을 제공한 자와 그 상속인 기타의 포괄승계인에게 양여하는 경우

(3) 양여의 제한

양여 시에는 양여 목적대로 사용할 것을 확약하기 위해 양여받은 재산을 10년 이내에 양여 목적 외의 용도로 사용할 때에는 이를 취소할 수 있음을 계약서에 명시하고 특약등기를 해야 한다. 대체시설을 제공받아 용도폐지되는 공유재산에 대한 양여는 대체시설을 제공한 자로부터 그 대체시설의 기부를 채납한 후가 아니면 양여할 수 없다. 지방자치단체의 장은 일반재산을 양수한 자가 지정된 날이 지나도 그 용도에 사용하지 아니하거나 거짓 진술, 거짓 증명서류의 제출 등 부정한 방법으로 양여계약을 체결한 사실이 발견된 경우에는 그 계약을 해제할 수 있다.

요 약

1. '국유재산'이란 국가의 부담, 기부채납이나 법령 또는 조약에 따라 국가 소유로 된 재산을 말하며, '공유재산'이란 지방자치단체의 부담, 기부채납이나 법령에 따라 지방자치단체 소유로 된 재산을 말한다.
2. 국유재산 및 공유재산의 범위에는 부동산과 그 종물(從物), 선박, 항공기, 지상권, 지역권, 전세권, 광업권, 지식재산 등이 있다. 공유재산은 건설 중인 재산에 대해서도 지방자치단체의 예산이 투입된 자산가치를 인정해 이를 공유재산에 포함해서 관리한다.
3. 국유재산 및 공유재산은 그 용도에 따라 행정재산과 일반재산으로 구분한다. 행정재산은

행정서비스 제공 등 행정목적에 직접 사용하고 있는 재산으로 공용·공공용·기업용·보존용재산으로 나눌 수 있다. 일반재산은 행정목적으로 사용하고 있지 않거나 사용할 계획이 없는 재산으로 행정재산 외의 모든 재산을 말한다.

4. 「공유재산 및 물품관리법」은 지방자치단체 소유 재산인 공유재산의 관리·처분에 관한 일반적인 기준을 정하고 있는 일반법으로, 도로·하천 등 개별 시설물의 소관 부처에서 「도로법」, 「하천법」 등에 사용·수익 허가 및 대부 등과 관련한 별도의 기준을 정하고 있는 경우에는 그 규정을 따른다.
5. 기부채납이란 지방자치단체 외의 자가 공유재산에 해당하는 재산의 소유권을 무상으로 지방자치단체에 이전(기부)하기로 하고, 해당 지방자치단체에서는 이를 취득해서 공유재산으로 관리하기로 결정(채납)한 후 이를 이행하는 것을 말한다. 지방자치단체는 기부채납한 재산의 가액 범위에서 기부자(상속인 포함)에게 무상으로 사용·수익 허가할 수 있다.
6. 지방자치단체에서 공유재산을 취득·처분하는 경우 일정 금액 또는 규모 이상에 해당하는 재산에 대해서는 공유재산 관리계획을 수립해서 지방의회의 의결을 거쳐야 한다.
7. 공유재산의 용도폐지란 행정재산(공용·공공용·기업용 재산)이 더 이상 행정재산으로 사용할 필요가 없게 된 경우에 이를 행정재산으로 관리하지 않겠다는 결정을 한 후 일반재산으로 관리하는 것을 말한다. 공유재산의 용도변경이란 일반재산을 행정재산으로 변경하거나 행정재산 내에서 용도를 변경해서 관리하는 것을 말한다.
8. 지방자치단체의 장은 공유재산을 관리하면서 그 재산의 활용 목적에 장애가 되지 않는 범위에서 해당 지방자치단체 외의 자로 하여금 사용 또는·수익하게 할 수 있다. 이 경우 행정재산을 사용·수익하게 하는 것을 사용·수익 허가라 하며 일반재산을 사용·수익하게 하는 것을 대부계약이라 한다.
9. 지방자치단체의 장은 행정재산의 효율적인 관리를 위해 필요하다고 인정될 경우에 해당 지방자치단체 외의 자에게 그 재산의 관리를 위탁할 수 있는데 이를 관리위탁이라 한다.
10. 지방자치단체의 장은 일반재산의 효율적인 관리·처분을 위해 특별법에 따라 설립된 법인으로서 대통령령으로 정하는 자에게 해당 재산의 관리·처분에 관한 사무를 위탁할 수 있는데 이를 위탁관리라 한다.
11. 지방자치단체의 장은 위탁관리를 수탁받은 기관에 대해 위탁받은 일반재산을 개발(건축, 대수선, 리모델링 등)하게 한 후 발생하는 수익을 지방자치단체에 납부하게 할 수 있는데 이를 위탁개발이라 한다.
12. 지방자치단체의 장은 일반재산을 매각할 수 있다. 이는 사법상 계약에 해당되며 매각가격은 시가를 고려해서 2인 이상의 감정평가업자에게 의뢰해 평가한 감정평가액을 산술평균

한 금액 이상으로 한다.

13. 지방자치단체가 행정목적 등으로 사용하기 위한 재산을 다른 방법으로 취득하기 곤란한 경우에 해당 지방자치단체 외의 자의 재산을 취득하고 그 가액에 상응하는 공유재산을 상대방에게 이전하는 것을 교환이라 한다. 교환의 대상이 되는 공유재산은 일반재산이 일반적이며 행정재산의 경우에는 제한된 범위에서 교환이 허용된다.

14. 지방자치단체의 장이 아무런 대가 없이 해당 지방자치단체 외의 자에게 일반재산의 소유권을 이전하는 것으로 양여라 한다. 양여는 공유재산의 처분에 해당하는 것으로 무상으로 증여하는 것이기 때문에 그 대상이 매우 제한적이며 양여의 목적과 용도에 대해 특약을 하는 등의 특수성을 가지고 있다.

Chapter 12

연습 문제

주관식

1. 공유재산의 정의 및 범위에 대해 설명하시오.
2. 행정재산과 일반재산의 차이점에 대해 설명하시오.
3. 기부채납에 대해 설명하시오.
4. 공유재산 관리계획에 대해 설명하시오.
5. 공유재산의 용도폐지와 변경의 차이점에 대해 설명하시오.
6. 공유재산심의회에 대해 설명하시오.
7. 사용 · 수익 허가와 대부계약의 차이점에 대해 설명하시오.
8. 관리위탁에 대해 설명하시오.
9. 위탁관리에 대해 설명하시오.
10. 위탁개발에 대해 설명하시오.

객관식

01. 다음 중 공유재산이 아닌 것은?

① 선박 ② 지상권 ③ 주식
④ 현금 ⑤ 특허권

02. 행정재산 중 공용재산인 것은?

① 도로 ② 하천 ③ 도서관
④ 공원 ⑤ 제방

03. 판례는 행정재산의 사용 · 수익 허가에 대해 강학상 어디에 해당한다고 보는가?

① 허가 ② 특허 ③ 인가
④ 사법상 계약 ⑤ 철회

04. 행정재산(공용 · 공공용 · 기업용 재산)에 대해 더 이상 행정재산으로 사용할 필요가 없게 된 경우에 이를 행정재산으로 관리하지 않겠다는 결정을 한 후 일반재산으로 관리하는 것을 무엇이라 하는가?

① 용도전환 ② 행정폐지 ③ 용도폐지
④ 행정관리 ⑤ 관리전환

05. 다음 중 기부채납할 수 있는 경우는?

① 기부하는 재산을 해당 지방자치단체가 직접 사용하기 곤란한 경우
② 기부에 조건이 수반되는 경우
③ 기부자에 대한 해당 시설물의 무상 사용 · 수익 허가기간이 20년을 초과하는 경우
④ 「도시 및 주거환경정비법」에 따라 재개발 정비사업 시행자가 공공기반시설을 설치해서 소유권을 해당 지방자치단체에 이전하는 경우
⑤ 사권이 설정되어 있는 재산

06. 지방자치단체의 장은 행정재산의 효율적인 관리를 위해 필요하다고 인정될 경우에 지방자치단체 외의 자에게 그 재산의 관리를 위탁할 수 있는데 이를 무엇이라 하는가?

① 관리전환 ② 위탁관리 ③ 관리위탁
④ 위탁개발 ⑤ 사무위탁

07. 지방자치단체의 장이 아무런 대가 없이 해당 지방자치단체 외의 자에게 일반재산의 소유권을 이전하는 것을 무엇이라 하는가?

① 사용 · 수익 허가 ② 특허 ③ 교환
④ 양여 ⑤ 매각

정답 및 해설

1. ④ 현금은 공유재산에 해당되지 않는다.
2. ③ 공용재산은 지방자치단체가 사무용·사업용 또는 공무원의 주거용으로 사용하거나 사용하기로 결정한 재산으로 도서관이 이에 해당한다.
3. ② 판례는 행정재산의 사용·수익 허가에 대해 관리청이 우월적 지위에서 행하는 행정처분으로 특정인에게 권리를 설정해 주는 강학상 특허에 해당한다고 보고 있다(대판 97누1105).
4. ③ 더 이상 행정재산으로 관리하지 않겠다는 결정을 한 후 일반재산으로 관리하는 것을 용도폐지라 한다.
5. ④ 「도시 및 주거환경정비법」 등에 따른 사업 시행자가 공공기반시설을 설치해서 소유권을 해당 지방자치단체에 이전하는 경우에 기부채납이 가능하다.
6. ③ 관리위탁에 해당된다.
7. ④ 양여에 해당된다.

참고 문헌

감사교육원(2017). 보수혁신과정 강의 교재

강신택(2000). 「재무행정론: 예산과정을 중심으로」, 전정판, 박영사.

강신택 · 유훈(1981). 「재무행정학」, 개정판, 서울대학교출판부.

강인옥 · 최기웅 · 최두선(2017). 「공공계약 법규 및 실무」.

______(2017). 「예산회계실무 기본편」.

광주광역시(2017). 「알기쉬운 지방계약제도 편람」.

국회예산정책처(2014). 「국가재정법 이해와 실제」.

기회재정부(2017). 2018년도 성과계획서 작성 지침.

______(2018). 2018~2022년 국가재정운용계획 주요 내용, 기획재정부.

김동건(1997). 「비용편익분석」, 박영사.

김신복(1983). 「발전기획론」, 박영사.

신무섭(2014). 「재무행정학」, 개정 7판, 대영문화사.

원구환(2014). 「재무행정론」, 개정판, 대영문화사.

유훈(2007). 「재무행정론」, 제6정증보수판, 법문사.

윤영진(2014). 「새재무행정학2.0」, 대영문화사.

임동완(2010). 사업예산제도, 「한국행정학회 온라인전자사전」.

행정안전부(2017a). 지방자치단체 주요재정사업 평가기준(2017.9.11. 개정)

______(2017b). 2018~2011년 중기지방재정계획 수립기준, 행정안전부.

______(2017c). 2018년도 지방자치단체 예산편성 운영기준 및 기금운용계획 수립기준, 행정안전부.

Caiden, N. & A. B. Wildavsky (1974). *Planning and Budgeting in Poor Countries*, New York: John Wiley & Sons.

Premchand, A. (1983). *Government Budgeting and Expenditure Control*. Washington D.C: IMF.

Waterson, A. (1979). *Development Planning*, Paperback Edition. Boltimore: Johns Hopkins University Press.

찾아보기

ㄱ

ㅎ

저자 소개

김상영

영국 본머스대 국제경영학석사
현) 행정안전부 교부세팀장
행정안전부 회계제도과팀장

문광민

서울대학교 행정학 박사
현) 충남대학교 행정학부 교수
서울행정학회 총무위원장(2014)
국무조정실 국정과제평가단 전문위원(2015)
문화재청 예산집행심의회 외부위원

이원희

서울대 경제학과 졸업, 서울대 행정학 박사
현) 한경대 행정학과 교수
전)한국조세재정연구원 공공정책 연구센터 소장
전)서울행정학회 회장
전) 한국정부회계학회 회장

이정희

(현) American대학 행정학 박사
서울시립대학교 행정학과 부교수.
(현) 서울시립대학교 기획부처장, (전)한국재정정보원 연구자문위원, (전)한국정부회계학회 총무이사

이희재

플로리다주립대학교 정책학 박사
(현) 창원대학교 교수
(전) Researcher in Center for Economic Forecasting and Analysis, FL, USA, (전) 한국지방행정연구원 수석연구원
(현) 행정안전부 지방자치단체 재정분석 분석위원, 교육부 지방교육재정분석 분석위원, 한국지방자치학회 감사

최두선(崔斗瑄)

현)충청남도 감사위원장
연세대학교 법무대학원 (법학석사)
행정안전부 회계제도과장, 대전광역시 감사관

알기 쉬운 재무행정

펴낸날 제1판 제1쇄 2019년 3월 5일
제1판 제2쇄 2020년 2월 15일
지은이 이원희 · 김상영 · 문광민 · 이정희 · 이희재 · 최두선
펴낸이 임춘환
펴낸곳 도서출판 대영문화사
주소 (본사) 사무실: 경기도 고양시 일산서구 주화로 70
우신프라자 307호 (㊝ 10387)
(본사) 물류센터: 경기도 고양시 일산서구 덕산로
107번길 68-50 (㊝ 10205)
등록 1975년 12월 26일 제3-16호
전화 (031) 913-3062, (031) 914-3884~5
팩스 (031) 913-3839
홈페이지 http://www.dymbook.co.kr

ⓒ 이원희 · 김상영 · 문광민 · 이정희 · 이희재 · 최두선
ISBN 978-89-7644-725-8

값 25,000원

* 잘못된 책은 바꾸어 드립니다.
* 이 책의 내용은 저작권법의 보호를 받습니다.